LE SOCIALISME
DIFFICILE

DU MÊME AUTEUR

AUX MÊMES ÉDITIONS

Le traître
La morale de l'histoire
Stratégie ouvrière et néocapitalisme

ANDRÉ GORZ

LE SOCIALISME
DIFFICILE

ÉDITIONS DU SEUIL
27, rue Jacob, Paris VIᵉ

AVERTISSEMENT

Les chapitres de cet ouvrage ont été écrits à des occasions et à des périodes différentes [1].

Ils forment un ensemble cohérent et présentent une articulation logique. Mais chaque chapitre est un petit essai, avec son unité propre, dont la compréhension ne suppose pas nécessairement la lecture préalable des chapitres qui le précèdent.

Plusieurs de ceux-ci ont des thèmes communs. Ces thèmes sont abordés sous des éclairages différents ; tantôt à l'occasion d'une étude particulière (chapitres II et V, par exemple), tantôt dans le cadre d'une réflexion synthétique (chapitres III et IV).

La dernière partie, consacrée à Sartre, et particulièrement à sa Critique de la Raison dialectique, indique certaines clés de la démarche adoptée.

A. G.

1. Elles se trouvent indiquées à chaque début de chapitre, tant pour expliquer l'angle sous lequel des problèmes sont abordés, qu'en témoignage de reconnaissance envers ceux qui ont sollicité ce travail et l'ont enrichi dans la discussion : notamment l'École nationale des Sciences politiques et sociales de Mexico; Romano Ledda, rédacteur en chef de *Critica Marxista* jusqu'en janvier 1966; Franco Ferri, directeur de l'Institut Gramsci; le mouvement *Clarté* et l'hebdomadaire *Tidsignal*, en Suède. Seul l'auteur, toutefois, est engagé par les thèses défendues ici.

PREMIÈRE PARTIE

I

SYNDICALISME ET POLITIQUE *

I. CRISE DE LA DÉMOCRATIE REPRÉSENTATIVE.

Il n'est pas de pays industriellement développé où la démocratie représentative ne traverse une crise profonde. Mais nous avons été habitués si longtemps à assimiler la démocratie à ses formes et à ses institutions parlementaires, que sa décadence ne nous apparaît souvent que le jour où ces institutions sont balayées ou réduites à un rôle purement décoratif.

En réalité, les changements dont nous découvrons ce jour-là les signes visibles mûrissaient depuis longtemps déjà. Le nouveau pouvoir autoritaire qui s'installe sur les ruines du parlementarisme était déjà en place, de manière diffuse, avant de trouver des hommes qui l'incarnent. Car ce qui caractérise les formes modernes du pouvoir autoritaire, ce n'est point en premier lieu l'absence d'assemblées élues et d'élections sans truquages.

Ce qui caractérise un régime autoritaire moderne, c'est d'abord la centralisation de fait du pouvoir de décision entre les mains d'une oligarchie, généralement liée aux groupes économiques dominants. C'est ensuite, et par voie de conséquence, l'absence de prise qu'ont les assemblées élues, les partis politiques traditionnels, les organisations ouvrières et paysannes, les régions et les communes sur les organes centraux qui élaborent les grandes décisions et qui les appliquent. C'est finalement la décadence

* Texte étoffé d'une conférence faite en février 1966 à l'École nationale des Sciences politiques et sociales de Mexico, sous le titre : " Le mouvement ouvrier européen et la crise de la démocratie représentative. "

des partis politiques qui continuent d'agir trop exclusivement sur le plan électoral et parlementaire, c'est-à-dire sur un plan où il n'est déjà plus possible de former, de représenter et d'exercer une volonté collective concernant les orientations fondamentales.

Il n'y a plus, en Europe occidentale ni sur le continent américain, de pays où les assemblées élues n'aient cessé de représenter une conception démocratiquement élaborée de la société et de l'intérêt général. Il n'y a plus de nation où les décisions majeures ne soient prises par des comités d'experts, à l'abri de toute publicité, et où les débats parlementaires ne soient devenus des cérémonies sans portée.

Dans tous les pays capitalistes développés, le processus de concentration économique, technique et financière a placé entre les mains d'un nombre restreint de groupes capitalistes des décisions déterminantes pour la société entière. Dans tous les pays capitalistes développés, sans exception, la fonction de l'État est de mettre le développement et le fonctionnement de ces grands groupes en harmonie avec l'intérêt général; mais cela signifie inversement *mettre l'intérêt général en harmonie avec l'intérêt de ces grands groupes*, avec l'intérêt et la logique du capital. Le développement et le bon fonctionnement des groupes privés dominants, indispensables à la santé de l'économie nationale, doivent être assurés par des interventions correctrices et coordinatrices, des incitations et des aides publiques [1].

Les coûts indirects, sociaux et économiques, que le développement des groupes privés entraîne [2], doivent être pris en charge par l'État afin d'éviter que la machine se bloque. Les conditions matérielles et sociales de l'expansion privée doivent être préfinancées sur fonds publics. Et les réalisations elles-mêmes que l'État juge souhaitables pour l'équilibre et le bon fonctionnement du système, doivent être rendues " attractives " du point de vue du capital : elles doivent, par le jeu des aides et subventions publiques, lui rapporter un taux de profit aussi élevé que ses initiatives privées.

1. Commandes d'État, civiles et militaires; prêts publics à bas taux d'intérêt en faveur de l'initiative privée; exonérations fiscales, subventions directes, etc.

2. Enseignement, santé publique, travaux d'infrastructure en fonction des migrations que provoque la concentration géographique de l'industrie, etc.

Cette intervention permanente et nécessaire, caractéristique du capitalisme monopoliste d'État, s'accompagne d'une *concertation* et d'une interpénétration étroite entre la gestion publique et la gestion privée, d'une extension constante du champ d'action de la bureaucratie. Les décisions fondamentales qui déterminent la base et le cadre de la politique deviennent ainsi le domaine réservé d'une élite : représentants du capital industriel et financier, d'une part; et d'autre part, fonctionnaires relevant directement de l'exécutif et issus le plus souvent du même milieu et des mêmes écoles que l'oligarchie économique.

Les assemblées élues se trouvent ainsi mises hors circuit. Les décisions fondamentales relèvent de commissions restreintes et échappent au contrôle démocratique; et cela, d'une part, parce que les assemblées publiques ne sont pas aptes à remplir la fonction de la *concertation* ; d'autre part, parce que les données à partir desquelles s'élaborent les décisions sont couvertes par le secret des affaires et le secret d'État.

Que cette décadence des institutions représentatives prenne la forme du gaullisme, du wilsonisme, du centre-gauche italien, de la soi-disant Great Society ou de la social-démocratie scandinave importe peu : tous ces régimes sont caractérisés par une même centralisation bureaucratique et étatique du pouvoir; par une même absence de démocratie dans le fonctionnement des partis dominants et l'élaboration des décisions politiques; par une même tendance à mettre au pas les syndicats ouvriers et à les transformer en courroies de transmission bureaucratiques de décisions négociées centralement; bref, par une même tendance à substituer la manipulation et le conditionnement de masses molécularisées au pouvoir des citoyens de se grouper, de former et d'exercer leur volonté collective.

Il serait totalement vain de vouloir inverser ce processus par des amendements constitutionnels restituant au Parlement les pouvoirs qu'il a perdus *dans les faits*. Une tentative réelle pour reconquérir la démocratie doit plutôt commencer par la constatation que la démocratie représentative a toujours été et est nécessairement une démocratie mystifiée. Nous aurons une première idée approximative de ses limites et de ses restrictions si nous énumérons ce sur quoi elle ne peut pas porter, selon les idéologues du capitalisme lui-même : elle ne peut pas porter sur la nature et l'orientation des productions selon les besoins de la masse; elle ne peut pas porter sur la division technique et sociale du travail; elle ne peut pas porter sur les décisions d'investissement des monopoles privés et de l'État; elle ne peut pas porter sur l'emploi qui sera fait du surplus économique... Que reste-t-il alors ? Ce que l'on appelle les libertés individuelles ou formelles.

Ces libertés ne sont nullement négligeables. Pour les avoir considérées sommairement comme des mystifications bourgeoises, le stalinisme a approfondi les divisions du mouvement ouvrier occidental et contribué au discrédit du socialisme auprès d'une partie de la classe salariée des pays capitalistes. Mais ce qui importe ici, c'est que ces libertés individuelles ne sont point étendues, concrétisées et approfondies par le développement capitaliste; qu'elles tendent, au contraire, à être vidées de leur contenu culturel, social, économique et politique; la vie démocratique des pays capitalistes, loin de se développer avec le niveau de production et de vie, a été vidée de sa substance et est entrée en crise, provoquant la désaffection des masses à l'égard d'institutions et de formes politiques qu'elles sentent manipulées derrière la scène par des puissances échappant à tout contrôle.

Il existe des idéologues du capitalisme d'organisation qui, avec Seymour Lipset, jugent qu'il en va peut-être mieux ainsi. Selon eux, la participation des masses, la gestion sociale de la société ne seraient guère souhaitables. Une gestion centralisée, bureaucratique, technocratique et étatique serait préférable : d'une part, elle rendrait les individus plus libres de poursuivre, pendant leurs loisirs, leurs intérêts individuels privés; l'élite du pouvoir les déchargerait de responsabilités et de tâches qui, dans une société auto-gérée, accapareraient le temps et l'énergie des citoyens. D'autre part, la gestion centralisée par une élite compétente serait plus efficace. Les problèmes à résoudre étant, de toute manière, plus techniques que politiques; leur politisation risquerait de faire obstacle à leur solution.

L'important, en somme, serait d'assurer une administration efficace et une gestion rationnelle, en vue d'un développement maximum de la production, de la consommation, du confort et du loisir. Toutes les revendications ouvrières seraient réductibles à des revendications de cet ordre et pourraient être satisfaites, en fin de compte, par une augmentation des richesses produites. Les efforts de toutes les " catégories sociales " devraient donc se conjuguer pour qu'augmente " le gâteau " dont chacun recevra sa part. Quand, grâce au progrès technico-scientifique, l'abondance règnera, les individus seront libres de rechercher dans la consommation et le loisir le vrai contenu de leur vie.

C'est contre cette conception " américaine " du progrès, de l'opulence et de la " démocratie autoritaire ", non plus contre les anciennes formes de la misère et de la dictature, que le mouvement ouvrier et socialiste est aujourd'hui obligé de se définir en Europe, mais aussi en Amérique du Nord, dans quelques pays d'Amérique du Sud et au Japon. Au nom de quoi et sur la base de quoi ?

Il est relativement facile de répondre à cette question par une réfutation, faits à l'appui, des mythes concernant la " civilisation de l'opulence et des loisirs [1] "; il est relativement facile aussi de démontrer le néant de cette civilisation sur le plan proprement idéologique [2]. Ce genre de démonstration critique est sans doute indispensable. Mais la critique restera idéaliste et sans portée réelle si elle n'est pas incarnée par la lutte revendicative et politique d'une classe sociale dominée et capable de devenir dominante.

Qu'en est-il à cet égard ? La classe ouvrière des pays hautement développés peut-elle encore incarner *pratiquement* cette critique des conséquences et des prémisses du type de développement capitaliste ? Ou est-elle vouée, comme le croient déjà quelques théoriciens marxistes, à l'intégration dans un système autoritaire qui saurait rendre l'exploitation acceptable et l'aliénation confortable ?

Les analyses d'Herbert Marcuse peuvent nous fournir un départ utile dans l'examen de ces questions. Particulièrement dans son

1. Voir plus loin, chap. v.
2. Voir plus loin, chap. iv.

dernier ouvrage [1], Marcuse montre tout d'abord l'absurdité du postulat sur lequel se fondent les idéologies de la consommation, dont la devise pourrait être " consomme et tais-toi ". Ce postulat, c'est que l'émancipation *individuelle* des hommes peut résulter d'un processus et de méthodes qui perpétuent et intensifient leur soumission *collective* ; que le progrès dans l'ordre de la quantité se muera automatiquement, à un certain moment, en progrès dans l'ordre de la qualité. Toute l'évolution des sociétés capitalistes les plus développées montre le contraire.

Dès lors que les critères qui président à la recherche et à l'évolution industrielle sont des critères strictement quantitatifs ; dès lors que toute l'idéologie, toute l'éthique d'une société sont placées sous le signe du productivisme, il est impossible que la quantité se mue jamais en qualité, que l'accroissement dans l'ordre de la puissance, de la richesse et du confort individuel se traduise jamais par un dépassement du règne de la nécessité vers le règne de la liberté. Ce dépassement ne peut avoir lieu que s'il est consciemment et méthodiquement voulu par l'exigence des hommes, et en premier lieu, par la classe qui est directement engagée dans le processus de production. C'est-à-dire par les hommes qui sont situés de manière à vivre toute la problématique, ignorée par la stricte logique économique, du *pour quoi* produire, *pour quoi* et *comment* travailler, du *pour quoi* et *comment* vivre.

S'il y a une leçon à tirer de la situation aux États-Unis ou en Suède, par exemple, c'est en effet celle-ci : l'économie politique en général, qui est la science de l'utilisation efficiente de ressources rares, et la logique capitaliste en particulier, qui est la recherche *micro-économique* de l'efficience maximum, sont incapables, sur la base de leur rationalité propre, de mettre fin au règne de la rareté. Même quand les conditions techniques de la suppression de la rareté sont virtuellement réunies, comme c'est le cas aux États-Unis ; même quand il est techniquement possible de " pacifier l'existence ", selon l'expression qu'emploie Herbert Marcuse [2], de supprimer le travail manuel abrutissant et parcellaire, de promouvoir l'épanouissement et l'activité libre des individus, l'éco-

1. Dans l'*Homme à une dimension*, Éd. de Minuit, Paris, 1967.
2. *Idem.*

nomie capitaliste se révèle incapable de tirer parti de ces potentialités. Elle s'en révèle incapable parce que la valeur d'usage, le
temps libre, le développement des facultés humaines, la création
culturelle, la finalité de l'existence, la richesse des rapports entre
les hommes sont des catégories et des richesses *extra-économiques*.
Parce que le développement et la valorisation de ces richesses
supposeraient la subordination de l'économique à l'humain, à
une éthique de la liberté, et donc l'abrogation du primat de l'économique, le renversement révolutionnaire de toutes les perspectives, la construction d'une économie et d'un État nouveaux.

Il y a sur cette problématique une convergence intéressante entre
Marx d'une part, et des économistes américains non marxistes
comme Galbraith ou Piel. Galbraith montre comment le capitalisme surdéveloppé, au lieu de supprimer la rareté, la perpétue
volontairement et la reproduit involontairement à d'autres niveaux.
J'y reviendrai encore. Certaines analyses de Galbraith rejoignent
un développement célèbre où Marx prévoit l'automation et montre
que le capitalisme est incapable d'en tirer parti [1].

Toutefois, cette contradiction dans le capitalisme entre les potentialités libératrices qu'apporte le développement des forces productives et l'usage qui est fait de celles-ci par les capitalistes, cette
contradiction ne peut éclater que s'il existe une classe qui lutte
pour la libération *individuelle et collective* des hommes dans une société
gouvernée par des exigences extra-économiques. Si le plein développement des forces productives n'a pas été précédé *et conditionné*
par une longue période de luttes anti-capitalistes, menées au nom
de la finalité propre du travail et de la vie; si la classe ouvrière

---

1. *Grundrisse der Kritik der Politischen Œkonomie*, p. 593-596, Dietz, Berlin : " Dès
que le travail sous sa forme immédiate a cessé d'être la grande source de la richesse,
le temps de travail cesse et doit cesser d'être la mesure de la richesse, et la valeur
d'échange la mesure de la valeur d'usage... Le libre développement des individua-
lités et non la réduction du temps de travail nécessaire pour produire du surtravail ;
la réduction à un minimum du travail nécessaire de la société [devient le but de la
production], à quoi correspond alors le développement artistique, scientifique, etc.,
des individus grâce au temps libre et aux moyens créés pour lui.
" Mais le capital répugne à réduire le temps de travail à un minimum puisqu'il
pose le temps de travail comme seule mesure et source de richesse. Il réduit donc le
temps de travail sous sa forme nécessaire pour l'augmenter sous sa forme superflue;
il pose donc le superflu dans une mesure croissante comme la condition du nécessaire. "

n'a pas développé au cours de cette période de luttes une capacité hégémonique, une avant-garde intellectuelle et politique, une conception globale de la société post-capitaliste, alors non seulement le plein développement des forces productives ne se traduira par aucune libération de l'homme; mais encore la contradiction *ne sera pas perçue* entre l'abondance virtuelle et la persistance de la rareté, de la lutte pour la vie, de la misère culturelle; entre les possibilités de libération que renferme le développement des forces productives et l'organisation autoritaire de plus en plus marquée de la société.

C'est à partir de ce point que les analyses d'Herbert Marcuse me paraissent contestables. Dire, en effet, que la contradiction peut n'être pas *perçue* est tout autre chose que d'affirmer qu'elle n'est pas *perceptible*. Dès lors que contradiction il y a, celle-ci est nécessairement éprouvée à un certain niveau de l'expérience des masses. Et la tâche, alors, est de rendre perceptible ce qui n'est pas perçu.

Marcuse semble douter de la possibilité même de s'attaquer à cette tâche. Il montre fort bien, à partir de l'exemple américain, comment un capitalisme développé réussit à réprimer, à mystifier l'exigence de libération, par le conditionnement systématique des individus, dans leur consommation, leurs besoins, leur pensée, etc. Il montre comment la puissance de la technique et la richesse sont utilisées par le capital monopoliste pour rendre l'aliénation tolérable ou même pour l'empêcher de devenir consciente; pour empêcher la conception d'une perspective globale, économique, culturelle, politique, au nom de laquelle la civilisation capitaliste puisse être combattue globalement, dans ses postulats idéologiques, ses valeurs et ses pratiques.

Les analyses de Marcuse ont le mérite de réfuter le catastrophisme révolutionnaire, la croyance qu'à l'approfondissement des contradictions objectives du capitalisme correspond inévitablement une perception approfondie de ces contradictions. Elles ont le mérite de réaffirmer que " sans théorie révolutionnaire, il n'y a pas d'action révolutionnaire ", comme disait Lénine; que sans conscience des contradictions, celles-ci peuvent ne pas éclater; et que le moderne capitalisme d'État peut masquer ces contradictions, ajouter aux difficultés de leur prise de conscience.

De cette analyse de la situation présente aux États-Unis, qui présente certes des traits valables pour d'autres pays capitalistes, Marcuse, toutefois, tire un peu vite des conclusions générales quant à la quasi-impossibilité de conserver ou de construire une perspective et une action révolutionnaires dans le cadre du capitalisme développé. Je crois, au contraire, que la crise présente du mouvement ouvrier et socialiste d'Occident est due à des retards, qui peuvent n'être que provisoires, de ses analyses et de ses élaborations; et que ces retards ont des raisons historiques fort diverses. La situation présente du mouvement ouvrier aux États-Unis ne me semble pas pouvoir être considérée comme entièrement typique d'une tendance générale. Car la société américaine se distingue à bien des égards de la plupart des autres sociétés capitalistes.

Il s'agit d'abord d'une société coloniale, fondée sur l'immigration dans un pays vide. Cela a pour conséquence l'absence de civilisation et de culture rurale et régionale dans la plupart des États; l'absence (sauf en Nouvelle-Angleterre et dans le vieux Sud) de stratifications sociales héréditaires; la prédominance dans tous les domaines — particulièrement dans l'agriculture et l'exploitation des ressources naturelles — de ce qu'on peut appeler *l'esprit minier*, c'est-à-dire d'un rapport violent au milieu naturel qui, perçu comme territoire conquis, est exploité sans grand souci de préserver un milieu de vie, une *culture*. Il en découle, entre autres conséquences, une grande mobilité de la main-d'œuvre, un souci relativement réduit de mise en valeur du territoire et cet " immédiatisme " caractéristique des sociétés d'origine coloniale, qui donne le pas à la valorisation de la consommation immédiate et de productions périssables ou à usure rapide, sur la valorisation des créations durables qui, en Europe et dans une partie de l'Amérique latine, s'appuie sur une vieille civilisation de la pierre et de la terre que les États-Unis n'ont jamais connue.

Il s'agit, d'autre part, d'une société à très forte imprégnation puritaine qui, comme toutes les sociétés protestantes, a été peu perméable à la pensée marxiste, moins perméable en tout cas que les sociétés d'imprégnation catholique (ou bouddhiste), portées à s'interroger sur le sens de l'histoire, sur une eschatologie. Si nous ajoutons à cette faible perméabilité au marxisme la fermeture des États-Unis à l'étranger, c'est-à-dire un certain provincialisme et une tendance ancienne à l'union sacrée de toutes les classes contre l'ennemi du dehors, nous tenons les principales raisons historiques (mais il y en a évidemment bien d'autres) de la faible autonomie, de la faible conscience de classe du mouvement ouvrier américain, de son corporatisme, de son absence d'esprit internationaliste. Et c'est pourquoi aussi les extrapolations de l'expérience américaine sur les autres pays de capitalisme avancé doivent paraître périlleuses.

La rapidité avec laquelle s'accomplit " l'américanisation " des autres sociétés capitalistes, ne peut être expliquée *seulement* par la répétition *interne*, en Europe occidentale, au Japon, des processus sociaux, économiques, politiques qui ont présidé à la formation de la société industrielle américaine. La transformation des sociétés capitalistes européennes s'accomplit *aussi* sous la forte pression *externe* de la politique et de l'économie américaine. L'Europe occidentale ou le Japon n'auraient pas évolué de la même manière sans la guerre froide, les programmes d'aide économique et militaire et, plus récemment, la nécessité de se mesurer sur les marchés intérieurs et extérieurs avec les grands trusts américains. La tendance à produire à la même échelle que les États-Unis des produits *comparables*, et donc d'aller vers un modèle de consommation comparable à celui des États-Unis, cette tendance s'explique — surtout dans la rapidité avec laquelle elle s'affirme — par l'hégémonie économique et commerciale des États-Unis autant que par une évolution interne.

2. IMPASSES DU SYNDICALISME TRADITIONNEL.

Ce qui est vrai, cependant, c'est que le mouvement ouvrier européen, à de rares exceptions près, a été pris de court par cette évolution. Il était insuffisamment préparé à réagir au niveau où la mutation de la société capitaliste s'accomplissait et où se jouait l'orientation de la civilisation. A de rares exceptions locales près, le mouvement ouvrier européen s'est battu contre des *effets* du développement capitaliste, mais n'a pas élevé le niveau de la lutte jusqu'à exiger un type de développement différent. Il a mis en question des effets de la croissance économique, la répartition injuste des fruits de cette croissance, mais s'est rarement attaqué à la qualité et à la finalité de cette croissance. La conséquence, c'est que la contestation du mouvement ouvrier est demeurée le plus souvent une contestation intérieure et subalterne au système capitaliste, et qu'elle n'a pas réussi à construire une conscience politique et une stratégie qui fassent apparaître la nécessité du socialisme non pas comme quelque chose de surajouté aux revendications quotidiennes, mais comme leur sens profond.

Tant que la revendication ouvrière se fondait sur la misère, c'est-à-dire sur l'impossibilité de vivre, elle portait en elle une négation radicale de la société capitaliste. Il n'était pas nécessaire de porter l'élaboration d'un modèle social non-capitaliste à un niveau très élevé : pain, égalité, liberté étaient des buts immédiatement conscients, et ces buts étaient révolutionnaires.

A partir du moment, toutefois, où le capitalisme peut concéder à la classe ouvrière des droits et des libertés même limités; où les travailleurs peuvent se procurer le nécessaire et même un peu de superflu, il n'est plus évident que le besoin de vivre mieux exige un bouleversement révolutionnaire; l'exigence de mieux vivre, si elle demeure quantitative, peut être absorbée par le capitalisme. Et si, dans une conjoncture favorable au mouvement ouvrier, elle met le capitalisme en crise — comme ce fut le cas, en France, en 1957-1958; en Italie, en 1962-1963 — cette crise sera résolue par la bourgeoisie au détriment de la classe ouvrière, par une contre-offensive économique et politique du patronat, *à moins que* la condition suivante n'ait été remplie : que la poussée revendicative de la classe ouvrière se soit inscrite dans une stratégie *politique*, qu'elle ait tenu en réserve une politique de rechange pour le court et le long terme, qu'elle ait construit un bloc politique capable d'assumer le pouvoir. C'est ce débouché politique, cette perspective universalisante susceptible d'unifier les revendications ouvrières à un niveau plus élevé et de rallier d'autres couches populaires, qui a été en défaut jusqu'ici.

Aussi, partout où le mouvement ouvrier a seulement lutté, à la manière du syndicalisme anglo-saxon ou allemand, pour des objectifs salariaux, il a finalement contribué au renforcement du système capitaliste. A moins d'être relayée par une stratégie politique, la lutte pour les salaires demande simplement une redistribution du revenu national *à l'intérieur* de la logique capitaliste. Dès lors, c'est de deux choses l'une : *ou bien* l'augmentation des salaires est incompatible avec les structures et l'équilibre du système capitaliste dans une conjoncture donnée, et la classe patronale, soutenue par l'État, engage l'épreuve de force contre les syndicats, et la gagne d'autant plus sûrement que la lutte syndicale n'aura pas été relayée et répercutée au niveau de la lutte politique pour un État et une économie de type nouveau. *Ou bien* la revendication salariale peut être absorbée par le système, et alors le syndicat se trouve n'avoir réclamé et obtenu que cela même que le système pouvait lui concéder, à savoir : une augmentation du pouvoir d'achat que le patronat compensera par un accroissement de la productivité ou une intensification du travail, pour reconstituer —· et au-delà — les marges de profit.

La lutte de type trade-unioniste est donc incapable de modifier la structure du système, son équilibre, le rapport des forces et la condition ouvrière. Implicitement, le syndicalisme classique accepte que la condition ouvrière demeure une condition subalterne d'hommes exploités, opprimés et aliénés dans leur travail. Il se borne à revendiquer dans le domaine des consommations individuelles, du loisir, bref du *non-travail*, des compensations au fait que l'ouvrier reste un non-homme *dans* son travail.

Or, dans tous les pays capitalistes avancés, ce syndicalisme purement revendicatif est actuellement en crise. Il se heurte à de très fortes pressions de la part de l'État et du patronat pour limiter et prédéterminer, par la politique des revenus, les augmentations de salaires qui pourront être consenties. Ces pressions expriment une rigidité accrue du système, due aux principaux facteurs suivants :

— la rapidité de l'innovation technologique et la nécessité d'intensifier et de planifier en conséquence les investissements;

— le poids croissant du capital fixe par rapport au capital circulant, dans les industries de pointe, notamment;

— l'importance croissante des amortissements, provisions et frais financiers, qui entraînent une rigidité accrue dans la gestion des entreprises;

— l'âpreté de la concurrence internationale entre firmes suréquipées, sur un marché de plus en plus ouvert.

Au niveau des entreprises déjà, ces facteurs incitent le capital à prédéterminer le coût du travail dans le cadre de programmes à moyen ou à long terme. Aussi le syndicat ne peut-il négocier le niveau des salaires que s'il met en question — outre la *politique de gestion* des firmes, en fonction de laquelle les salaires sont prédéterminés — *le type de développement* dont la politique des firmes est le support. Il ne peut mettre en question *efficacement* cette politique de gestion que s'il agit : 1° *en connaissance de cause* ; 2° *au moment* où cette politique est décidée ; 3° avec le souci de *la modifier* en imposant des contraintes au capital ; 4° sur la base d'un type (ou modèle) de développement différent, embrassant l'orientation des branches et de l'économie tout entière.

Car les rigidités accrues ne sont pas propres aux entreprises seulement, mais se retrouvent au niveau des *structures* économiques. L'expansion des industries de consommation, qui ont été motrices de la croissance économique européenne, ne peut se poursuivre que par le *préfinancement public* des infrastructures qui rendent cette croissance possible : il s'agit notamment de l'infrastructure routière et urbaine pour la motorisation privée ; de l'urbanisation des masses rurales que l'industrie attire dans les grands centres déjà sursaturés ; de la formation scolaire et professionnelle, nécessaire à l'industrie, d'un nombre croissant d'adolescents et d'adultes ; de la recherche scientifique et technique, financée à 70 % par l'État, aux États-Unis et en France, etc.

L'augmentation des coûts de la croissance affecte donc les coûts directs aussi bien que les coûts induits — c'est-à-dire les coûts sociaux — de l'expansion monopolistique. Sauf modifications structurelles, portant atteinte aux orientations et aux mécanismes de la croissance, l'équilibre du système ne comporte donc que des marges de manœuvre étroites. Pour tous les États capitalistes modernes, il s'agit dans cette période de garantir aux monopoles privés des profits suffisants pour la poursuite de leur croissance, tout en couvrant, dans la mesure du possible — qui est généralement insuffisante — par financement public, le coût social de l'expansion privée.

Une double pression publique et privée tend donc à comprimer et à pré-déterminer les augmentations de salaires. Cette pression se traduit par une attaque convergente de l'État et du patronat contre le pouvoir de négociation du syndicat. Cette attaque est menée aux niveaux suivants : celui de la fiscalité; celu i du blocage des salaires publics; celui de l'intransigeance patronale; celui des réductions du niveau de l'emploi afin de recréer un volant de chômage; celui de l'aggravation de l'exploitation et de la condition ouvrières, par intensification du travail, déqualifications, réduction des primes de rendement, etc.

Dans ces conditions, une amélioration qualitative autant que quantitative de la condition ouvrière n'est possible que si le syndicat s'attaque non seulement à la gestion des entreprises, mais aussi aux structures du système, comme l'ont compris, les premiers, la C.G.I.L. en Italie et la F.G.T.B. wallonne en Belgique. Car le mouvement ouvrier se trouve devant cette alternative : 1º s'incliner devant les nécessités et la logique du système, s'y laisser intégrer et discipliner, quitte à négocier les améliorations marginales que le système peut lui concéder; 2º lutter pour son autonomie, mais celle-ci ne peut être sauvegardée que si la logique et les mécanismes de l'accumulation monopoliste sont contestés, et *si une politique et un modèle de développement différents, un État et un rapport des forces différents sont proposés au niveau politique et imposés par la lutte de masse.*

Le mouvement ouvrier européen se trouve donc actuellement dans une phase décisive : les revendications même les plus imédiates des travailleurs ne peuvent plus aboutir sans une mise en question de la politique économique et des mécanismes d'accumulation capitalistes, et cette mise en question elle-même ne peut avoir de portée que si elle dépasse le niveau de la prostestation et de la dénonciation pour proposer des solutions de rechange positives, des transformations de l'économie et de la société [1].

1. " L'incompatibilité croissante entre autonomie revendicative et stabilisation du système a fini par imposer à toutes les organisations syndicales et aux partis de la classe ouvrière une tâche éminemment politique, revêtant une urgence toute nouvelle : celle de définir une alternative aux politiques économiques nationales, alternative politique qui tende à mettre en place de nouveaux mécanismes d'accumulation, fondés sur de profondes réformes des structures économiques et sur une articulation démocratique des décisions, et qui se révèle capable d'imposer, avec des critères

Autrement dit, même les revendications syndicales quotidiennes, portant sur les salaires, les conditions de travail et le niveau d'emploi, impliquent *objectivement* une attaque contre la rigidité accrue du système et sa logique. Elles ne peuvent battre celui-ci en brèche *et se prémunir contre ses rétorsions redoutables* que si leurs implications *objectivement* politiques et écocomiques sont reprises *subjectivement* sous forme de volonté politique consciente et cohérente [1]. Si le mouvement ouvrier devait trop tarder à élaborer une " alternative " politico-économique prolongeant les revendications des masses travailleuses et leur offrant une possibilité d'aboutir, il y aurait lieu de craindre que le mouvement revendicatif lui-même finisse par se tarir : pourquoi continuer à se battre si la lutte se heurte aux résistances insurmontables du système, si les grèves échouent à obtenir le moindre résultat et si, comme pour prouver la vanité des luttes frontales et les avantages de la " concertation ", l'État et le patronat font finalement les concessions marginales contre l'insuffisance desquelles les syndicats s'étaient battus en vain ?

Nous nous trouvons donc actuellement dans une phase transitoire où la pression revendicative est *encore* vive mais n'aboutit *déjà* plus, où la base des organisations ouvrières refuse *encore* énergiquement la subordination au système, mais où la direction des organisations est *déjà* divisée au sujet de la possibilité d'éviter

sélectifs, une orientation différente aux investissements publics et privés. Une politique de développement nouvelle et différente, donc, qui soit compatible avec l'autonomie revendicative du syndicat aussi bien qu'avec la garantie du plein emploi et avec le développement rapide de consommations et d'investissements collectifs, prioritaires aux yeux des masses travailleuses. " (Bruno Trentin, " Tendenze attuali della lotta di classe e problemi del movimento sindacale di fronte agli sviluppi recenti del capitalismo europeo ", in *Tendenze del Capitalismo europeo*, Editori Riuniti, Rome, 1966, p. 179. Traduction française in *les Temps modernes*, février 1967.)

1. " Les revendications anciennes et nouvelles des salariés ne peuvent plus aboutir à des solutions négociées au niveau des entreprises ou des branches, mais exigent aujourd'hui, beaucoup plus encore que par le passé, une projection de l'action revendicative traditionnelle au niveau de la politique économique et de la politique tout court... Pour défendre son autonomie revendicative, pour mener sa lutte en faveur du plein emploi, le syndicat est désormais amené, dans tous les pays européens, à s'engager dans une bataille de caractère plus général pour la transformation — limitée ou générale — du mécanisme de développement de l'économie dans son ensemble. " (Bruno Trentin, *op. cit.*, p. 188.)

cette subordination, de préserver leur autonomie, de relayer la lutte revendicative au niveau politique.

La question de fond qui se pose dans cette conjoncture est de savoir si les revendications qui naissent à la base du mouvement, si les raisons qu'ont les travailleurs de refuser la subordination et l'intégration au système, peuvent fournir des bases non seulement objectives mais subjectives à un projet politique effectivement anti-capitaliste. La question de fond est de savoir si les revendications immédiates s'épuisent dans leur contenu conscient, ou si ce contenu immédiat — défense des salaires et de l'emploi — recouvre un refus plus profond, le plus souvent encore latent, de la condition du travailleur dans l'usine et dans la société capitalistes, refus qui deviendrait manifeste si des thèmes et des perspectives plus avancés étaient proposés à la lutte ouvrière.

Il est évidemment impossible de trouver à cette question une réponse empirique [1]. La réponse ne peut être trouvée que dans l'action : dans l'approfondissement théorique, puis dans la vérification pratique, par la lutte, des contenus latents, des antagonismes radicaux et nouveaux que recouvre la pression revendicative traditionnelle, encore vive, de la classe ouvrière.

Cet approfondissement et cette vérification ne peuvent évidemment être menés à bien que de manière collective sur une période de temps relativement longue. Mais il est évident aussi que si ce travail collectif et long doit être entrepris, ce ne peut être que sur la base de la conviction préalable qu'il vaut la peine, c'est-à-dire : que malgré l'élévation du niveau de vie des travailleurs, leur condition reste pour eux inacceptable, pour des raisons dont les unes sont anciennes, les autres relativement nouvelles; qu'il est possible de relier ces raisons dans une stratégie anti-capitaliste, politique et syndicale; qu'il est possible de révéler ainsi le potentiel révolutionnaire qui, en l'absence d'une telle stratégie, ne peut que rester latent.

1. Toute tentative de trancher la question par l'enquête sociologique ou le " sondage d'opinion " *à froid*, est proprement mystifiante.

3. NOUVEAUX TERRAINS DE LUTTE.

C'est cette conviction qu'il n'y a pas de tendance irrésistible à l'intégration de la classe ouvrière; mais un déplacement de l'antagonisme de classe vers des aspects relativement nouveaux, dont les revendications traditionnelles rendent souvent mal compte, c'est cette conviction que je voudrais essayer d'étayer. Le fait qui peut nous servir de point de départ, c'est que la pression revendicative, le refus de la prédétermination des salaires, la défense de l'autonomie du syndicat contre les tentatives faites pour le subordonner au système, sont aussi vigoureux — et parfois plus vigoureux — dans les industries, les professions et les régions à salaires relativement élevés que chez les travailleurs à salaires bas ou moyens. Il est impossible d'expliquer ce fait par la seule étendue des besoins de consommation restant insatisfaits même chez les travailleurs à salaires relativement hauts. L'explication me semble plutôt résider dans les raisons suivantes :

1° l'ouvrier, *quel que soit son salaire*, a le sentiment qu'on ne le paiera *jamais* assez cher pour le temps, la liberté, la vie qu'il perd au service d'une entreprise ou d'un patron qui lui imposent la nature, les conditions et le contenu de son travail;

2° la revendication de salaire est la forme de protestation la plus immédiatement efficace contre la *subordination sociale* du travailleur, contre la non-reconnaissance, dans l'usine et dans la société, de la part de responsabilité, d'initiative créatrice et personnelle que comporte même un travail peu qualifié [1].

---

1. Ces deux points se trouvent excellemment énoncés par un ouvrier italien d'Olivetti : " A mesure qu'augmente la production qui, directement ou indirectement, dépend du travail d'un ouvrier, se trouvent également augmentés sa subordination, le poids oppressif que fait peser sur lui l'organisation de l'entreprise, les décisions qu'elle prend. Sur le plan technique le nombre de décisions importantes augmente que l'ouvrier doit prendre. Le plus souvent, ces décisions devraient être prises, en théorie, dans les bureaux, mais en fait, c'est l'ouvrier qui les prend.

" Tout cela fait que l'ouvrier a un grand poids dans la production. Mais c'est

Ces raisons — ignorées par les idéologies consommation-nistes, pour lesquelles la classe ouvrière disparaîtrait et se fondrait dans les classes moyennes dès qu'elle atteint un certain niveau de vie — nous permettent de remonter aux causes fondamentales et permanentes de l'antagonisme de classe, à savoir : la persistance, quel que soit le niveau des salaires, de l'exploitation; la subordination individuelle et collective des travailleurs dans le cadre des rapports capitalistes de production; l' " intolérabilité " spécifique de la condition ouvrière.

Je me bornerai à rappeler ici quelques aspects, anciens ou relativement nouveaux, de cette intolérabilité :

1. *Au niveau de la production.*

a. la hiérarchie despotique ou militaire de l'usine. Les libertés civiles — de parole, d'assemblée, de presse, etc. — sont suspendues sitôt passé le portail de l'usine. Le pouvoir répressif, le pouvoir judiciaire et le pouvoir économique sont concentrés dans les mêmes mains. La justice civile n'est pas habilitée à empêcher les actes arbitraires ou illégaux du patron, même quand ils sont annoncés d'avance;

b. le pouvoir discrétionnaire de la direction sur le contenu qualitatif et quantitatif de la prestation de travail (nature, qualification, intensité, durée du travail), sur l'organisation du travail et sur le système de rémunération et d'évaluation du travail;

justement pour cela qu'il se rend compte de sa subordination : soit parce que sa fonction ne lui est pas reconnue par la classification de sa tâche; soit (et c'est là la chose la plus importante) parce qu'en prenant toutes ces décisions indispensables à la production, il se heurte contre une série d'obstacles, fait surgir une série de conflits qui ne dépendent pas de lui et qu'il ne peut éliminer.

" Selon la direction, le progrès technique fait de l'ouvrier un exécutant de plus en plus passif des décisions prises " en haut "; nous voyons tous, dans notre expérience quotidienne, qu'il n'en est rien.

" Face à tout cela..., on se rend compte que le salaire est seulement relativement élevé, et surtout *que le salaire ne compense pas l'importance de l'ouvrier dans la production, et que seul un réel pouvoir de décider lui-même des conditions dans lesquelles il travaille correspondrait réellement à son importance dans la production.* " (Mario Carrara, " L'Inchiesta operaia alla Olivetti nel 1961 ", in *Quaderni Rossi*, n° 5, p. 262-263.)

c. la contradiction entre l'obéissance passive et l'initiative technique requise de l'ouvrier; et la contradiction entre son pouvoir technique, souvent étendu, dans la production, et son impuissance complète quant à l'orientation technique et économique de la production;

d. la crise des classifications traditionnelles sous la poussée de l'innovation technologique et du double mouvement de déqualification *individuelle* des ouvriers professionnels, et de qualification *sociale* plus poussée des nouveaux ouvriers spécialisés;

e. la contradiction entre le niveau d'instruction générale et de responsabilité technique requis d'un nombre croissant de travailleurs, et le sous-emploi de leurs capacités dans des tâches monotones et parcellaires;

f. la mutilation du travailleur, dès avant sa mise au travail, par une " formation " accélérée et tronquée, qui lui interdit la compréhension du processus de production dans son ensemble et bloque dès le départ ses chances d'évolution professionnelle, etc.

2. *Au niveau de l'économie globale.*

a. l'insécurité de l'emploi et le chômage;

b. la concentration technique et géographique de l'industrie, entraînant la dévalorisation du " capital professionnel ", y compris chez les cadres; la stérilisation — par la fermeture d'entreprises que nulles autres ne relaient; par la mise à la retraite forcée et anticipée; par l'abandon ou le déclin de régions entières — d'énergies humaines et de richesses potentielles, les déplacements de populations, l'engorgement des régions d'immigration, qui sont déjà, en général, sous-équipées;

c. le goulot des services publics et des équipements collectifs dans les centres industriels — insuffisance du logement social, des transports collectifs, de l'équipement culturel et sanitaire, de l'urbanisme, etc. — goulots qui renchérissent le coût de la vie, ajoutent à la fatigue du travail et se traduisent par une détérioration de la condition des travailleurs même quand les salaires réels augmentent. Or, il est impossible de supprimer ces goulots sans une augmentation des investissements publics, et il est impossible de dégager les fonds publics nécessaires à moins de s'attaquer aux mécanismes de l'accumulation privée par une direction publique de l'économie...

En énumérant ces quelques têtes de chapitre, j'ai arbitrairement séparé la condition ouvrière dans la production et la condition des travailleurs dans la société. Mais je l'ai fait pour mieux faire saisir à quel point leurs aspects respectifs retentissent et débordent les uns sur les autres : à quel point la condition ouvrière dans l'entreprise est une condition *sociale* et à quel point les conditions de vie sociales hors de l'entreprise sont déterminées par le statut du travailleur à l'intérieur de celle-ci.

C'est pourquoi il est devenu impossible de séparer la lutte syndicale, portant sur les conditions et sur l'organisation du travail à l'usine, de la lutte politique ou politico-économique, concernant, par exemple, l'enseignement, l'urbanisme, les services sociaux, les plans de reconversion et de développement des régions et des branches, etc., tous problèmes qui ne peuvent recevoir de solutions durables que reliés entre eux par une politique économique anticapitaliste.

Et pourtant, c'est *des lieux de production* que doit nécessairement prendre son point de départ le mouvement de lutte. Car : 1º c'est sur les lieux de production que les travailleurs subissent le plus directement le despotisme du capital et font l'expérience directe de leur subordination sociale ; 2º c'est là, par des méthodes de division du travail qui, souvent sans nécessité *technique*, constituent des *méthodes de domination*, que le capital s'emploie à produire les hommes décomposés, molécularisés, humiliés qu'il pourra dominer ensuite dans la société [1] ; 3º enfin et surtout, c'est là seulement que les travailleurs existent groupés, comme une réelle *force collective*, capables d'une action collective *directe* et quotidienne, susceptible tant de modifier leur condition dans ce qu'elle a de plus immédiatement insupportable, que de contraindre l'adversaire de classe à les affronter à visage découvert.

---

1. Voir plus loin, chap. II.

Le déclin du militantisme, la " dépolitisation ", l'affaiblissement de la classe ouvrière en tant que force politique, sont étroitement liés à la difficulté qu'ont éprouvée les organisations de classe à mener et à développer la lutte *à partir des lieux de travail*. Tous les discours sur l'absolutisme du capital, sur la destruction de la démocratie, sur le caractère autoritaire de l'État des monopoles, ne prennent leur plein sens que s'ils sont référés à la gigantesque entreprise de déshumanisation dont font l'expérience les travailleurs des grandes entreprises. Inversement, tous les discours en faveur de la démocratie économique et politique, de la lutte contre le pouvoir des monopoles, de la réforme de l'État, restent abstraits s'ils ne sont pas soutenus par la lutte des travailleurs contre le despotisme patronal sur les lieux de production.

Bien que, dans l'ordre *logique*, il ne puisse y avoir de libération des travailleurs qu'*après* l'abolition de l'État et des rapports de production capitalistes, dans l'ordre *de l'action* cette abolition ne sera un but plausible que si son exigence surgit dans le prolongement d'actions et de revendications à court terme. L'action ne se développe pas en visant d'emblée la structure qui, en dernier ressort, détermine des conditions intolérables; mais en procédant de la lutte contre les " conséquences " intolérables pour remonter à la " cause " dernière. Les travailleurs ne s'intéressent pas *d'abord* aux questions politico-économiques globales, et ensuite seulement aux répercussions que les changements globaux peuvent avoir sur la condition ouvrière. C'est en partant de leur condition dans la production, dans l'entreprise, que les travailleurs peuvent être gagnés à la lutte politique pour des objectifs englobant la société entière. Si elle n'est pas reliée à la lutte pour un pouvoir ouvrier sur les lieux de production, la lutte pour la démocratie risque fort d'être un mot d'ordre abstrait.

En effet, la classe ouvrière n'a cessé d'être bernée au nom de la démocratie. La conquête des droits et libertés démocratiques n'a jamais passé le seuil des entreprises, n'a jamais rien changé à l'oppression et à l'exploitation du prolétariat. Dès qu'on franchit le portail des entreprises, on entre dans une société autoritaire et absolutiste, aussi oppressive et rigidement hiérarchisée que l'armée, où des polices privées font la loi, où le contenu de la vie professionnelle et du travail des hommes est dicté unilatéralement, de même que la nature de la production, en fonction de critères dont la caste dirigeante ne souffre pas la discussion. Même là où — en Suède par exemple — le parti de la classe ouvrière est au pouvoir, celle-ci peut ne connaître de la démocratie que les " lois d'exception " : dans la réalité quotidienne des entreprises, les travailleurs sont corvéables à merci, sans pouvoir sur les moyens de production, sur la politique de l'emploi, sur l'organisation du travail, etc.

Du point de vue de la condition ouvrière, la démocratie est donc restée une farce. Elle ne vaudra la peine qu'on lutte pour elle que si elle descend du ciel des idées institutionnelles pour signifier un pouvoir concret d'auto-détermination des travailleurs dans leur vie de travail, un pouvoir collectif sur la manière de produire et sur les finalités de la production. C'est dans la lutte pour la " démocratie industrielle ", comme disent les Britanniques — c'est-à-dire pour des pouvoirs de contrôle ouvrier, de gestion ou d'auto-gestion, pouvoirs qui remontent de l'atelier au groupe et à la branche jusqu'à englober l'économie tout entière et sa planification — que la classe ouvrière fait l'apprentissage de la nécessité et de la valeur des transformations démocratiques et socialistes, qu'elle acquiert sa formation de classe dirigeante.

Bien sûr, la lutte pour l'émancipation du prolétariat ne peut *déboucher* au niveau de l'entreprise; elle ne peut aboutir que relayée par une action et une vision politiques englobant toute la société. Mais pour être relayée et portée à ce niveau supérieur, il faut que la lutte existe au niveau inférieur, fondamental. On peut élever son niveau en partant d'en bas, on ne peut pas la faire descendre d'en haut. Les protagonistes de la démocratisation sont les masses, ou alors il n'y a pas de démocratisation, il y a des réformes techniques [1].

1. " Le mouvement ouvrier se trouve devoir satisfaire à deux exigences objectivement contradictoires :

" D'un côté, les nouveaux contenus de l'antagonisme de classe exigent du syndicat une *multiplication des centres,* coordonnés entre eux, où le pouvoir de négociation s'exerce, et une *libre initiative, principalement sur les lieux de production ;* cependant que les partis ouvriers doivent resserrer leurs liens, politiques et organisationnels, avec la classe ouvrière réelle et avec les objectifs et les revendications qui mûrissent, au contact des rapports de production concrets, sur chaque lieu de travail.

" De l'autre côté, ces mêmes objectifs et ces mêmes revendications exigent, beau-

Le fait remarquable, de ce point de vue, c'est que là où le mouvement syndical a concentré son action sur la conquête d'un pouvoir ouvrier au niveau de l'atelier, de l'usine, de la branche, de l'organisation du travail, son action s'est généralement traduite par un regain immédiat de militantisme, *mais aussi par une repolitisation, à condition que le ou les partis ouvriers aient su relayer l'action syndicale au niveau politique.*

L'importance de cette condition ressort nettement d'expériences récentes, en Allemagne fédérale ou en Grande-Bretagne, où faute de relais politique, des vagues de fond de combativité ouvrière soit sont retombées; soit ont dégénéré en défense d'intérêts corporatistes; soit, en raison de la carence des partis, ont tenté de se donner à eux-mêmes leur expression politique.

Il y a quelques années, par exemple, une grande usine automobile allemande passait pour réfractaire à la syndicalisation. La proportion des inscrits à l'*I.G. Metall* était de l'ordre du centième. Les responsables incriminaient les salaires élevés et les méthodes américaines d'organisation du travail. Jusqu'au jour où un nouveau responsable, décidé d'aller au fond des choses, parcourut les ateliers de l'usine et interrogea les ouvriers. Presque tous se plaignirent. Il fit alors imprimer et distribuer des questionnaires, sollicitant des ouvriers leur appréciation sur les conditions et les rapports de travail. Le taux des réponses fut important. On les dépouilla,

coup plus que dans le passé (...) une présence active du syndicat aux niveaux *centraux* où se décide la politique économique de l'État, car là aussi il s'agit de prendre soin des intérêts immédiats et à long terme des travailleurs.

" ... De la manière dont le syndicat saura satisfaire ces deux exigences — sans sacrifier la libre initiative revendicative à la base, mais sans non plus la laisser dégénérer en corporatisme et en égoïsme d'entreprise — dépendra, en grande partie, la capacité du mouvement ouvrier tout entier d'échapper au risque d'intégration...

" Ce problème coïncide en partie avec ceux que posent les nouveaux liens qui, dans l'Europe d'aujourd'hui, peuvent et doivent s'établir entre revendications et réformes : il s'agit là de l'un des principaux aspects d'une stratégie de la transition au socialisme qui, refusant les illusions dirigistes et technocratiques, fonde la politique des réformes de structure sur la lutte consciente des masses ouvrières et paysannes et de leurs alliés — seules forces capables de sceller ces réformes dans la structure économique de la société, grâce à la conquête de positions de pouvoir et d'hégémonie par la classe ouvrière, et grâce à une nouvelle articulation démocratique des centres de décision publics. " (Bruno Trentin, *op. cit.*, p. 188-189.)

Voir aussi plus loin, chap. III et IV du présent ouvrage.

2

répartit les principaux griefs sous diverses rubriques et les fit paraître dans le journal syndical d'entreprise. L'effervescence qui s'ensuivit fut si vive qu'une grève fut sur le point d'éclater. Elle fut évitée, comme il est normal dans le contexte ouest-allemand, par l'intervention du syndicat auprès de la direction et de la base à la fois.

Les griefs des ouvriers concernaient principalement les rythmes et l'organisation du travail, sa monotonie, la fatigue nerveuse qu'il engendrait, les rapports entre ouvriers et maîtrise, maîtrise et cadres techniques [1], etc. Des négociations avec la direction amenèrent, temporairement au moins, certaines améliorations, et les choses en restèrent là.

Elles auraient pu, évidemment, aller beaucoup plus loin. Les griefs des ouvriers constituaient la base typique pour des revendications de contrôle ouvrier, c'est-à-dire d'un pouvoir collectif des travailleurs dans la détermination des conditions de travail : rythmes, composition des équipes, organisation du travail et des ateliers, classifications, effectifs, etc. La tendance générale des revendications sur tous ces aspects étant de recomposer les tâches qui sont morcelées en gestes, d'instaurer une rotation des postes de travail monotones, d'orienter le " progrès technique " (et la division technique du travail) vers la subordination de la machine aux besoins des hommes, c'est-à-dire vers une *optimation* des conditions de travail.

Cette optimation consiste essentiellement en une diversification et une requalification de la prestation de travail, de façon à laisser jouer de manière équilibrée les facultés de l'individu, au lieu de n'en solliciter qu'une seule et de lui imposer ainsi un épuisement et un déséquilibre nerveux, une mutilation permanente. Cette optimation, pour pouvoir être traduite en objectifs de lutte, suppose évidemment que le syndicat puisse élaborer, avec le concours de ses propres experts et en contact permanent avec sa base, un système d'organisation du travail qu'il opposera au système patronal, non pas une fois pour toutes, mais à l'occasion de (et de préférence *avant*) l'introduction de techniques nouvelles. Sur ce ter-

1. Voir plus haut, le témoignage de l'ouvrier d'Olivetti.
Voir aussi Daniel Mothé, *Militant chez Renault*, éd. du Seuil, 1965.

rain, le conflit sera nécessairement *permanent* : l'objectif, qui est la transformation radicale de la condition ouvrière, transcende toutes les concessions partielles qui pourront être obtenues.

Dans de nombreux cas, les exigences de l'optimation entreront en conflit avec le critère du rendement maximum. L'exercice du contrôle ouvrier débouchera alors sur un *nouveau* champ de questions. Par exemple : telles mesures d'optimation peuvent-elles devenir compatibles avec des progrès de productivité ? Quels changements technologiques seraient nécessaires pour qu'elles le deviennent ? Combien de temps exigeraient-ils ? Combien coûteraient-ils ? Qui les paiera ? Est-il vrai que la firme ne pourrait les adopter qu'au détriment des augmentations de salaires réclamées, voire au détriment des niveaux de salaires actuels ?

Pour le savoir, il est un seul moyen : ouvrir les livres de la firme. Quels sont ses profits ? A quoi les emploie-t-elle ? Ne pourrait-elle les employer différemment ? Puis : le trust ou la branche sont-ils exempts de gâchis, de gaspillage ? Leur organisation, leur capacité, leur production sont-elles conformes aux besoins du pays ? Etc.

En un mot, le contrôle ouvrier sur la *division technique du travail* conduit inexorablement à des revendications de contrôle ouvrier sur la gestion de la firme, voire l'organisation de la branche, c'est-à-dire à la mise en question de la *division sociale du travail*.

Ce niveau une fois atteint, le mouvement ne peut plus avancer sur le plan de l'entreprise seulement. Il doit le dépasser. La solution du conflit n'a pas à être recherchée dans la participation des travailleurs à la gestion [1], qui rendrait ceux-ci complices de la logique capitaliste. Ils seraient rapidement placés devant ce dilemme : ou bien optimation du travail, ou bien augmentation de salaires. Et si le syndicat refusait les termes de l'option, la direction le menacerait de fermer l'entreprise. Nous touchons là les limites inhérentes au système capitaliste : si le capital ne peut obtenir ce qu'il considère comme sa rémunération normale, il se met en grève. Et contre cette menace de grève le syndicat local est sans recours, à moins qu'il ne puisse porter la lutte à un niveau supé-

---

1. Sauf dans l'industrie nationalisée. Et même là, à la condition qu'il y ait soit *monopole* public, soit *position dominante* de l'entreprise nationalisée an sein de la branche d'industrie.

rieur, politico-économique, où la démonstration sera apportée que les impossibilités présentes sont celles *du système*, non des impossibilités en soi.

4. IMPORTANCE DU PARTI DE MASSE.

Nous voici donc ramenés à la dimension politique de la lutte de classe, telle qu'elle surgit dans le prolongement de revendications à la base. Celles-ci, défendues avec intransigeance par des militants aguerris, comme c'est le cas en Grande-Bretagne par exemple, peuvent bloquer pendant un certain temps les tentatives social-démocrates tendant à intégrer le syndicat dans le système. Mais elles n'ont en elles-mêmes qu'une efficacité limitée. Si elles ne s'inspirent pas d'une conception globale des implications sociales et politiques de l'optimation du travail, elles dégénéreront inévitablement en conflits corporatistes et catégoriels. Il sera alors facile au patronat de jouer les catégories et les professions les unes contre les autres. Par des réorganisations, des licenciements, l'octroi d'avantages particuliers, il cherchera soit à se débarrasser des catégories de travailleurs qui, par leur pouvoir technique dans la production, sont à même de mener jusqu'au bout la bataille pour le contrôle ouvrier; soit à se concilier ces catégories en leur offrant des primes (révocables), des conditions de travail améliorées, une participation aux bénéfices, des " relations humaines ". Et les travailleurs se laisseront prendre au piège parce que leurs revendications particulières n'auront pas été reliées à une " alternative globale " embrassant le modèle de production, de consommation, de vie, de développement.

L'élaboration de cette " alternative globale " est indispensable pour réfuter l'argumentation patronale, souvent très convaincante tant qu'on en reste au niveau de la rationalité micro-économique, qui est celui de l'entreprise. Car à ce niveau là, il est vrai que les marges de jeu sont souvent faibles, que les revendications portant sur l'optimation *et* sur les salaires se heurteront rapidement à d'étroites limites.

Pour dépasser ces limites, la solution réside certes dans la socia-lisation du profit (ou surplus); à condition de ne pas entendre par là que la simple *distribution* du surplus permettrait de résoudre d'un coup tous les problèmes quantitatifs et qualitatifs. L'avantage de la socialisation de la masse des profits, et donc de la fonction d'in-vestissement et d'accumulation, est plutôt qu'elle permettrait une politique de développement sélective et qualitativement différente, sollicitant des besoins et des aspirations que le développement capitaliste réprime, et que les besoins de consommation individuelle — et donc le gain individuel — s'en trouveraient profondément modifiés [1].

En effet, les besoins de consommation individuelle ne sont pas des données de la nature; ils sont très largement déterminés par le marché et *surtout* par la manière de travailler, par le rapport de l'individu au travail. Les besoins de consommation " opulente " que sollicite le capitalisme développé ne sont pas des besoins tota-lement " artificiels ". Ce sont, dans une très large mesure, les besoins du travailleur décomposé et mutilé qui, incapable de s'in-téresser et de s'épanouir à son travail, devient une proie facile, hors du travail, pour les marchands de divertissement, de " confort ", de compensations *privées* aux traumatismes que lui inflige l'activité sociale [2].

Tant que le travail sera vécu et posé dans la société comme ce qui défait l'individu, comme contrainte et oppression à subir, tout le domaine du non-travail sera inversement posé comme celui de l'évasion, du divertissement et de la jouissance passive. Selon l'expression de Bruno Trentin, " le consommateur aliéné, c'est l'individu qui reflète dans ses besoins de consommation son alié-nation en tant qu'agent de la production ".

Ce que l'on a appelé " civilisation de masse " ou " société de consommation " peut et doit être réinterprété à partir des rapports capitalistes de production. Le fait dont il faut partir, c'est que l'ouvrier et l'employé sont engagés dans le processus de production en tant qu'*individus moléculaires*, subissent la division sociale et technique du travail, contribuent à une production qui ne dépend

1. J'y reviendrai plus longuement aux chapitres III et IV.
2. Voir aussi chap. IV, et C. Wright Mills, *les Cols blancs*, Éd. Maspero, Paris, 1966.

d'eux ni dans son pourquoi, ni dans son comment. C'est cette molécularisation et cette impuissance entretenue qui engendrent ce que l'on a appelé " l'individu de masse " : c'est-à-dire un individu qui n'est chez lui ni dans son travail, ni dans sa consommation, qui est sans prise sur son environnement et sur la société, qui considère l'un et l'autre en spectateur et en consommateur, c'est-à-dire en extériorité, avec le seul désir de se creuser un trou à l'abri du monde social, un trou où il serait " chez lui ". C'est ce désir que le capitalisme " opulent " prétend satisfaire après l'avoir suscité.

La sociologie empirique est proprement mystifiante quand elle prétend constater ce désir, sur la base d'enquêtes, comme une donnée de la nature ou comme un choix libre. Car en vérité, tout désir est conditionné par les possibilités de satisfaction, c'est-à-dire par les conditions générales de la société dans laquelle il se manifeste. A moins d'être des intellectuels ou des militants, les individus désirent ce qu'ils ont des chances d'obtenir dans les conditions données, et ne désirent pas ce qu'ils ne pourraient obtenir que sur la base d'autres conditions. Pour prendre l'exemple de l'automobile, l'ouvrier, dans la société capitaliste, désire une voiture — ou une meilleure voiture — il est prêt à travailler des journées plus longues pour l'obtenir. Et il désire une voiture avant de désirer, dans l'ordre des priorités, un logement spacieux dans un paysage urbain harmonieux, des écoles meilleures pour ses enfants, des équipements culturels, sanitaires, etc.

Mais au lieu de tirer de cette hiérarchie des désirs des conclusions sur une prétendue nature humaine, il faut en tirer des conclusions sur la société environnante : il s'agit d'une société où l'automobilisme est *déjà répandu* ; où le système des transports et le réseau urbain sont organisés en fonction de l'automobilisme et indiquent chaque individu comme automobiliste potentiel. De plus, l'ouvrier y a des chances de se procurer une voiture pour s'évader des taudis ou de la grisaille de sa banlieue. L'obtention de la voiture *dépend de lui* — à supposer qu'il ne perde pas son emploi (ce qui ne dépend pas de lui). En revanche, il n'a aucune chance, quoi qu'il fasse, d'obtenir par lui-même un meilleur logement, de meilleures écoles, de meilleurs équipements collectifs, etc. Tout cela *ne dépend pas de lui* en tant qu'individu. Ce n'est donc même pas la peine de le réclamer. Tout cela ne dépendrait de lui que s'il le réclamait non pas en tant qu'individu moléculaire, *mais en tant que membre d'un groupe* formé dans le dessein explicite de changer les rapports sociaux, de soumettre à la volonté commune des individus unis la nature, le mode et les conditions de leur travail et de leur vie en commun.

La question de la production optimum du point de vue de la valeur d'usage, des techniques employées et des conditions de vie et de travail, ne peut même être *posée* que par les producteurs *groupés* d'une branche ou d'un secteur; la question du modèle de vie et du modèle de consommation optimum ne peut être posée que par les individus *groupés* sur les lieux de production, d'habitat, de culture, à l'échelle de la commune, de la région, de la nation. Et il est évident que poser cette question, c'est aussitôt mettre en question les critères et la logique d'un système fondé sur la rentabilité financière maximum à l'échelle micro-économique de l'entreprise, critère qui aboutit aux distorsions, aux déséquilibres, aux gaspillages, à la priorité du superflu sur le nécessaire, de la futilité sur la culture, dénoncés aux États-Unis par des intellectuels d'idéologies aussi différentes que Baran, Marcuse, Galbraith, Packard et le Comité de la Triple Révolution.

Si nous définissons la liberté comme la prise de l'individu sur ses conditions d'existence, comme sa possibilité de modifier ces conditions en fonction de ses besoins et de son exigence d'épanouissement et de dépassement, alors il faut reconnaître que la liberté telle que la définit la démocratie bourgeoise est une liberté mystifiée. Si nous définissons la liberté comme le pouvoir des individus sociaux sur les conditions sociales de leur existence, alors la démocratie capitaliste doit nous apparaître vide de contenu. Les seuls endroits où s'exerce et où se conquiert la liberté et la démocratie sont, dans cette perspective, les partis politiques et les syndicats, *pour autant* qu'ils sont construits en vue d'une praxis commune à partir de l'être commun et de l'expérience commune des collectivités de travail et de vie. Mais précisément, la construction de partis et de syndicats démocratiques — c'est-à-dire de groupements à fin politique et sociale, dont l'activité soit soutenue par l'élaboration en commun d'un projet commun, embrassant la totalité des conditions de l'existence en commun — n'est possible que s'ils organisent les individus sur les lieux où ils vivent rassemblés et où leur être commun est l'objet d'une expérience directe et spécifique : c'est-à-dire les lieux de travail, d'habitat, de formation. Il ne peut y avoir de démocratie qu'à partir d'une démocratie directe, à la base, c'est-à-dire à partir d'un *pouvoir* démocratique, avec ses assemblées élues et ses organes souverains dans les usines, les coopératives agricoles, les quartiers, les communes, etc.

Or, le processus d'accumulation et de concentration capitaliste porte en lui la destruction des groupements et communautés locales, et donc de la démocratie à la base, et finalement de la démocratie tout court en tant qu'élaboration d'un projet commun. Tout le modèle de développement de type occidental repose au départ sur une révolution bourgeoise dont l'aspect fondamental qui nous intéresse ici est le suivant : la séparation de la société civile et de l'État, parallèlement à la dissociation de l'individu privé et de l'individu social. Autrement dit, dans la conception bourgeoise de la démocratie, l'individu est libre de poursuivre ses fins et ses intérêts individuels sur la base des conditions générales *existantes* et résultantes ; il n'est pas libre de poursuivre la transformation de ces conditions générales selon des fins et des besoins *communs*. La révolution bourgeoise a institutionnalisé les libertés individuelles, mais au prix d'une réduction de la liberté aux choix individuels *séparés*.

C'est à l'État qu'échoit la fonction d'opérer les choix généraux. Sa tâche historique est de veiller à la perpétuation des conditions qui permettent les activités individuelles séparées. Mais du coup, la tâche de l'État est aussi d'empêcher que des groupements d'individus exercent une emprise déterminante sur les conditions générales et les soumettent à leur volonté commune. Une même suspicion frappe, par exemple, le syndicalisme ouvrier — que l'État peut facilement combattre puisqu'il tire sa force d'actions de masse publiques — et les cartels patronaux, difficiles à combattre puisqu'ils reposent sur des ententes occultes. Aux États-Unis, la législation en est même venue à assimiler le syndicat ouvrier à une " entente " pour monopoliser " l'offre " de forces de travail et dérégler le jeu de la concurrence.

Bref, dans cette société fondée sur la dispersion et la séparation des individus, l'État monopolise la *souveraineté* du " peuple " et veille à la dissolution continuelle des *groupes* qui tendent à se reformer pour reconquérir le pouvoir souverain au profit des *individus communs*. L'État se pose en seul représentant de l'intérêt général face aux intérêts particuliers tout en veillant à la *particularisation* de tous les intérêts qu'il se donne pour mission d'accorder entre eux. Mais cette fonction médiatrice, l'État l'exerce concrètement dans les conditions du capitalisme de monopole et donc dans l'intérêt de celui-ci. Concrètement, l'État s'évertue à courir derrière les groupes capitalistes dominants pour rendre économiquement possibles et socialement tolérables des choix privés qui affectent et modifient les conditions générales de toute la société. Concrètement, l'État coordonne ses choix publics avec les décisions des groupes dominants, " condomine " avec eux dans ce que Perroux appelle " une symbiose étroite " et fournit à leurs intérêts particuliers une expression *politique* universelle et une rationalité idéologique qui les *médie* avec l'intérêt général de la société.

Ainsi, en contre-partie de l'atomisation de la société civile en un pullulement d'individus abstraits, l'unité et l'universalité de cette société s'incarne à son tour dans un État extérieur et abstrait par rapport aux " citoyens ". La fonction d'unification et d'intégration des " citoyens " est une fonction politico-idéologique séparée, spécialisée et *externe*, sur laquelle les " citoyens " n'ont normalement qu'une prise *formelle*, c'est-à-dire pratiquement nulle. La " liberté " du citoyen, c'est de voter de temps en temps ; de choisir entre des journaux le plus souvent contrôlés par des groupes monopolistes ; d'écouter une radio qui, quand elle n'est pas d'État, est contrôlée par ces mêmes groupes monopolistes, grâce à la publicité ; de choisir entre l'une des dix marques de lessive et de conserves qui se disputent le marché. Il est libre dans ce qui est secondaire et il n'a aucun pouvoir dans ce qui compte : l'organisation, l'orientation, les priorités de la production ; la création d'emplois ; l'organisation, le contenu et les méthodes de l'enseignement ; la répartition géographique des investissements, leur volume, etc. Toutes ces décisions qui déterminent le sens et la qualité de la société appartiennent à la sphère de souveraineté des groupes capitalistes dominants et de l'État qui incarne leur intérêt général, et sont prises en fonction de critères financiers et commerciaux dont la macro-résultante ne correspond en rien à un optimum économique, social et humain.

Face à la concentration du pouvoir économique aux mains d'une couche très mince d'administrateurs souvent liés entre eux; face à un État qui assure la médiation politico-idéologique entre les intérêts des monopoles et l'intérêt général de la société, il serait étonnant que les institutions, les partis et les formes de la démocratie bourgeoise puissent éviter d'entrer en crise, de tomber dans le discrédit. Les décisions déterminantes ne sont pas, et n'ont en fait jamais été débattues publiquement dans les Assemblées élues, mais concertées au sein des appareils du pouvoir. De plus, les Assemblées élues sont totalement incapables d'incarner une quelconque " volonté populaire " dans la mesure où elles émanent d'une *addition* de suffrages hétérogènes et séparés que des individus molécularisés, mystifiés, manipulés par des campagnes électorales de style publicitaire, sont appelés à donner au nom d'intérêts sectoriels, locaux et nationaux sans lien entre eux.

Le Parlement n'aurait une valeur représentative et ne serait l'image d'une volonté populaire que s'il était formé des *partis de masse* tirant leur représentativité d'actions collectives et de débats publics permanents sur la ligne à suivre; et si ces partis avaient une vision synthétique de la société, une saisie globale de ses contradictions et de leur dépassement libérateur vers une civilisation à construire. C'est *dans les partis* seulement, en effet, que peut prendre naissance une volonté commune, démocratique, des individus regroupés sur la base de leurs fins communes — et il faut entendre par " fin commune " non pas l'addition de fins individuelles identiques et séparées, mais l'horizon commun vers lequel chacun ne peut avancer que par tous et qui requiert en chacun l'unification de tous par tous. C'est dans les partis, donc, que peut naître une volonté populaire, et non dans les urnes électorales ou dans les Assemblées élues où viennent s'additionner, dans une pure juxtaposition d'extériorité, une multiplicité de vœux séparés et abstraits. Dans les partis, à condition qu'ils soient les lieux privilégiés de la démocratie où, des débats, des échanges et des confrontations d'expériences, surgisse une conception globale de l'homme et de la société à construire.

Dire cela, c'est évidemment affirmer que la crise et la décadence de la démocratie dans les pays capitalistes avancés est avant tout une crise et une décadence des partis politiques. La question de savoir si cette décadence est une conséquence ou une cause me paraît oiseuse : elle est l'une et l'autre à la fois. Les partis sont tombés en décadence dans la mesure où ils se sont donné pour objectif premier *l'exercice du pouvoir dans le cadre de l'État et du système établi*, cadre qui prédétermine avec une marge de jeu très étroite la politique générale du Pouvoir. La rivalité politique, dans ces conditions, ne met pas aux prises *plusieurs conceptions* de la politique et de l'État, mais porte seulement sur la *manière* d'exécuter *une même politique* prédéterminée par un rapport des forces et des rapports sociaux donnés.

Sans doute, on dira que cette décadence des partis, qui est avant tout une décadence des partis anti-capitalistes, est due à l'impossibilité d'un renversement révolutionnaire de l'État capitaliste moderne; à l'atténuation des barrières de classe et de la lutte des classes; à la disparition du radicalisme qu'est censée — à tort — entretenir la misère ouvrière. Je ne crois pas à ces explications. Je ne crois pas que la décadence de beaucoup de partis ouvriers puisse être expliquée seulement par l'impossibilité de la révolution. Je crois plutôt que cette impossibilité est imputable dans une bonne mesure aux partis ouvriers eux-mêmes. Elle est la conséquence de leur crise autant que sa cause. Il conviendrait d'abord d'élucider les raisons de cette crise. Elles sont liées au stalinisme d'abord, à la guerre froide ensuite qui ont longtemps paralysé la réflexion sur le parti de type nouveau, sur les aliénations et les besoins neufs, sur les nouvelles formes de lutte et de démocratie qu'il convenait d'opposer à l'État autoritaire du capitalisme de monopole. Cette réflexion n'a été amorcée que sur la périphérie du monde capitaliste, par des partis marxistes relativement jeunes.

Sa tendance générale est de construire, contre les tendances autoritaires et totalitaires du capitalisme et du socialisme, contre la " civilisation " et la " démocratie " de masse, des centres de démocratie directe faisant place, à l'exemple du projet originel des *soviets*, à de larges autonomies locales et régionales, et à l'auto-gestion, par les producteurs associés des villes et des campagnes, de leur production et de leurs échanges. Il s'agit de contrer le modèle de développement monopoliste par la lutte pour une démocratie " articulée " et décentralisée, fondée sur les communautés de base des coopératives, des communes, des usines, des régions, avec leurs liaisons horizontales et verticales.

Il s'agit de faire sortir la lutte politique des ornières du parlementarisme et de l'électoralisme, en la rapprochant des lieux où les individus travaillent et vivent rassemblés, où ils peuvent avoir une prise directe sur leur condition, où naissent leurs besoins et leurs conflits avec la société existante, où ils vivent l'exigence d'une libération et d'un pouvoir collectifs incompatibles avec les structures présentes de l'État.

" Le modèle du parti tel que nous le connaissons, écrit Lelio Basso [1], a été le plus souvent construit en réponse aux exigences de la lutte parlementaire ou de la lutte révolutionnaire traditionnelle, de type russe ou chinois. Mais un parti qui veut guider le prolétariat dans une bataille qui, avec des objectifs révolutionnaires, se mène tous les jours et dans tous les secteurs de la société, doit nécessairement avoir une structure différente. En premier lieu, il doit se rendre compte que son activité ne peut demeurer sur le terrain politique propre à la société bourgeoise, c'est-à-dire sur le terrain parlementaire (si important que celui-ci soit en tant que reflet des luttes en cours dans le pays), mais doit investir le tissu des rapports sociaux eux-mêmes; car c'est ainsi seulement qu'elle peut organiser et guider les masses en tant qu'elles sont non pas des votants abstraits, mais des hommes concrets, insérés dans des rapports sociaux bien déterminés et mus dans leur lutte par des circonstances et des raisons précises.

" La démocratie représentative n'est pas en mesure d'exprimer, et encore moins de réaliser, la volonté de ces hommes réels qui, pour leurs besoins concrets, créent continuellement de nouvelles structures, de nouvelles formes d'association, de nouvelles institutions. Les partis, dans leur organisation présente, restent le plus souvent au-delà de cette réalité multiforme et, quand bien même ils obtiennent une large adhésion aux principes généraux qu'ils énoncent, ne réussissent pas toujours à coordonner et à guider les luttes qui partent de centres de vie sociale divers et mal reliés entre eux. Il est donc urgent que les partis s'adaptent à l'évolution réelle et sachent cueillir l'homme réel là où naît son intérêt pour la lutte, là où se forme sa conscience antagonistique à la réalité

1. " Le prospettive della sinistra europea ", in *Tendenze del Capitalismo europeo*, Éditori Riuniti, Rome, 1966, p. 290-292. Traduction française in *les Temps modernes*, février 1967.

bourgeoise, de manière qu'il se sente participer à la vie du parti ; et que le parti relie plus étroitement à l'expérience vécue par les travailleurs ses options politiques et les batailles qu'il mène.

" En d'autres termes, il s'agit de renforcer au maximum le courant qui va de la base au sommet, de se référer à l'expérience de la base, d'encourager l'initiative des masses, de s'appuyer sur cette expérience et sur cette initiative pour remédier à l'absence de pouvoir démocratique entretenue par les institutions bourgeoises, et pour favoriser la naissance des organes nécessaires à ce type de lutte...

" Il va de soi qu'une telle ligne d'action exige un type d'organisation qui pénètre dans tous les centres de la vie sociale pour en interpréter les exigences les plus profondes, en actualiser le potentiel de lutte et éviter ainsi que le parti s'isole ou tourne à vide.

" Car c'est bien là le danger qui le guette aujourd'hui. Danger déjà visible dans la faible fréquentation des réunions ; dans la baisse des effectifs et de la diffusion des journaux de parti ; dans la désaffection à l'égard des partis qui, en France, par exemple, se traduit par une prolifération de clubs polarisant l'intérêt politique de secteurs assez dynamiques ; et d'une façon plus générale dans ce qu'il est convenu d'appeler la dépolitisation et qui exprime probablement une désaffection non pas à l'égard de la politique, mais à l'égard de la manière de la pratiquer. "

II

ÉTUDIANTS ET OUVRIERS *

Au cours des vingt dernières années, le développement des forces productives a provoqué dans les économies capitalistes évoluées une mutation qualitative, qui semble devoir aller en s'accélérant, dans la nature de la force de travail socialement nécessaire au déroulement, à tous ses niveaux, du processus social de production.

Je me propose de montrer rapidement, et un peu schématiquement, certaines contradictions virtuelles ou explosives qui résultent pour le capitalisme européen de cette mutation en cours, et la manière dont il tente de les masquer, de les désamorcer ou de les prévenir. Sans prétendre épuiser le sujet, je me bornerai à indiquer les contradictions qui se manifestent aux niveaux suivants :

1. La contradiction entre le coût de production croissant de la force de travail socialement nécessaire (notamment : la durée et le coût croissants de la formation des travailleurs) — et la tendance à éviter dans toute la mesure du possible la prise en charge par la société de ce coût social ;

2. La contradiction entre la nature et le niveau de la formation qu'exige le développement des forces productives — et la nature et le niveau de la formation qu'exige, du point de vue patronal, la perpétuation des rapports hiérarchiques dans l'entreprise et des rapports de production dans la société ;

* Communication faite au Colloque organisé par l'Institut Gramsci, en juillet 1965, sur les " Tendances du capitalisme européen ", et reproduite in *Tendenze del Capitalismo europeo* (Editori Riuniti, Roma, 1966) ainsi que dans *Revue internationale du socialisme*, n° 10, sous le titre original : " Aspects de la contradiction entre rapports de production capitalistes et force de travail socialement nécessaire. "

3. La contradiction entre l'autonomie croissante, réelle ou virtuelle, du travail productif et son caractère directement social, pour une proportion croissante de travailleurs — et leur statut au sein de l'entreprise et de la société capitalistes. Il s'agit là, si l'on préfère, de la contradiction à un niveau particulier entre la nature des forces productives et les rapports capitalistes de production.

La pénurie de main-d'œuvre qualifiée est reconnue dans tous les pays capitalistes européens comme l'un des principaux " goulots " de l'expansion monopoliste en cours. En France, le Vᵉ Plan invoque explicitement la rareté d'ouvriers professionnels, de techniciens et d'ingénieurs pour écarter d'ici à 1970 toute réduction, même marginale, de la durée du travail. En dépit de l'existence d'un sous-emploi conjoncturel accentué dans certaines industries, et d'un chômage structurel croissant dans certaines régions, le gouvernement français rejetait, en mai 1965, toute possibilité de réduction des horaires industriels, en faisant valoir que cette réduction, qui devrait s'appliquer également aux professions où la pénurie de main-d'œuvre est aiguë, entraînerait un ralentissement général de l'activité et ferait obstacle à l'expansion.

Involontairement, la démonstration était ainsi faite que le plein emploi et la réduction de la durée du travail exigeaient un desserrement du goulot de main-d'œuvre qualifiée et que les revendications ouvrières concernant l'emploi et les horaires ne pouvaient aboutir que dans le cadre d'une politique de formation massive de travailleurs qualifiés. Cette politique, toutefois, selon les propres déclarations du gouvernement français, est incompatible avec la présente politique d'accumulation monopoliste : en 1970, le nombre d'ouvriers professionnels formés annuellement dans les Centres de formation professionnelle doit avoir augmenté de près de 50 % par rapport à 1964. Ce nombre, toutefois, ne représentera alors que *moins du tiers des* ouvriers professionnels qu'exige annuellement l'industrie [1].

---

1. La situation n'est nullement meilleure en R.F.A. : 70 % des apprentis y sont formés dans des entreprises artisanales ou semi-artisanales où ils accomplissent journellement deux à quatre heures de travail sans valeur formatrice, ne reçoivent aucune

Comme dans d'autres pays capitalistes (quoique dans une mesure moindre qu'en Italie), la pénurie de main-d'œuvre qualifiée conduit ainsi à faire coexister, en France, une durée hebdomadaire du travail excessive et un sous-emploi ou un chômage non-négligeable, particulièrement chez les jeunes.

La misère de la formation professionnelle ne peut être imputée *directement* à un calcul de la classe patronale. Au contraire, le grand patronat est généralement conscient de l'urgence que revêt une politique de formation élargie, tant en qualité qu'en quantité, pour le développement et la " compétitivité " de l'industrie nationale. Si les investissements dans la formation restent néanmoins insuffisants (les objectifs du IVe Plan n'ont été réalisés qu'à 40 % environ pour l'enseignement professionnel), c'est essentiellement parce que le développement de l'enseignement fait partie des besoins collectifs croissants qu'entraîne l'expansion monopoliste, et que le respect par le gouvernement (dans le cadre, le cas échéant, d'une " programmation corrective ") des tendances spontanées de l'accumulation privée, lui interdit de drainer vers l'investissement public les ressources nécessaires à la couverture des besoins collectifs [1].

Tout se passe ainsi comme si l'expansion monopoliste, en disjoignant son coût direct de son coût social, mettait à la charge de la collectivité la création de plus en plus onéreuse des conditions de sa poursuite, tout en refusant à la collectivité les moyens nécessaires.

initiation aux techniques modernes et apprennent un métier que, dans un cas sur trois, ils n'auront pas l'occasion d'exercer.

Les tentatives pour donner aux apprentis un minimum de formation théorique se sont heurtées au manque de locaux et de personnel enseignant d'une part, et d'autre part à l'opposition des employeurs artisanaux. (Voir Leo Bauer, " Der Stern ", n° 50 et 51, 1964; *Stand und Bedarf des Bildungswesens in der Bundesrepublik*, Stiftverband für die Deutsche Wissenschaft, D 64, Essen, 1964.)

1. La chose est flagrante dans le cas de la programmation française : ses objectifs en matière d'équipements collectifs et de services sociaux, quoique inférieurs aux besoins recensés, ont été constamment sacrifiés aux impératifs conjoncturels. Autrement dit, l'État s'est refusé la possibilité de subordonner la politique d'investissement des groupes privés et la structure de la consommation à la satisfaction prioritaire des objectifs sociaux. Il a, au contraire, abandonné ceux-ci quand, dans la pratique, c'est-à-dire du point de vue de l'équilibre monétaire, ils se révélaient incompatibles avec la politique commerciale et d'investissement desdits groupes.

Dans le domaine de la formation, les besoins collectifs engendrés par l'évolution technologique en cours concernent notamment : la prolongation générale de la scolarité ; la multiplication du nombre des diplômés d'écoles supérieures ou d'universités ; l'accroissement correspondant des équipements scolaires et universitaires et des effectifs du corps enseignant. La satisfaction de ces besoins suppose à son tour l'accroissement très rapide du nombre des étudiants ; la possibilité d'attirer ceux-ci, par des salaires comparables à ceux du secteur privé, vers l'Éducation nationale ; bref un transfert de ressources du secteur privé vers le secteur public.

Or, sur la plupart de ces points, les intérêts à court terme du secteur capitaliste se trouvent en contradiction avec ses intérêts à long terme. Le problème du financement, en premier lieu, est proprement insoluble en dehors d'une programmation s'attaquant aux tendances " spontanées " de l'accumulation privée. Celles-ci, en engendrant des besoins collectifs dont le coût social ne peut être couvert par les ressources laissées à la disposition de l'État, provoquent des goulots dramatiques qui, à terme, compromettent la possibilité d'expansion de l'ensemble du système.

L'incapacité du système d'enseignement bourgeois à former un nombre suffisant d'enseignants d'abord, d'ouvriers professionnels et de diplômés techniques et scientifiques ensuite, ne renvoie pas seulement aux structures économiques, mais tout aussi bien aux structures sociales [1]. Cette incapacité est due — outre au manque de locaux et d'équipements — à la sélection sociale qui a présidé jusqu'ici au recrutement des élèves de l'enseignement secondaire et supérieur.

En effet, à des correctifs purement marginaux près, le coût de la formation socialement nécessaire reste à la charge des familles, ce qui revient à abandonner l'apprentissage d'une profession à l'initiative privée des particuliers. Au delà du minimum de scolarité prescrit par la loi, la poursuite des études est considérée comme le privilège d'une minorité, à laquelle la situation de fortune des

---

1. En R.F.A., la totalité des diplômés d'études supérieures devrait être recrutée par l'Éducation nationale pour que les besoins minimum d'enseignants puissent être couverts d'ici à 1970. (Voir *Die Deutsche Bildungskatastrophe*, Freiburg, 1964.)

parents permet de retarder leur entrée dans la " vie active ". Le temps de formation et le travail d'apprentissage sont considérés, en conséquence, comme *improductifs*.

Ce système entre en crise aiguë dès lors que le développement des forces productives exige une " *reproduction élargie de la force de travail* [1] ", c'est-à-dire l'acquisition par les générations d'âge scolaire de capacités professionnelles plus poussées et plus coûteuses que celles de leurs parents. Les économies capitalistes européennes ne peuvent actuellement se procurer les quantités et les qualités de forces de travail socialement nécessaires qu'en socialisant au moins en partie le coût de leur production, le nombre de familles capables de couvrir ce coût par leurs propres moyens étant devenu insuffisant.

Du coup, quoique de manière fragmentaire, la tendance objective se fait jour de faire figurer le coût de la formation élargie dans le coût de la force de travail lui-même : sous une forme plus ou moins déguisée (bourses, allocations familiales, subventions diverses), le travail d'apprentissage, d'élargissement ou de modification des capacités professionnelles est implicitement reconnu comme un travail socialement productif et nécessaire, par lequel l'individu *se* produit selon les besoins de la société et acquiert des droits sur celle-ci.

Ces droits, qui ont été explicités principalement par les mouvements de revendication étudiants, concernent notamment : 1º le droit à la rémunération du travail social d'apprentissage ou d'étude; 2º le droit aux équipements collectifs nécessaires à l'accomplissement de ce travail social; 3º le droit à une formation suffisante, en qualité, pour permettre au jeune travailleur de dominer l'évolution technico-scientifique, au lieu d'être dominé et disqualifié par elle et de se trouver bloqué dans son développement professionnel par l'insuffisance de sa formation théorique initiale.

Ces trois revendications, communes aux syndicalismes étudiants français, italien et au S.D.S. [2], répondent à la crise institutionnelle du système d'enseignement bourgeois, et particulièrement de l'Université, en la reliant explicitement à la crise du capitalisme.

1. Voir A. Gorz, *Stratégie ouvrière et néocapitalisme*, p. 95-122, Éd. du Seuil, 1964.
2. Sozialistischer Deutscher Studentenbund. Voir " Hochschule in der Demokratie ", *Neue Kritik*, Frankfurt-Main, mai 1965.

La première de ces revendications, concernant l'allocation d'études *pour tous*, mérite une discussion particulière.

En effet, tant à droite qu'à gauche, on soutient souvent que la rémunération de *tous* les étudiants pour leur travail d'auto-formation est une revendication prématurée dans une société où l'immense majorité des étudiants provient encore de milieux bourgeois ou petit-bourgeois; et qu'au lieu de subventionner, par la socialisation du coût des études et leur rémunération, les classes privilégiées qui envoient leurs enfants à l'Université, il serait plus logique d'accroître le nombre des bourses réservées aux élèves d'origine populaire, afin de " démocratiser " de cette manière l'enseignement supérieur.

A cette argumentation, l'avant-garde étudiante (l'U.N.E.F. en France, le S.D.S. en R.F.A.) oppose le point de vue suivant :

1. Il faut mettre à profit la nécessité dans laquelle se trouve le capitalisme avancé d'élargir la base sociale du recrutement universitaire, pour aller jusqu'au bout des implications anti-capitalistes de cette nécessité. Il s'agit notamment de se battre dès à présent pour la solution démocratique la plus avancée, en posant pour principe que la société doit prendre en charge le coût de la formation socialement nécessaire et reconnaître — par le biais d'un *salaire social* pour tous les étudiants — le *statut de jeune travailleur* à tous les élèves qui, à l'Université, dans les écoles techniques ou professionnelles, poursuivent un travail de formation socialement utile.

Aucune fatalité ne voue l'étudiant d'origine bourgeoise ou petite-bourgeoise à avoir une conception bourgeoise ou petite-bourgeoise de son futur travail professionnel. En lui conférant le statut de jeune travailleur, l'allocation universelle d'études — et la lutte pour cette allocation — tendra, au contraire, à le défendre contre l'emprise de son milieu familial et contre la tentation de considérer ses études comme une " initiative privée " et comme une préparation à une " carrière " lucrative [1].

Si le principe du caractère social et socialement productif du

1. Voir notamment *Manifeste pour une réforme démocratique de l'Enseignement*, U. N. E. F., 1964.

travail d'études n'est pas posé dès maintenant, si le mouvement étudiant — et le mouvement ouvrier — permettent au capitalisme d'introduire des correctifs partiels qui, assimilant à de jeunes travailleurs les étudiants de milieu pauvre, mais non les autres, créent des discriminations de classe entre les étudiants, le caractère de travail social des études et le droit de tout étudiant à un salaire social se trouvent niés au départ et ne pourront que très difficilement être imposés par la suite.

2. Au lieu d'assurer l'autonomie du travail universitaire (et de l'Université), l'attribution de bourses (publiques, mais aussi privées) *sur critères sociaux*, tend à accentuer la dépendance des étudiants soit à l'égard de leurs parents (cas des non-boursiers), soit à l'égard de l'État ou de mécènes privés (cas des boursiers).

En effet, les deux systèmes d'assistance — par les parents ou par l'État — ont pour conséquence de subordonner le travail étudiant à un double système d'exigences (ou de veto) exogènes :

a. les boursiers de l'État (ou de l'industrie privée) sont ou seront tenus de faire preuve de dons, d'une assiduité, d'une discipline exceptionnels, voire d'un conformisme idéologique à toute épreuve [1], cependant que les non-boursiers jouiront souvent d'une autonomie plus grande dans le choix et la durée de leurs études ;

b. les bourses sur critères sociaux permettront à l'État d'orienter les étudiants d'origine populaire vers les études ayant un caractère nettement utilitaire, cependant que les non-boursiers continueront d'être orientés par leurs parents vers les études auxquelles s'attache le plus grand " prestige social " et vers les Écoles qui sont supposées former " l'élite " bourgeoise. Celles-ci ne seront ouvertes que sous condition aux boursiers [2], tandis que les non-boursiers continueront d'y entrer plus facilement. La multiplication du nombre des bourses ne fera donc pas obstacle aux discriminations de classe et à la sélection sociale dans l'Université ;

1 En R.F.A., de leur " maturité spirituelle " et de leur " compréhension pour le monde environnant ".

2. Ces conditions, liées à la pré-formation de l'élève dans le milieu familial, c'est-à-dire à une conception bourgeoise de la culture, sont extrêmement difficiles à remplir pour un élève d'origine populaire. (Voir Pierre Bourdieu et André Passeron, *les Héritiers*, Éd. de Minuit, 1965.)

c. cependant que les boursiers dépendront dans leurs études des exigences de l'État — qui, en échange de l'assistance qu'il leur accorde s'arroge un droit sur eux, alors que l'allocation d'études vise au contraire à établir le droit inverse — les non-boursiers dépendront du bon-vouloir de leurs parents et seront tenus en tutelle même après avoir atteint (comme c'est le cas de la grande majorité d'entre eux) la majorité légale [1].

La revendication de l'allocation d'études pour tous, *sur critères universitaires* et non sur critères sociaux, qui se trouve au centre de l'action de l'U.N.E.F. depuis 1964, se présente donc consciemment comme une réponse synthétique à la crise de l'enseignement bourgeois et aux réformes partielles que l'État capitaliste propose. Par cette revendication, le syndicalisme étudiant entend en outre :
— montrer que seule la socialisation du coût des études permet de soustraire les étudiants aux critères bourgeois de la formation, de la culture, de la carrière, de " l'élite " ; aux critères capitalistes de l'utilité ou de la rentabilité des études ; aux pressions qu'exercent

---

1. Voir S. D. S., *op. cit.*, chap. v, p. 133-141.
L'enquête par sondage qu'a effectuée la M. N. E. F. (Mutuelle nationale des Étudiants de France) sur les conditions d'existence et les ressources des étudiants français, établit que les étudiants d'origine bourgeoise (cadres supérieurs et professions libérales) sont, en moyenne, *moins bien pourvus* que ceux originaires d'autres milieux sociaux, à la seule exception des fils d'employés.
Les étudiants totalement démunis (moins de 300 F de ressources mensuelles) se rencontrent dans *toutes* les couches sociales. Ont un revenu inférieur à 300 F par mois : 5,6 % de fils d'ouvriers ; 7,3 % de fils d'employés ; 20 % de fils de cadres moyens ; 6,6 % de fils de professions libérales et cadres supérieurs ; 14 % de l'ensemble des étudiants. Les clivages sociaux se reflètent donc mal ou ne se reflètent pas du tout en milieu étudiant.
Au total, l'État français ne couvre que 13,3 % des besoins des étudiants, l'aide des familles 51,3 % ; en moyenne, les étudiants se procurent 24 % des ressources qui leur sont néeessaires grâce au travail noir (proportion qui passe à 37 % chez les fils d'employés et d'agriculteurs, et à 43 % chez les fils d'ouvriers à Paris).
La nécessité de faire du travail noir pour subsister, qui s'oppose aux études à plein temps et explique dans une large mesure le fait que trois quarts des étudiants ne terminent pas leurs études, se rencontre chez les étudiants de toutes les origines : 18 % des fils d'ouvriers, d'agriculteurs et d'inactifs ; 16 à 17 % des fils d'employés et de patrons ; 12 % des fils de cadres moyens travaillent plus de 10 heures par semaine.
L'idée selon laquelle les étudiants " défavorisés " proviendraient essentiellement d'une seule classe est radicalement démentie par l'enquête. (Voir " le Budget des étudiants ", *Recherches universitaires*, no 5, 1964.)

sur eux, dans ce sens, les parents, l'État, l'industrie, le manque de temps et de ressources;

que seule elle permet d'assurer l'autonomie du travail et de la formation intellectuels, culturels et professionnels, et donc de l'autonomie de l'Université elle-même;

que seule elle peut garantir, avec l'unité des conditions de recrutement, l'unité de l'enseignement supérieur contre le divorce entre théorie et pratique, entre sciences et technique, entre culture d'élite et culture utilitaire;

— situer d'emblée les étudiants dans la société en tant que jeunes travailleurs et leur faire comprendre que leurs exigences d'autonomie et de développement intellectuels et professionnels, de culture en prise sur la réalité historique et donc soustraite aux dégradations idéologiques et mercantiles, sont en contradiction avec les exigences du capital monopoliste et ne peuvent être satisfaites qu'en alliance avec le mouvement ouvrier.

Si l'on préfère, le syndicalisme étudiant essaie de mener au niveau de l'enseignement et de la culture, pour l'émancipation et la valorisation de la force de travail, une lutte que le mouvement ouvrier mène au niveau de la production. Mais cette lutte, de toute évidence, ne peut être socialiste et ne peut le demeurer, ne peut éviter l'écueil d'un réformisme subalterne et d'une action corporatiste que si elle est prolongée et portée par l'action d'un mouvement ouvrier et révolutionnaire fort [1]. Laissé à lui-même, le syndicalisme étudiant, si socialistes que soient ses idées et ses buts, ne peut dépasser les limites du corporatisme : il y retombe fatalement si ses objectifs ne sont pas relayés par les partis de la classe ouvrière et insérés d'emblée dans une lutte sociale plus vaste qui défende le milieu étudiant contre ses idiosyncrasies et ses mythologies particulières [2].

---

1. Cf. Marc Kravetz, " Naissance d'un syndicalisme étudiant ", in *les Temps modernes*, février 1964.

2. Cf. Antoine Griset et Marc Kravetz : " La lutte contre la technocratisation de l'Université ne peut en aucun cas constituer l'axe stratégique d'une action étudiante autonome. Elle n'a de sens qu'intégrée à une stratégie d'ensemble du mouvement ouvrier visant les structures mêmes du régime capitaliste et ses choix, au nom de finalités de et choix différents. La place dans une telle stratégie des problèmes de la qualification et de l'autonomie de la formation est essentielle ", mais l'effort déployé

Nous avons vu jusqu'ici que le coût et la durée croissants qu'exige la production de la force de travail socialement nécessaire mettent en crise le système d'enseignement bourgeois, fondé sur une sélection sociale et un financement privé des études. Le développement des forces productives fonde objectivement l'exigence de la démocratisation de l'enseignement moyen et supérieur, de la rémunération sociale du travail d'apprentissage ou d'étude, et de la réforme radicale de l'Université.

Cette réforme ne peut porter seulement sur le mode de recrutement des élèves et le financement des études. La nécessité objective d'élargir le recrutement des étudiants aux classes populaires implique aussi la condamnation à mort des *méthodes* et du *contenu* de l'enseignement supérieur traditionnel, conçu jusqu'ici comme formateur des " élites " de la société bourgeoise.

A la place de la culture faussement encyclopédique, mandarinale et ornementale, destinée à former de " beaux esprits " au-dessus (ou à côté) du réel, chargés de fournir leur idéologie de justification à la pratique sociale existante, l'industrie assigne à l'Université pour tâche de produire en grand nombre des professionnels immédiatement utilisables dans la production, la recherche appliquée et la gestion. Les monopoles sont cependant parfaitement conscients des dangers que comporterait pour l'ordre établi une élévation générale du niveau des connaissances. En effet, une fois atteint un certain degré de culture, l'exigence d'autonomie intellectuelle, professionnelle et existentielle est vécue avec la même intensité par les travailleurs hautement qualifiés que les besoins matériels inassouvis par les travailleurs des vieilles industries.

C'est pourquoi les monopoles, tout en réclamant un enseignement " mieux adapté au réel ", cherchent à limiter simultanément la *qualité* de la formation supérieure et la *quantité* des étudiants y ayant accès. " Il n'est pas bon, écrit par exemple le président-

sur ce plan n'aura de sens que si " une organisation politique d'avant-garde en milieu étudiant est capable d'expliciter en termes de classe la signification de l'industrialisation de l'Université... " ("Critique du Syndicalisme étudiant ", in *les Temps modernes*, mai 1965, p. 2082-2083).

directeur général de Kodak-Pathé, de vivre dans un pays où il y a un excédent de personnes hautement qualifiées, car en période de crise, une jeunesse qui a longtemps étudié et qui se trouve sans situation convenable, représente non seulement une perte sèche, étant donné les investissements faits, mais encore un risque pour l'ordre établi [1]. "

Ce qui est remarquable dans ce raisonnement patronal, c'est non seulement le souci de limiter le nombre des " personnes hautement qualifiées " au nombre des " situations convenables " disponibles " *en temps de crise* " ; c'est aussi la conception utilitaire de la culture (elle est une " *perte sèche* " si elle ne débouche sur une " *situation convenable* ") et le malthusianisme culturel, motivé par la crainte qu'une trop grande diffusion de la culture ne mette en danger " *l'ordre établi* ", c'est-à-dire, on s'en doute, les rapports capitalistes de production et les rapports hiérarchiques dans les entreprises.

Il s'agit, en somme, pour le grand patronat de concilier deux exigences contradictoires : celle, imposée par le processus de production moderne, d'un développement des capacités humaines; et celle, politique, d'empêcher que ce développement des capacités entraîne une autonomie accrue des individus et les porte à mettre en question l'actuelle division des tâches sociales et la répartition actuelle des pouvoirs.

La solution — la réforme Fouchet, en France, en témoigne avec netteté — est recherchée dans la *spécialisation* : la réforme de l'enseignement vise à juxtaposer à l'enseignement traditionnel, réservé aux " élites ", un enseignement tronqué, utilitaire, mettant

1. Texte paru dans *Humanisme et Entreprise*, organe de propagande du grand patronat auprès des étudiants de la Sorbonne. Ce périodique reproduit les conférences prononcées en Sorbonne par des représentants du grand patronat, dans le cadre du " Centre d'Études littéraires supérieures appliquées ". Ce Centre, subventionné par le Service Productivité du Commissariat général au Plan, patronné par le doyen de la Faculté des Lettres, présidé par Roger Catin, délégué général de l'Union des Industries textiles, se donne pour but " d'appliquer la formation littéraire aux fonctions de l'entreprise " et " d'adapter les littéraires aux besoins de l'entreprise " : service du personnel, des relations publiques, de publicité, etc. Il est remarquable que pour trois promotions, 25 étudiants en Lettres seulement ont accompli le cycle complet de formation du Centre.

Voir aussi François Josse, " l'Adaptation de l'Université à l'Industrie ", in *les Temps modernes*, mai 1965.

l'accent sur la technique. De crainte de former des hommes qui, en raison du développement " trop riche " de leurs facultés, refuseront la soumission disciplinée aux tâches d'exécution, on entend les mutiler dès le départ : on les veut compétents, mais bornés ; actifs, mais dociles ; intelligents pour tout ce qui concerne leur fonction étroite, mais sots pour tout le reste. Bref, on les veut *spécialistes*, c'est-à-dire incapables de situer leurs connaissances dans le mouvement général de la science, incapables de situer leur activité bornée dans le processus global de la praxis sociale. C'est le but de la réforme Fouchet qui scinde l'enseignement en deux : la masse des collégiens ou lycéens recevront une formation technique d'où seront éliminées les études théoriques supérieures, y compris la philosophie ; inversement, l'enseignement de la philosophie, coupé de celui des mathématiques et des sciences, restera un pur jeu de l'esprit, comme s'il s'agissait d'interdire aux individus ayant une formation philosophique les professions dans lesquelles leur esprit critique pourrait mettre " l'ordre établi " en danger. Autrement dit, la qualification professionnelle supérieure sera coupée de la culture authentique — c'est-à-dire de l'initiation aux méthodes et aux démarches de l'activité créatrice en matière scientifique ou technique —, et la " culture " restera coupée de la praxis sociale, de la connaissance du travail productif [1].

1. Cf. H. Tanaka, " l'Enseignement au Japon ", in *Recherches internationales*, n⁰ 28, 1961, p. 201 : " L'insistance du ministère de l'Éducation nationale à vouloir développer les connaissances touchant aux sciences de la nature correspond aux besoins des monopoles à la nouvelle étape du développement technique. Mais l'amélioration de la qualification professionnelle ne va pas sans l'élévation du niveau d'instruction générale des ouvriers, ce qui a pour conséquence inévitable d'élever en même temps leur prise de conscience et leurs possibilités de lutte contre le régime capitaliste... La classe dominante ne peut pas ne pas tenir compte d'une évolution si dangereuse. C'est pourquoi elle met en application une politique d'éducation visant à inculquer essentiellement les notions pouvant être utiles au développement des forces productives tout en orientant l'enseignement des autres matières de telle sorte que cela contribue au maintien des rapports de production capitalistes. "

Voir aussi A. Minucci, " Sul rapporto classe operaia-società ", dans *Critica Marxista*, n⁰ 1, 1965, p. 47 : " Les monopoles non seulement prolongent artificiellement dans l'usine la phase d'atomisation du travail, mais de plus ils s'opposent à ce que l'école exerce une action formatrice d'un type nouveau, organique, telle que l'exigent les tendances actuelles de développement des forces de production. A des degrés divers, tous les pays capitalistes ont des systèmes scolaires fragmentés et pour l'essen-

Il est remarquable que cette option n'est nullement imposée par l'évolution technique : elle va au contraire à contresens de celle-ci. Car il n'est pas vrai que la technologie moderne exige des spécialistes : elle exige au contraire une formation de base polyvalente, consistant non pas en l'acquisition d'un savoir parcellaire, prédigéré et spécialisé, mais en l'initiation — plus exactement : en la faculté d'auto-initiation — aux méthodes de la recherche et de l'invention scientifico-techniques. Elle exige non pas que l'on dispense à l'élève un savoir et des recettes immédiatement utiles, mais qu'on lui enseigne en premier lieu *à apprendre*, à chercher, à développer ses connaissances de manière autonome, à dominer conceptuellement et synthétiquement un domaine entier d'activité et de connaissance dans ses articulations avec les domaines connexes. Car seul un enseignement ainsi conçu permettra au travailleur de conserver sa qualification, c'est-à-dire, à une époque de rapides bouleversements techniques et scientifiques, de maîtriser les innovations qui, plusieurs fois en l'espace de sa vie productive, rendront périmé son capital de connaissances, l'obligeront à se reconvertir, à développer ou à renouveler intégralement sa formation, sous peine de dépréciation totale de celle-ci et, à la limite, de chômage.

Objectivement, c'est donc bien une formation méthodologique et théorique solide, polyvalente, et une éducation à l'autonomie — laquelle suppose la refonte totale des méthodes pédagogiques et des programmes de l'enseignement [1] — qu'impose l'évolution technique. Si le grand patronat s'y oppose, c'est non seulement en raison du coût social de ce type de formation — la production

tiel inadéquats... La structure même du système scolaire vise à perpétuer la fragmentation de la culture, la division des différentes sciences en deux secteurs fondamentalement séparés : le secteur de la formation humaniste et celui de la formation empirico-logique. A l'insuffisance quantitative de la formation professionnelle s'ajoute donc une insuffisance qualitative qui détermine une scission entre technique et science, entre science et production, et par conséquent une incompréhension des processus unitaires actuels. Ce ne sont donc pas seulement les rapports de production mais l'école elle-même qui prive l'ouvrier des instruments de connaissance et de domination du processus de production qu'exigent aujourd'hui les tendances concrètes. "

1. Voir Jean-Pierre Milbergue, " la Signification politique des rapports pédagogiques ", in *les Temps modernes*, avril 1965.

accélérée de spécialistes étant moins onéreuse et la perte que représente leur déqualification future étant supportée par eux seuls — mais aussi parce que le spécialiste, mutilé au départ d'une autonomie professionnelle véritable, sera plus docile et plus résigné à la division présente des tâches et des pouvoirs.

Pour évaluer les chances de succès de cette politique de formation du capitalisme monopoliste, il peut n'être pas sans intérêt de se reporter au précédent des États-Unis. En effet, les remèdes que le capitalisme européen cherche à la crise de l'enseignement bourgeois rappellent à bien des égards ceux qui furent adoptés durant les années trente aux États-Unis, et dont William H. Whyte dressa, il y a dix ans, le bilan catastrophique (du point de vue de l'humanisme bourgeois, il est vrai) dans " *The Organization Man* [1] " : il y décrivait la décadence et le discrédit des disciplines théoriques et particulièrement de l'enseignement des sciences exactes et naturelles ; et simultanément la floraison, sous l'impulsion des monopoles, d'écoles spécialisées (de préparation aux affaires, de relations publiques, de publicité, de commerce, etc.) dont les programmes strictement utilitaires étaient ajustés aux besoins immédiats de l'industrie, qui drainaient la majorité relative des étudiants et qui enseignaient un " savoir-faire " plus qu'un ensemble cohérent de connaissances.

Les avantages de ce système pour le patronat semblaient éclatants : les écoles supérieures lui fournissaient une main-d'œuvre qui non seulement était immédiatement utilisable, mais qui était pré-conditionnée et d'avance *intégrée* dans la mesure où sa formation stimulait les passions carriéristes et décourageait l'esprit critique. Dans la mesure où l'Université traditionnelle, en Europe, reste confite dans ses conceptions académiques et mandarinales de la culture, elle laisse, à son tour, le champ libre aux initiatives privées en matière de formation, c'est-à-dire aux écoles spécialisées privées, de plus en plus nombreuses, qui introduisent non pas à une authentique culture technico-scientifique et pratico-théorique, mais fournissent des recettes pour " faire carrière ".

Pourtant, au moment où Whyte publiait son livre, le système

1. Simon and Schuster, New York, 1956.

d'enseignement qu'il dénonçait était déjà virtuellement dépassé. Un rapport d'Allen Dulles, directeur du C.I.A. (service central des Renseignements), sur le nombre comparé des scientifiques et des chercheurs aux U.S.A. et en U.R.S.S., donnait conscience aux Américains du retard qu'ils risquaient de prendre et motivait de la part de leur gouvernement la décision de développer, par des injections massives de crédit et l'accroissement rapide du nombre des bourses, l'enseignement théorique dans tous les domaines.

Le résultat de ce programme de développement de l'enseignement est visible depuis un an : c'est, dans les universités surpeuplées, dispensant un enseignement quasi-industriel à une masse sans précédent d'étudiants sans contacts avec des maîtres surchargés, la révolte étudiante, souvent appuyée par des professeurs, contre l'absence de pédagogie ; contre l'absence de pouvoir des élèves sur le contenu des cours, sur l'organisation des programmes, sur les méthodes et les conditions de travail ; contre l'administration autoritaire de l'université ; et, plus ou moins explicitement, contre la politique générale de l'impérialisme américain et le " modèle de civilisation " des États-Unis.

Le sens général de cette révolte, qui rappelle dans ses formes extérieures celle des étudiants italiens (dans les facultés d'architecture, par exemple) et français (à la Sorbonne et à l'I.D.E.S., entre autres), c'est que, passé un certain niveau de formation, il est impossible d'imposer des limites au besoin d'autonomie : on ne peut enseigner la connaissance en même temps que l'ignorance sans que les enseignés prennent finalement conscience de la mutilation qu'on leur impose ; il est impossible de contenir par la spécialisation, même quand elle vient tôt, l'autonomie inhérente à la praxis cognitive dans des limites pré-établies, sans qu'elle s'attaque finalement au caractère arbitraire de ces limites. Bref, à long terme, il est impossible de faire à l'autonomie sa part. La coexistence chez un même individu de la passion du métier et de l'indifférence aux fins qu'il sert ; de l'initiative professionnelle et de la soumission sociale ; du pouvoir et de la responsabilité en matière technique, et de l'impuissance et de l'irresponsabilité en matière de gestion économique et sociale, cette coexistence définit le technicien spécialisé tel que le rêve le capital monopoliste. Il appartient au mouvement ouvrier de faire en sorte que ce rêve se révèle illusion, d'expliciter les contradictions qu'il recouvre et d'opposer à l'idéologie répressive et mystifiante du capitalisme d'organisation, la possibilité, dans la lutte à tous les niveaux, d'une alternative globale et d'une reconquête de l'homme.

A l'époque des manufactures et à l'époque du taylorisme, les rapports capitalistes de production trouvaient leur prolongement naturel et comme leur confirmation dans les rapports de travail. Chez la grande majorité des ouvriers, la force de travail était une pure quantité d'énergie physiologique, et cette quantité indifférenciée, indéfiniment interchangeable avec celle de tout autre ouvrier, n'avait aucune valeur *en elle-même* : elle ne valait que pour autant qu'elle était utilisée et combinée *en extériorité* avec d'autres quantités d'énergie humaine, c'est-à-dire dans la mesure où elle était commandée par le patron et ses sous-ordres, et aliénée à un produit et à une production dont la finalité lui demeurait étrangère. L'ouvrier était censé " travailler ", non " penser "; il y avait des hommes chargés de penser l'articulation de son travail avec celui des autres. Bref, l'aliénation du travail et sa déshumanisation avaient leur base naturelle dans la division du travail et le processus de production.

Cette base objective de l'asservissement et de la déshumanisation de l'ouvrier par le capital — et de sa seule forme de négation possible : la suppression violente du travail ouvrier, son humanisation étant hors de question — tend à disparaître pour une proportion croissante de travailleurs [1]. Il ne s'agit pas de prétendre que les nouvelles techniques, et particulièrement l'automatisation, engendrent une classe ouvrière nouvelle et une autonomie individuelle généralement plus grande dans le travail. Le processus est en réalité plus complexe : les anciennes qualifications individuelles sont rendues superflues et—qu'il s'agisse des employés de banque ou

---

1. Cf. A. Gorz, *op. cit.*, notamment p. 105-106, 119.
Voir aussi Adalberto Minucci, " Sul rapporto classe operaia-società ", in *Critica Marxista*, n° 1, 1965, p. 34-37.

des tourneurs de précision — les anciens professionnels sont évincés au profit d'un type nouveau d'O.S. auquel, en raison de sa responsabilité technique, est souvent demandée une qualification et, surtout, un niveau d'instruction générale supérieurs à ce qu'exige sa tâche. Cette tâche, si elle requiert une moindre qualification individuelle et une moindre initiative directe, exige en même temps un éventail plus large de connaissances et comporte le contrôle d'un secteur plus étendu du processus de production [1]. L'intervention individuelle du surveillant de tours semi-automatiques multibroches, par exemple, est moindre que celle du tourneur de précision, mais sa fonction dans le processus de production et sa compréhension de celui-ci peuvent être plus étendues. Il en va de même du surveillant d'un train de machines transfert, du technicien de raffinerie, de complexe pétro-chimique ou de centrale électrique ou nucléaire, etc. Le travail individuel et la qualification individuelle le cèdent à une fonction et à une qualification plus immédiatement sociales. L'individu ne tire plus sa qualification des échanges avec la nature inorganique (et ne l'applique plus directement à celle-ci), mais de la collaboration sociale avec d'autres, c'est-à-dire du travail social de formation, d'échange, de rodage des équipes, etc. Bref, la force de travail est d'emblée *socialement qualifiée* ; le rapport n'est plus rapport solitaire à la matière à ouvrer par l'intermédiaire de l'outil, mais rapport au processus industriel résultant d'une combinaison *consciente d'activités humaines* [2]. La

---

1. Voir notamment Pierre Rolle, " L'automation : un problème social ", in *Revue internationale du socialisme*, n° 8, mars-avril 1965, p. 206 : " C'est qu'en effet les qualités exigées d'un opérateur de l'automation, bien que variables d'une installation à une autre, n'entrent pas dans le système de codification usuel : dans sa tâche s'alternent, en des proportions variables, une activité de surveillance, chargée parfois de lourdes responsabilités, et des travaux collectifs, supposant l'un et l'autre, à un plus ou moins grand degré selon les cas, la pénétration de structures logiques et techniques. Or, il est bien évidemment difficile de surveiller la surveillance : le système de contrôle hiérarchique de travail s'en trouve immédiatement bouleversé, aussi bien que l'échelle des qualifications. En effet, la responsabilité impartie à l'individu ne correspond plus à la longueur de son apprentissage spécifique, mais plutôt à celle d'un enseignement général. On voit les implications de ce phénomène, évidemment fort différent dans le système actuel et dans un système où l'éducation serait considérée, aussi bien que le travail effectif, comme un temps donné à la société par l'individu et rémunéré comme tel...":
2. Cf. Marx, *Grundrisse der Kritik der politischen Oekonomie*, Dietz, Berlin, 1953, p. 593-4 :
" Dans la mesure où la grande industrie se développe, la création de richesse (...)

production ne requiert plus la combinaison *en extériorité*, par un tiers, des forces de travail que les ouvriers apporteraient comme une quantité d'énergie physiologique brute; elle requiert de plus en plus la combinaison *réciproque* des activités par ceux-là même qui les accomplissent, c'est-à-dire la coopération au sein d'équipes dans lesquelles les barrières traditionnelles entre ouvriers, techniciens et ingénieurs s'estompent.

Du coup, la base naturelle de la hiérarchie industrielle et du pouvoir patronal tend à disparaître dans un ensemble de secteurs de pointe, et tout le système traditionnel de classification et de rémunération, fondé sur la quantité de travail, le rendement et la qualification individuelle, entre en crise. Le travailleur technique ou scientifique des industries automatisées est voué au sous-emploi permanent de ses compétences dans sa tâche individuelle, et il est porté en conséquence — dans la mesure où son niveau de conscience le lui permet — à reporter son intérêt de son travail individuel sur sa fonction sociale, de son rôle individuel dans la production sur la signification, la gestion et la finalité sociale de celle-ci.

D'autre part, dans les industries scientifiques en amont de l'automatisation (électronique professionnelle, gros équipement, centres de recherche, etc.) où le travail lui-même revêt un caractère actuellement ou virtuellement créateur, un conflit latent couve entre les équipes de travailleurs techniques et scientifiques, conscients de leurs capacités et soucieux de la mise en valeur de leur force de travail, et la direction capitaliste de l'entreprise dont la politique

dépend plutôt du niveau atteint par la science et des progrès de la technologie, ou de l'application de la science à la production... Au lieu que le travail paraisse entièrement inclus dans le processus de production, c'est plutôt l'homme, maintenant, qui se conduit en surveillant et régulateur du processus de production lui-même. (Ce qui vaut pour l'appareillage mécanique vaut également pour la combinaison des activités humaines et le développement des relations entre les hommes.) Ce n'est plus le travailleur qui intercale entre soi-même et la chose un objet naturel modifié en tant que chaînon intermédiaire; c'est plutôt le processus naturel, transformé en processus industriel, qu'il intercale entre soi-même et la nature inorganique dont il se rend maître. Il assiste le processus de production au lieu d'en être le principal agent. Dès lors, ce qui apparaît comme le pilier central de la production et de la richesse, ce n'est ni le travail immédiat accompli par l'homme lui-même, ni la durée de son travail, mais *l'appropriation de sa propre force productive* en général, sa compréhension de la nature et sa domination sur elle en tant qu'il agit comme membre de la société — c'est, en un mot, *le développement de l'individu social...* "

de gestion subordonne — et souvent sacrifie — cette mise en valeur à des critères de rentabilité financière à court ou moyen terme. On pensera ici, par exemple, au conflit Neyrpic et, surtout, au rôle d'avant-garde joué dans le conflit Bull par le personnel (techniciens et ingénieurs) de Bull-Gambetta, qui a dénoncé avec plus d'un an d'avance les fautes de gestion et l'imminence de la crise de 1964, et dont la lutte a passé sans solution de continuité du plan de l'entreprise sur le plan politique, de la dénonciation de la gestion patronale à la revendication de la nationalisation et de la socialisation de la recherche au niveau de la *branche* tout entière, le développement des forces productives et la mise en valeur du " capital humain " étant devenus impossibles dans le cadre d'une gestion capitaliste.

Dans un ensemble-clé d'industries, scientifiquement et économiquement motrices, la nature du travail — soit par son caractère immédiatement social, soit par son caractère créateur et autonome — tend donc à entrer en contradiction avec le pouvoir discrétionnaire et les critères de gestion du capital. Un remembrement ou une recomposition des tâches, une refonte radicale du système de commandement et d'organisation, une auto-gestion par les travailleurs du processus de production et de travail, dans ses modalités comme dans ses finalités, y est ressentie plus ou moins explicitement comme possible. Et cette possibilité, du même coup, révèle le despotisme du capital dans sa vérité : elle révèle que l'aliénation et la mutilation du travailleur n'est pas et n'a jamais été une conséquence naturelle des techniques mises en œuvre; que le capital n'a pas besoin d'hommes décomposés et atomisés pour *produire*, mais — puisqu'il maintient la vieille hiérarchie centralisée et militaire, la limitation désormais arbitraire des responsabilités et des tâches même là où elles deviennent superflues et se révèlent des obstacles à la productivité — qu'il en a besoin surtout pour *perpétuer sa domination* et son pouvoir sur les hommes, en tant qu'ils sont non seulement travailleurs, mais aussi consommateurs et citoyens. La base naturelle de l'asservissement et de la déshumanisation est remplacée par une technique délibérée, parée des oripeaux de la science, baptisée " psychologie du commandement ", " human engineering ", " relations humaines ", etc.

Il serait toutefois illusoire de prétendre que la contradiction objective entre les rapports de production capitalistes et la nature de la force de travail — au niveau de son coût de production et de reproduction, de son mode de formation et de son mode de prestation — deviendra *nécessairement* consciente et éclatera *inévitablement*. En réalité, cette contradiction est normalement masquée dans les sociétés capitalistes avancées, armées d'un gigantesque appareil de répression, de conditionnement et de diversion; elle n'éclate que dans des moments privilégiés de crise. C'est dire toute l'importance du travail politique *et culturel* du parti de la classe ouvrière pour rendre cette contradiction explicite et pour souder à la classe ouvrière le néo-prolétariat des travailleurs scientifiques et techniques, les étudiants et les enseignants, par la perspective et la nature des solutions qu'il est à même de poursuivre pour leurs problèmes spécifiques, qu'il convient précisément de respecter dans leur spécificité et leur autonomie relative.

Ce respect ne consiste nullement à flatter leurs intérêts corporatifs ou de catégorie. Au contraire :

" Un parti socialiste ne peut briguer avec succès la direction de la société que s'il est le porteur de valeurs universelles, reconnues et vécues comme telles par une majorité de tous ceux dont l'humanité est niée et décomposée par l'ordre social. Ce sont ces forces sociales qui doivent trouver leur vérité dans un parti socialiste si celui-ci doit être capable de l'emporter sur l'univers capitaliste. La tâche du parti est d'unir ces forces dans un nouveau bloc historique. Ce concept de bloc est radicalement différent de celui d'une coalition qui demeure aujourd'hui le type habituel d'alliance des gauches. Ces coalitions de forces sociales hétérogènes, avec leur atmosphère de promiscuité populiste, provoquent en effet un processus de dilution au cours duquel le programme politique du parti, soucieux d'attirer chacun des différents groupes de la coalition, réduit les aspirations et les exigences de chaque groupe vers le bas, au plus petit dénominateur commun, dans une sorte d'*intégration descendante*. Les partis en deviennent des organisations inertes et conservatrices, incapables de changer profondément leurs sociétés.

" La structure d'un bloc historique, tel que le concevait Gramsci, est diamétralement opposée à ce système d'alliances. L'unité du bloc repose sur une *intégration ascendante* qui synthétise les diverses espérances et exigences à un niveau plus élevé. Les revendications partielles et sectorielles sont insérées dans une vision cohérente et articulée qui leur confère une signification et une perspective commune. Le bloc est ainsi une synthèse des aspirations et des personnalités de groupes différents au sein d'un projet global qui les dépasse tous. Sa critique du capitalisme est la vérité de chaque demande particulière... La vocation du parti hégémonique est donc manifestement universelle : c'est l'unité dynamique de toutes les forces et de tous les idéaux qui, au sein de la société, annoncent un nouvel ordre humain [1]. "

1. Perry Anderson, " Problems of Socialist Strategy ", in *Towards Socialism*, Fontana Library et New Left Review, Londres 1965, p. 242-243.

RÉFORME ET RÉVOLUTION *

1. POUR UNE STRATÉGIE SOCIALISTE DE RÉFORMES.

La classe ouvrière ne fera pas son unité politique et ne montera pas sur les barricades pour obtenir 10 % d'augmentation des salaires ou 50 000 logements sociaux de plus. Il n'y aura pas, dans l'avenir prévisible, de crise si dramatique du capitalisme européen que la masse des travailleurs, pour défendre ses intérêts vitaux, passe à la grève générale révolutionnaire ou à l'insurrection armée.

Mais jamais la bourgeoisie ne cèdera le pouvoir sans combattre et sans y être contrainte par l'action révolutionnaire des masses.

Le problème principal d'une stratégie socialiste est dès lors de *créer les conditions* objectives et subjectives à partir desquelles l'action révolutionnaire de masse devienne possible, à partir desquelles l'épreuve de force avec la bourgeoisie peut être engagée et gagnée.

Vous pouvez n'être pas d'accord sur les termes dans lesquels je viens d'énoncer le problème; vous pouvez juger que le socialisme n'est pas nécessaire à la libération et à l'épanouissement des hommes. Mais si, comme la plupart de ceux qui travaillent avec leurs mains ou avec leur tête, vous jugez ou sentez confusément que le capitalisme n'est pas plus acceptable aujourd'hui qu'hier, en tant que type de développement économique et social; en tant que mode de vie; en tant que système de rapports des hommes entre eux, avec leur travail, avec la nature, avec les peuples du reste

* Synthèse d'une série de conférences faites en Suède, avril 1966.

du monde; et aussi par l'usage qu'il fait — ou qu'il ne fait pas — des ressources de la technique et de la science, des capacités créatrices, actuelles ou virtuelles, de chaque individu; et si à partir de ce sentiment ou de ce jugement, vous adhérez au socialisme, le problème de son avènement se pose dans ces termes-là.

Cet avènement ne résultera ni d'un aménagement progressif du système capitaliste, tendant à rationaliser son fonctionnement et à institutionnaliser les antagonismes de classe; ni de ses crises et de ses déséquilibres, dont le capitalisme ne peut éliminer ni les causes ni les effets, mais qu'il sait empêcher désormais de revêtir une acuité explosive; ni d'un soulèvement spontané des mécontents; ni de l'anéantissement, à coup d'anathèmes et de citations, des social-traîtres et des révisionnistes. Il résultera seulement d'une action *consciente et à long terme,* dont le *début* peut être la mise en œuvre graduelle d'un échelonnement cohérent de réformes, mais dont le déroulement ne peut être qu'une succession d'épreuves de force, plus ou moins violentes, tantôt gagnées, tantôt perdues; et dont l'ensemble contribuera à former et à organiser la volonté et la conscience socialistes des classes travailleuses. C'est ainsi qu'avancera la lutte, à condition que chaque bataille renforce, à l'intérieur du système capitaliste, les positions de pouvoir, les armes et *les raisons* qu'ont les travailleurs de repousser les offensives des forces conservatrices et d'empêcher le capitalisme de combler les brèches ouvertes dans son pouvoir et dans son fonctionnement.

Il n'y a pas, il ne peut pas y avoir de " passage graduel " et insensible du capitalisme au socialisme. Le pouvoir économique et politique de la bourgeoisie ne sera pas détruit par un processus lent de grignotage, ni par une succession de réformes partielles dont chacune serait apparemment anodine et acceptable pour le capitalisme, mais dont l'effet cumulatif équivaudrait à l'investissement discret de l'adversaire par une armée secrète socialiste, avançant masquée, sans bruit, à l'abri de la nuit, pour se trouver un beau matin maîtresse du pouvoir.

Non; ce n'est pas de cela qu'il peut s'agir. Ce qui peut et doit être progressif et graduel dans une stratégie socialiste, c'est la phase préparatoire qui enclenche un processus menant au seuil de la crise et de l'épreuve de force finale [1]. Et le choix de cette voie, improprement appelée " voie pacifique au socialisme ", ne résulte pas d'une option *a priori* pour le " gradualisme ", ni d'un refus *a priori* de la révolution violente ou de l'insurrection armée ; il résulte de leur impossibilité de fait dans le contexte européen. Il résulte de la nécessité de créer les conditions objectives et subjectives, de préparer les positions de force, sociales et politiques, sur la base desquelles la conquête du pouvoir politique par la classe ouvrière deviendra possible.

Vous objecterez peut-être qu'il ne peut y avoir de réformes à caractère socialiste tant que le pouvoir de fait reste aux mains de la bourgeoisie, tant que l'État capitaliste est debout. Cela est vrai. Une stratégie socialiste des réformes progressives ne signifie pas que des îlots de socialisme seront installés dans un océan capitaliste. Elle signifie cependant la conquête de pouvoirs ouvriers et populaires, la création de centres de gestion sociale et de démocratie directe (dans les grandes entreprises industrielles et les coopératives de production, notamment); la conquête de positions de force dans les assemblées représentatives; la mise hors marché de productions et de services répondant à des besoins collectifs, avec pour inévitable conséquence l'intensification et l'approfondissement de l'antagonisme entre la logique de la production sociale selon les besoins et aspirations des hommes, et la logique de l'accumulation capitaliste et du pouvoir patronal.

Encore faudra-t-il que cet antagonisme ne soit jamais institutionnalisé, comme cela est la règle dans les régimes néo-capitalistes et sociaux-démocrates, par l'intégration et la subordination des

1. Cette conception, qui est celle de la majorité des théoriciens marxistes européens, est exposée avec une particulière netteté par Lelio Basso : " Le passage de l'antichambre du socialisme au socialisme... est possible seulement à un certain niveau de développement des forces et des rapports sociaux, quand la conscience de l'antagonisme fondamental a pénétré les masses et quand le rapport des forces permet le renversement de la situation.

" Préparer ce moment est précisément la tâche présente du mouvement ouvrier... Cette stratégie peut être définie comme une voie pacifique au socialisme à condition de ne pas préjuger la forme que revêtira la crise finale, qui sera pacifique ou violente selon une série de conditions qu'il est absolument impossible de prévoir aujourd'hui. " (" Les Perspectives de la gauche européenne ", in *Tendenze del capitalismo europeo*, Éditori Riuniti, Rome, 1966, p. 283-284. Traduction française in *les Temps modernes*, février 1967.)

organisations de la classe ouvrière à l'État, par la concertation et l'arbitrage obligatoire; mais que, grâce à l'autonomie de ces organisations, syndicales et politiques, l'antagonisme puisse se manifester et se développer librement, mettre l'organisation du pouvoir en question et en crise, rompre l'équilibre des forces sociales et de l'économie capitaliste, équilibre qui tend à se reconstituer à un niveau supérieur après chaque mise en œuvre de réformes partielles. Nous y reviendrons.

Une stratégie socialiste de réformes graduelles ne peut donc être conçue ni comme la simple conquête électorale d'une majorité, ni comme la promulgation d'une série de réformes par une coalition occasionnelle de sociaux-démocrates et de socialistes [1]. La lutte électorale, même si elle est finalement victorieuse, n'a jamais permis de forger une volonté collective et un pouvoir politique réel des classes travailleuses. Le suffrage, comme l'écrivaient Marx et Engels [2], donne le droit de gouverner, il n'en donne pas le pouvoir. Il permet le décompte d'une multiplicité de vœux individuels exprimés dans le secret des isoloirs par des hommes et des femmes auxquels la convergence de leurs souhaits ne permet point encore de s'organiser et de s'unir en vue d'une action commune.

L'une des mystifications de la démocratie bourgeoise est là. Ses institutions sont conçues de manière à perpétuer la séparation des individus et leur dispersion moléculaire, à leur dénier tout *pouvoir collectif* sur l'organisation de la société, pour ne leur laisser, en guise de pouvoir populaire, que la possibilité, tous les quatre ou cinq ans, d'une *délégation permanente de pouvoir* à des représentants sans rapport direct avec les masses, à des partis qui ne sont considérés comme des " partenaires acceptables " qu'à condition qu'ils représentent auprès des électeurs les intérêts supérieurs de l'État capitaliste, au lieu que ce soit l'inverse.

Bref, la victoire électorale ne donne pas le pouvoir; la victoire électorale acquise sur la base d'un programme, même timide, de réformes ne donne pas le pouvoir de mettre ces réformes en œuvre. La persistance de majorités conservatrices, sauf en période

1. J'appelle socialistes toutes les forces qui poursuivent effectivement la réalisation du socialisme, et donc l'abolition des rapports de production et de l'État capitalistes, et non les seuls partis dits socialistes et qui souvent ne le sont pas.

2. Dans la préface de 1872 au Manifeste communiste.

de conflits et de crises graves, trouve là l'une de ses raisons profondes, de même que la réélection régulière des gouvernants en place, quelle qu'ait été, d'ailleurs, leur politique. Car cette politique reflète toujours, dans sa tendance générale sinon dans ses détails, le rapport des forces existant dans la conjoncture donnée.

Une politique différente, si éloquemment que l'opposition la préconise, ne convaincra et ne paraîtra possible que *si le pouvoir de la mettre en œuvre a déjà été virtuellement démontré*, si le rapport des forces sociales a été modifié par des actions de masse directes qui, organisées et guidées par les partis de la classe ouvrière, ont mis en crise la politique du gouvernement en place[1]. En d'autres termes, le pouvoir de mettre en œuvre une politique de réformes ne se conquiert pas au Parlement, mais par la capacité préalablement démontrée de mobiliser les classes travailleuses contre la politique en vigueur; et cette capacité mobilisatrice ne peut elle-même être durable et féconde que si les forces oppositionnelles savent non seulement provoquer la crise de la politique en vigueur, mais également la résoudre; non seulement attaquer cette politique, mais également en définir une autre qui corresponde au nouveau rapport des forces, ou plutôt — puisqu'un rapport des forces n'est jamais chose statique — à la nouvelle dynamique des luttes que ce rapport des forces permettra de mener.

En l'absence d'une modification du rapport des forces entre les classes; en l'absence d'une rupture de l'équilibre économique et social du système, par la lutte revendicative de masse, la logique électorale tendra fatalement à jouer en faveur de ceux des dirigeants politiques pour lesquels le rôle de la " gauche " se réduit à faire " mieux que la droite " *la même politique que celle-ci ;* et pour lesquels la compétition entre partis se réduit, selon l'expression de

---

1. C'est en apparence seulement que cette affirmation se trouve démentie par des victoires électorales comme celle des travaillistes britanniques en 1964 et, demain peut-être, des sociaux-démocrates allemands. La victoire de Wilson a été due, en réalité, à la crise interne, fruit d'une longue usure, du parti conservateur, et a son incapacité de faire face, sans le concours des syndicats britanniques, à la dégradation des positionss mondiales du capitalisme britannique. La victoire de Wilson n'a pas été celle d'une nouvelle politique, mais celle de la même politique, poursuivie avec des moyens à peine différents, mais avec le concours — extrêmement réticent, dans une seconde phase — des Trade-Unions, et qui a conduit dans l'ensemble au même résultat. Il en irait de même après une victoire social-démocrate en Allemagne fédérale.

Basso [1], " à une compétition entre équipes de gouvernants éventuels, chaque équipe présentant ses titres pour une gestion plus efficiente de l'État ". Si, d'autre part, des luttes de masse réussissent à rompre l'équilibre du système et à précipiter sa crise, sans que cette lutte (comme cela est arrivé, dans le passé récent, dans la plupart des pays d'Europe occidentale) soit relayée au niveau des partis par la définition d'une politique économique réellement nouvelle, capable de résoudre la crise au profit politique et matériel des classes travailleuses, alors la situation ne tardera pas de pourrir et la classe ouvrière, pourtant victorieuse sur le terrain, d'être refoulée par la bourgeoisie sur ses positions de départ. Il y a eu à cela des précédents célèbres, en France (en 1937, 1947 et 1957), en Belgique (en 1961), en Italie (en 1962-1964) et ailleurs.

Ce même processus de pourrissement d'une conjoncture favorable à la classe ouvrière risque de se reproduire, dans la période actuelle, chaque fois que la coalition, portée au pouvoir sur un programme de réformes, sera une alliance hétérogène de réformateurs néo-capitalistes et de socialistes. Nous touchons là aux conditions proprement politiques d'une stratégie socialiste de réformes.

Pareille stratégie, je le répète, ne peut pas viser, dans l'Europe d'aujourd'hui, l'instauration immédiate du socialisme. Elle ne peut pas viser non plus la réalisation immédiate de réformes anticapitalistes *d'emblée* incompatibles avec la survie du système, comme par exemple la nationalisation de *toutes* les entreprises industrielles importantes, ou de toutes les branches à structure monopolistique ou oligopolistique. Pareilles réformes, inscrites dans un programme à court terme, ne constitueraient pas une stratégie de *l'enclenchement d'un processus* révolutionnaire au cours duquel les antagonismes de classe iraient en s'intensifiant jusqu'à l'épreuve de force décisive ; elles constitueraient d'emblée la destruction des structures capitalistes et requerraient *déjà* une maturité politique de la classe ouvrière suffisante pour la conquête révolutionnaire immédiate du pouvoir politique. Si la révolution socialiste n'est pas possible immédiatement, la réalisation de réformes immédiatement destructrices du capitalisme n'est pas possible non plus. Ceux qui rejettent comme réformiste tout autre type de réformes que ces réfor-

1. Dans la *Revue internationale du socialisme*, n⁰ 15.

mes-là, rejettent en réalité la possibilité même d'une *stratégie de la transition* et d'un processus de transition au socialisme.

De l'impossibilité, en dehors d'une conjoncture pré-révolutionnaire, de passer d'emblée à des réformes destructrices du système, il ne s'agit pas de conclure pour autant qu'une stratégie socialiste de réformes puisse ou doive se borner à des réformes isolées ou partielles, dites " démocratiques " parce que dénuées non seulement d'un contenu, mais même d'une perspective socialiste et d'une dynamique révolutionnaire. Dans la pratique, ce qui distingue une stratégie socialiste de réformes d'un réformisme néo-capitaliste de type social-démocrate, c'est moins *chacune* des réformes préconisées et *chacun* des objectifs programmatiques, que : 1º la présence ou l'absence de *liens organiques* entre les diverses réformes; 2º la cadence et les modalités de leur mise en œuvre; 3º la volonté ou l'absence de volonté de mettre à profit pour de nouvelles actions de rupture le bouleversement de l'équilibre provoqué par les premières actions réformatrices [1].

Le fait que dirigeants sociaux-démocrates et forces socialistes se trouvent d'accord sur la nécessité de *certaines* réformes, ne doit donc point tromper sur la différence fondamentale de leurs perspectives et de leurs buts respectifs. Si une stratégie socialiste de réformes doit être possible, cette différence fondamentale ne doit pas être masquée, ni renvoyée au second plan par des accords tactiques de sommet ; elle doit au contraire être placée au centre du débat politique. Sans quoi le mouvement socialiste, pour avoir donné en apparence, par des accords tactiques au sommet, un brevet totalement immérité de "socialisme" aux dirigeants sociaux-

1. Voir à ce sujet la polémique de Kautsky, soutenu à l'époque par Lénine, contre Bernstein, dans *Réforme sociale et révolution* : " Ceux qui rejettent par principe la révolution politique comme moyen de transformation sociale; qui cherchent à borner cette transformation à celles des mesures qui peuvent être obtenues des classes dominantes, sont des *réformateurs sociaux* — si opposé que soit d'ailleurs leur idéal à celui de la société existante... Ce qui distingue un réformateur social d'un révolutionnaire, ce n'est pas le fait de poursuivre des réformes, mais le fait de s'y limiter expressément. "

Cf. Lelio Basso, *op. cit.*, p. 264 : " Ce qui caractérise le réformisme, ce n'est pas la lutte pour des réformes, que tout marxiste doit se proposer, mais (...) la séparation du moment réformateur du moment révolutionnaire. La conséquence de cette séparation, c'est que les réformes (...) perdent tout potentiel anti-capitaliste et deviennent même des instruments du processus d'intégration [de la classe ouvrière au système]. "

démocrates, préparerait la déroute, dans la confusion idéologique et politique, de tout le mouvement ouvrier et particulièrement de son avant-garde.

Ces remarques s'appliquent tout particulièrement à la présente conjoncture européenne, dans laquelle la précarité de l'équilibre économique ne permet plus, comme cela était le cas en d'autres périodes, de financer par l'inflation des réalisations sociales et des interventions publiques. Cette situation a pour conséquence qu'un programme de caractère " social " — concernant le relèvement des bas salaires; le développement de la construction sociale et des régions retardataires; l'amélioration de l'enseignement et des services collectifs, etc. — devra *ou bien* s'attaquer, par un ensemble cohérent de réformes, à la logique et aux centres de l'accumulation capitaliste; *ou bien* battre précipitamment en retraite devant la réaction foudroyante des forces capitalistes, menacées ou lésées dans leurs intérêts.

A supposer donc qu'une coalition de front populaire soit portée au pouvoir sur la base d'un accord de *programme minimum* commun, prévoyant quelques réformes partielles et excluant, aux termes même du pacte d'alliance, des actions réformatrices dépassant les limites du programme, le destin de la coalition et de son gouvernement sera virtuellement scellé au départ.

L'essence même d'un programme minimum, en effet, c'est qu'à la différence d'un programme de transition ou d'une stratégie de réformes, il interdit aux forces socialistes, sous peine de rupture du pacte, de mettre à profit la dynamique du processus déclenché par les mesures initiales, et même de riposter par une contre-offensive à l'offensive des forces capitalistes.

La nature de cette offensive est désormais bien connue, puisqu'elle s'est toujours déroulée selon le schéma français de 1936. Contre les actions mettant en cause ses prérogatives et ses pouvoirs, la bourgeoisie réagit par la fuite des capitaux, la grève des investissements, des licenciements partiels, visant au premier chef les militants syndicaux; bref par le déclenchement d'une crise économique dont les effets retombent sur la classe ouvrière. Cette crise — qui ne résulte d'ailleurs pas seulement d'une action délibérée et concertée de la bourgeoisie; mais également de l'impossibilité objective de faire fonctionner le capitalisme tout en portant atteinte à ses ressorts internes — permet ensuite à la bourgeoisie de négocier, à partir d'une position de force, la révision du programme gouvernemental et l'étalement dans le temps (c'est-à-dire, pratiquement, le renvoi aux calendes) de ses objectifs. La bourgeoisie se montre d'autant plus exigeante que la négociation fait apparaître la division interne de la coalition entre partisans de l'intransigeance et partisans du compromis. A mesure que les semaines passent et que la crise économique et monétaire s'aggrave, les premiers perdent inévitablement du terrain au profit des seconds. Car la situation, à ce moment-là, est déjà transformée. Le programme minimum originel est déjà devenu inapplicable. Son application exigerait désormais des mesures draconiennes qui ne figurent pas au programme minimum commun — par exemple : contrôle des changes, blocage des prix, contingentement des importations, nationalisation de monopoles industriels ou financiers — et que seul peut se permettre un gouvernement agissant " à chaud ", au moment où le soutien et la mobilisation populaires sont à leur apogée.

Or, les semaines qui ont passé en tractations stériles; la crise économique; les dissensions au sein de la coalition provoquent un reflux de la combativité ouvrière. Les partisans de l'intransigeance livrent déjà un combat d'arrière-garde. La confusion s'installe, et les forces capitalistes, conscientes que le temps joue pour elles, durcissent leur position. L'histoire de la coalition devient alors celle d'une longue bataille en retraite. Pour regagner la confiance du capital, elle multiplie les concessions. Quand enfin lui succède un gouvernement modéré, mieux placé pour apaiser la bourgeoisie et " assainir " l'économie, la coalition de front populaire n'a à son actif que les mesures ou réformes partielles appliquées dans les premières semaines de son pouvoir, et qui seront dénaturées, privées de toute portée réelle et même mises à profit par le système capitaliste.

La répétition de semblable processus — qui s'est déroulé en France après 1936 et 1945; en Grande-Bretagne après 1950 et 1964; en Italie après 1947 et 1963 — ne peut être empêchée que si la coalition est suffisamment homogène et consciente des épreuves qui l'attendent pour riposter à l'offensive des forces capitalistes par une réaction foudroyante, dans le pays, des masses travailleuses, et par des mesures gouvernementales mises au point préventivement, dès avant la victoire [1].

Or, une réaction efficace du mouvement ouvrier suppose que l'action réformatrice ne soit pas conçue comme une action étatique et centralisée, en vue de laquelle la coalition exigerait des masses une délégation permanente et disciplinée des pouvoirs; mais que la mise en œuvre du programme économique aille de pair, dès le départ, avec des réformes démocratiques qui, dans les usines, les coopératives, les régions, les communes, laissent se développer des centres de pouvoir populaire, des initiatives adaptées aux circonstances locales.

Des mesures préventives contre l'offensive des forces capitalistes, d'autre part, supposent que la coalition n'ait point d'illusion, au départ, sur la possibilité d'apaiser la bourgeoisie et de l'amener à une collaboration loyale avec l'État nouveau [2]. Or, cette illusion est répandue chez les dirigeants sociaux-démocrates,

---

1. Cf. Lucio Magri, " Valeur et limite des expériences frontistes ", in *les Temps modernes*, janvier 1966 : " Une programmation économique qui se propose d'orienter réellement le développement ne peut plus ne pas revêtir un caractère global, viser le long terme, reposer sur des choix rigoureux; elle ne peut pas se passer d'un pouvoir politique et social et d'un cadre institutionnel qui lui permettent de contrôler la redoutable chaîne de réactions qu'elle est appelée à provoquer. Dans ces conditions, comment peut-on encore miser sur une union autour d'un programme minimum immédiat; sur un mouvement de masse qui défend des intérêts lésés plus qu'il ne les organise et ne les sélectionne; sur une formule gouvernementale n'ayant ni la cohésion, ni la force, ni les idées nécessaires à un programme général de transformation de la société ? "

2. La bourgeoisie n'accepterait cette collaboration et ne reculerait devant l'épreuve de force que si la victoire de la gauche était écrasante, précédée et suivie d'un irrésistible mouvement populaire, et si le ou les partis au pouvoir, unis comme un roc, s'y trouvaient de toute évidence *pour très longtemps*. Tel fut le cas en Suède au début des années trente et, dans un tout autre contexte social, en Chine, en 1950.

Dans le cas de la Chine, la bourgeoisie a collaboré avec le pouvoir révolutionnaire parce que toute tentative de résistance eût été une entreprise désespérée.

Dans le cas de la Suède, qui ne se trouvait à l'époque qu'aux débuts de son industrialisation, c'est une bourgeoisie de formation récente qui est venue à composition avec la social-démocratie, dans la mesure même où celle-ci non seulement ménageait, mais misait sur les intérêts et la logique de la classe capitaliste. Au point qu'après une trentaine d'années de pouvoir social-démocrate, les perspectives socialistes sont encore absentes de l'action gouvernementale et que la vie démocratique, dans le parti et les syndicats, a été étouffée par la centralisation bureaucratique.

même lorsqu'ils sont partisans d'un front populaire. Il conviendrait, selon eux, d'essayer d'abord loyalement une politique reposant sur les contrôles indirects et les disciplines patronales librement acceptées. Il n'y aurait pas lieu de rejeter *a priori* cette méthode d'approche si ses partisans étaient conscients dès le départ qu'elle *ne peut pas constituer une politique durable*, mais débouchera inévitablement sur un conflit aigu *pour lequel il faut être préparé*. Autrement dit, une politique de contrôles publics indirects des mécanismes d'accumulation et de la circulation du capital n'est pas nécessairement à repousser, à condition de ne la concevoir que comme une *transition* vers la politique de contrôle direct qu'elle appellera inévitablement comme sa suite logique, sous peine de blocage du système et de rétorsions des forces économiques.

C'est faire abstraction, en effet, des ressorts politiques et psychologiques du capitalisme que de croire que l'État peut *durablement* encadrer, orienter et réglementer l'activité des forces économiques sans toucher au régime de la propriété privée. *Techniquement*, sans doute, il est vrai qu'une politique sélective en matière de fiscalité, de prix et de crédit peut imprimer des orientations qualitatives, géographiques et sociales à la production, différencier la croissance des branches, des services et des régions en fonction de critères sociaux et d'une rationalité économique globale. Mais ce qui est possible techniquement [1] n'est pas longtemps possible politiquement.

La volonté publique de réduire le coût de la croissance; d'éliminer les gaspillages (sous forme de frais commerciaux, de frais de gestion, de représentation, de publicité, etc., artificiellement gonflés); d'empêcher l'usage à des fins privées des ressources des entreprises; d'empêcher les investissements dans de nouvelles installations et de nouveaux modèles qui ne contribuent ni au progrès technique, ni à l'amélioration des produits, mais visent principalement à justifier les taux d'amortissement consentis par le fisc, tout cela est à la rigueur techniquement possible, par le resserrement des contrôles, par l'établissement de règles strictes de gestion : par exemple la limitation des frais de publicité acceptés

---

1. Je passe sur l'extrême difficulté qu'il y a pour l'État de connaître l'emploi réel des profits réels des sociétés, à moins d'y disposer d'un appareil de contrôle très lourd.

par le fisc; la fixation, branche par branche, ou même (s'agissant de monopoles), cas par cas, du taux de profit admissible, de l'usage qui doit être fait du profit, de l'orientation et de la nature des investissements à effectuer, etc., sous peine de lourdes pénalisations fiscales.

Mais la mise en œuvre de semblables directives publiques [1] se heurterait rapidement à la logique de l'activité capitaliste et en détruirait le ressort. Elle équivaudrait, en effet, à la destruction de la souveraineté patronale, à la socialisation de fait de l'activité des entrepreneurs, à la direction publique indirecte des firmes. Elle comporterait comme sanction la confiscation (ou la très forte surimposition fiscale) des bénéfices supérieurs à la norme. Elle enlèverait donc aux sociétés privées toute raison de rechercher des rationalisations ou des innovations qui gonfleraient leurs profits au-delà du taux jugé normal, détruisant ainsi l'un des principaux ressorts du progrès technique. Bref, en fonctionnarisant le patronat, en le coiffant d'une lourde bureaucratie, en s'attaquant au motif du profit, l'État s'attaquerait au ressort même du système capitaliste et provoquerait sa paralysie ou sa sclérose.

S'attaquer aux mécanismes et aux ressorts du système capitaliste n'a donc de sens que *si l'on entend l'abolir, non le conserver*. S'en prendre aux conséquences de la logique du système, c'est nécessairement s'en prendre à cette logique elle-même et le mettre en crise. Si cette crise ne doit pas se retourner contre le pouvoir qui l'a pro-

---

1. Préconisées par l'un des rapporteurs au colloque de Grenoble en mai 1966. L'auteur du rapport croit à tort pouvoir invoquer l'exemple suédois à l'appui. L'État suédois n'impose point de règles de gestion aux trusts, ne connaît point ni les taux de profit réels, ni la nature réelle des programmes d'investissement, couverts par le secret d'entreprise. Et cela parce qu'il est conscient du fait que le capitalisme n'est dynamique que s'il n'est pas touché au stimulant du profit. L'État suédois, qui ne pratique pas de programmation économique globale à moyen terme, se borne au contrôle sévère des revenus *individuels*. Les ressources budgétaires que lui procure la fiscalité ne dépassent pas (compte tenu du fait que la Sécurité sociale est budgétisée) la part du produit national qu'elles représentent dans les autres pays capitalistes développés, et ne lui permettent pas de faire face au développement des besoins collectifs. La crise du logement, les déséquilibres régionaux, les disparités entre salaires publics et privés, la pénurie aiguë d'équipements collectifs (les besoins en écoles maternelles, notamment, ne sont couverts qu'à raison de 10 %) sont comparables à celles du reste de l'Europe capitaliste, de même que les inégalités culturelles et l'imperméabilité de " l'élite dirigeante " aux nouveaux venus.

voquée, elle devra être résolue par le transfert des centres d'accumulation sous gestion publique. A défaut de mesures de socialisation plus poussées, venant dans la foulée des réformes initiales et tendant à lever les obstacles que la mise en œuvre même du programme a fait surgir, la coalition réformatrice sera victime de la guerre d'usure et du processus de pourrissement que nous avons décrits tout à l'heure.

Si, dans la perspective d'une stratégie socialiste, il ne faut donc point rejeter des réformes intermédiaires (au sens qu'elles ne vont pas *d'emblée* jusqu'au bout de leur logique anti-capitaliste), ce n'est qu'à la condition fondamentale de les concevoir comme des moyens, non comme des buts, comme les phases dynamiques d'un processus de luttes, non comme des paliers. Leur fonction est d'éduquer et d'unir les forces sociales actuellement ou virtuellement anti-capitalistes par la lutte pour des objectifs sociaux et économiques irrécusables — et surtout, pour une orientation nouvelle du développement économique et social — en adoptant d'abord la méthode des réformes démocratiques et pacifiques. Mais cette méthode doit être adoptée *non pas parce qu'elle est viable ou intrinsèquement préférable, mais au contraire parce que les résistances, les limites, les impossibilités auxquelles elle va se heurter inévitablement après quelque temps, sont seules aptes à démontrer la nécessité de transformations socialistes à des forces sociales qui ne sont pas encore préparées pour celles-ci* [1].

---

1. Cf. Bruno Trentin, *op. cit.*, p. 203-204 : " ... La mise en œuvre des premières mesures de transformation des structures exige rapidement (si elle veut éviter leur neutralisation) de nouvelles réformes et de nouvelles transformations dans l'organisation démocratique du pouvoir... Une planification démocratique du développement et de la transformation de l'économie, présuppose un front social et politique beaucoup plus large que celui qui gravite aujourd'hui autour des partis ouvriers et socialistes; et si le but de cette planification *ne peut être le socialisme*, il est pourtant vrai aussi qu'il sera difficile de la réaliser complètement et, surtout, *durablement* dans le contexte capitaliste si, pour en sauvegarder l'existence, l'on ne dépasse pas le dessein initial par des mesures de réforme et de transformation démocratique du pouvoir qui rejoignent finalement une politique de transformation socialiste de la société. La partie avancée du mouvement, au moins, doit être pleinement consciente de ce processus. "

2. SOCIALISTES ET RÉFORMISTES. LA QUESTION DU PROGRAMME.

Pareille stratégie est évidemment irréalisable dans le cadre d'une alliance au sommet avec des formations néocapitalistes, c'est-à-dire social-démocrates et centristes, qui, dès le départ, entendent limiter l'action réformatrice à des mesures acceptables pour la bourgeoisie et exigent des engagements programmatiques rigoureux dans ce sens de leurs partenaires. Elle suppose au niveau des dirigeants politiques une claire conscience de la nature du processus de transition au socialisme, de ses leviers, de ses ressorts, des aspirations des masses travailleuses sur lesquelles il pourra s'appuyer et *des délais relativement courts* dans lesquels se jouera le succès ou l'échec de l'entreprise.

En résumé, une stratégie socialiste des réformes doit viser à rompre l'équilibre du système et profiter de cette rupture pour amorcer le processus, révolutionnaire, de la transition au socialisme, chose qui (nous l'avons vu) ne peut se faire qu'à chaud. Une stratégie de ce type n'est praticable que dans des périodes de mouvement, sur la base de conflits ouverts et d'actions sociales et politiques amples. Il est impossible de la concevoir comme une bataille d'usure dans une guerre de position. Car si le front social se stabilise, si un équilibre des forces s'instaure, alors la bataille de rupture — qu'une stratégie socialiste a pour fonction de préparer — est ajournée. Certes, le nouvel équilibre des forces peut être plus avantageux pour la classe ouvrière que l'ancien, les contradictions et les éléments antagonistiques à la logique capitaliste peuvent être plus marqués. Mais ces contradictions, lorsque la lutte pour des réformes atteint un palier — c'est-à-dire, en pratique, est bloquée dans son dynamisme — n'agissent plus que de manière sourde, sous forme de tentatives constantes, faites de part et d'autre, pour grignoter les positions adverses. Ces escarmouches essentiellement *tactiques* ne permettent plus la mise en œuvre d'une *stratégie*. Car si précaire que soit l'équilibre des forces, il repose sur l'impossibilité reconnue de part et d'autre de forcer la décision.

Il est donc irréaliste d'assimiler ces conflits tactiques sourds, qui peuvent s'étaler sur une longue période, à un " processus révolutionnaire " qui mûrirait pendant une ou plusieurs décennies [1]. Si précaire que soit objectivement l'équilibre qui s'instaure lorsque la lutte pour des réformes atteint un palier, il s'agit d'un équilibre; il s'agit pour le mouvement ouvrier et socialiste d'une période creuse. Les contradictions que les réformes précédemment imposées ont introduites dans le système ne continuent pas de ronger sa substance et ne l'affaiblissent pas à la manière d'une maladie longue. Elles ne conservent pas leur potentiel de rupture initial. Au contraire, elles le perdent. Il n'est pas d'institutions ou de conquêtes virtuellement anti-capitalistes qui, sur une longue période, ne soient grignotées, dénaturées, résorbées, vidées de tout ou partie de leur contenu si le déséquilibre créé par leur mise en œuvre n'est pas exploité, dès qu'il se manifeste, par de nouvelles offensives. Contraint de coexister avec des institutions qui, au départ, contrarient sa logique et limitent sa sphère de souveraineté, le capitalisme apprend à se les subordonner sans les attaquer de front : il lui suffit de dominer les secteurs de pointe de l'accumulation et du développement capitalistes, et particulièrement les activités nouvelles qui impulsent le progrès technique et la croissance, pour reprendre tout ou partie du terrain perdu [2].

Il est donc impossible de concevoir la période de transition, ou même la période qui prépare la transition, comme une période longue, de l'ordre de la décennie. Si la transition n'est pas amorcée à la suite de la rupture d'équilibre que provoque la lutte pour des réformes, alors elle n'aura pas lieu dans la période donnée. Les réformes seront disjointes, étalées, digérées par le système, et l'équilibre rétabli à un niveau plus élevé. Une nouvelle période de

1. Cette assimilation est assez répandue chez des sociaux-démocrates de gauche; on la trouve également chez Lelio Basso.

2. La Sécurité sociale, par exemple, dont la logique est celle d'une socialisation de la consommation médicale et pharmaceutique, devient une source de profits accrus pour les industries chimique et pharmaceutique privées. La nationalisation d'industries de base — même lorsqu'elles ne sont pas déficitaires et donc incapables de se procurer sur le marché financier les capitaux nécessaires à leur développement — libère finalement des capitaux privés pour l'investissement dans les branches à croissance plus rapide et à taux de profit plus élevé. Même s'il est virtuellement dominant à un moment donné, le secteur nationalisé ne peut le rester que s'il étend ses activités aux industries nouvelles que fait surgir le développement économique.

luttes préparatoires, englobant dans leurs objectifs de nouvelles contradictions, sera nécessaire pour créer les conditions d'une offensive nouvelle. La discontinuité de la stratégie socialiste est celle de l'histoire elle-même.

Il ne s'agit pas d'en conclure à la vanité des réformes démocratiques du passé, ce qui reviendrait à affirmer la stérilité d'un siècle de luttes ouvrières. Même vidées de tout ou partie de leur contenu, les conquêtes du passé permettent aux forces ouvrières et socialistes, dans une phase nouvelle de leur offensive, de viser des objectifs plus avancés. C'est dans ce sens que Lénine pouvait considérer comme " l'antichambre du socialisme " le capitalisme monopoliste d'État, phase la plus avancée de la socialisation du processus de production capitaliste et qui a déjà mis en place certains leviers utilisables pour l'État socialiste.

Ceci posé, il faut toutefois souligner que si les conquêtes passées rendent la domination de la classe capitaliste plus précaire, l'équilibre du système plus fragile, de nouvelles réformes partielles et de nouveaux déplacements de l'équilibre *deviennent politiquement plus difficiles pour cela même*. C'est précisément quand de nouvelles réformes anti-capitalistes risquent de compromettre la survie du système que la résistance de la bourgeoisie à toute nouvelle réforme devient féroce. *Plus le seuil de rupture du système est bas, ou plus il a été approché de près dans le passé, plus il peut devenir difficile de l'approcher de nouveau et de le franchir.* Car la bourgeoisie est désormais en éveil; car le mouvement ouvrier connaît les risques d'échec, politiques et économiques, de l'entreprise; car il faut désormais un degré de préparation, de résolution et de conscience plus élevé pour engager une nouvelle bataille.

L'idée du " socialisme rampant " (creeping socialism), qui gagnerait du terrain grâce à des réformes réalisées coup par coup, jusqu'à provoquer un " saut qualitatif ", ne correspond à aucune réalité, si ce n'est à la très réelle vigilance de la bourgeoisie que cette idée reflète. Il ne peut pas y avoir, sur une longue période et en dehors d'une épreuve de force très vive, appuyée sur une stratégie, d'*effet cumulatif* des réformes successivement imposées. Surtout dans des sociétés où les mécanismes d'accumulation capitalistes sont déjà objectivement à la merci d'interventions publiques; et où — même si l'État ne se sert pas de ses instruments, tout au

contraire, *contre* les monopoles — il suffirait de réformes institutionnelles ne présentant pas de difficulté intrinsèque pour briser le
pouvoir de la bourgeoisie, surtout alors les forces capitalistes
déploient tous leurs efforts, dans tous les domaines (idéologique,
politique, social) pour empêcher la formation d'une volonté politique capable d'imposer ces réformes.

Plusieurs pays d'Europe occidentale (France, pays scandinaves,
Italie, notamment) ont aujourd'hui atteint ce seuil où, en raison
même de la vulnérabilité structurelle du système, la bourgeoisie
défend à outrance ses positions de pouvoir et oppose une résistanec
acharnée aux mouvements revendicatifs du mouvement ouvrier
aussi bien qu'à sa lutte pour des réformes partielles. D'où la
nécessité de porter la lutte au niveau plus élevé d'une stratégie
globale, appuyée sur une vision d'ensemble, et d'attaquer non
seulement les effets immédiatement intolérables du capitalisme,
mais la nature même des rapports de production, des rapports
sociaux et de la civilisation qu'il engendre [1].

1. Dans le rapport déjà cité (p. 181, 202-203), Bruno Trentin arrive à des conclusions analogues au terme d'une analyse qui est conjoncturelle plus que politique :
" L'expérience des années récentes détruit toute illusion sur la possibilité d'un processus de lent et insensible grignotage du système, et révèle de plus en plus clairement
l'insuffisance des ruptures sectorielles infligées à celui-ci par la classe ouvrière, quand
ces ruptures ne s'intègrent pas dans une stratégie globale. En soulignant cette insuffisance, nous ne pensons pas seulement à la capacité du système capitaliste de résorber
et de dénaturer des réformes partielles ; mais aussi et surtout à la réaction brutale des
forces économiques atteintes ou menacées, et aux contrecoups objectifs que provoquent des réformes, même partielles, quand elles ébranlent un équilibre économique aussi précaire que celui des années 1960, sans que le mouvement ouvrier sache
simultanément consolider ses premières percées par la conquête de nouvelles réformes (...) *organiquement liées entre elles* et par une *transformation simultanée des formes
actuelles d'organisation du pouvoir...*
" C'est pourquoi l'action du mouvement ouvrier (...) doit toujours être en mesure
de se présenter comme une stratégie complète, au moins dans ses lignes générales,
au sein de laquelle les *principaux liens* entre les divers moments ou aspects de l'action
réformatrice sont d'avance acceptés par les partis de la classe ouvrière. C'est pourquoi le plan de réformes, s'il doit être mis en œuvre graduellement, devra aussi être
capable d'imposer, *dès la phase initiale de sa réalisation*, avec les moyens de politique
économique qui le soutiennent, non seulement un contrôle général, mais encore une
modification qualitative du mécanisme d'accumulation, et de disposer dans la société
d'instruments de pouvoir concrets, tels que le parlement, les institutions représentatives locales ou régionales, les diverses formes de contrôle ouvrier qui se révèleront

Cette élévation et cette " globalisation " des objectifs de lutte s'imposent pour la simple raison que désormais la survie même du système est mise en question objectivement par la conquête de réformes même partielles, et que la bourgeoisie en est consciente. Elle oppose aux attaques partielles une résistance globale. Dès lors, il est inconcevable que le mouvement ouvrier puisse gagner l'épreuve de force si le caractère objectivement global de son enjeu n'est pas assumé au niveau subjectif dans le courant de la lutte; si à la résistance globale de l'adversaire il ne réussit pas à opposer une volonté politique globale. On ne gagne pas une bataille dans laquelle *tout* est en jeu pour l'adversaire, si les objectifs partiels pour lesquels on l'a engagée ne recouvrent pas un but qui mérite un engagement *total*.

Il y a donc une part de vérité et une part d'erreur dans les tendances maximalistes qui se développent actuellement face à la dégénérescence de la social-démocratie européenne et à la difficulté croissante de victoires revendicatives et de réformes partielles. L'erreur consiste à postuler que toute lutte doit désormais être engagée avec une volonté socialiste clairement affirmée, pour des objectifs impliquant le renversement du système. Cela revient à affirmer que la volonté révolutionnaire doit *préexister* à la lutte et lui fournir son ressort. Il s'agit là d'une position non-dialectique qui écarte le problème en le tenant pour résolu. Car dans les faits, la volonté socialiste des masses ne surgit jamais *ex nihilo*, ni ne se forme par la propagande politique ou la démonstration scientifique. La volonté socialiste *se construit* dans et par la lutte pour des objectifs plausibles, répondant à l'expérience, aux besoins et aux aspirations des travailleurs.

Encore faut-il pour cela que ces objectifs soient articulés entre eux selon une vision stratégique, et qu'à mesure que la lutte progresse et se heurte aux limites structurelles du système, elle gagne non seulement en étendue, mais également en profondeur. C'est

---

actuelles et nécessaires, les coopératives agricoles, les associations paysannes, les syndicats.

" Sans cette stratégie organique, sans un plan économique qui la reflète dans son orientation générale, les indispensables luttes partielles de la classe ouvrière seront, beaucoup plus encore que dans le passé, neutralisées et déviées dans leurs conséquences par la logique de plus en plus rigide du système dans lequel elles se déroulent. "

non pas dans les masses, mais dans l'avant-garde et chez les dirigeants du mouvement ouvrier que pareil développement dialectique de la lutte suppose une volonté socialiste préexistante. Cette volonté ne s'affirmera pas par la polémique et la propagande révolutionnaire, mais par la capacité d'échelonner les objectifs, de hisser la lutte à un niveau de plus en plus élevé, de lui assigner des buts " intermédiaires " qui préfigurent le pouvoir ouvrier et qui devront nécessairement être dépassés une fois atteints.

La part de vérité, toutefois, des positions maximalistes dans la période présente, c'est que le mouvement ouvrier n'avancera pas vers le socialisme si celui-ci n'est pas le sens objectif de ses actions revendicatives, appelé à en devenir le sens conscient (" subjectif "). Or, n'importe quelle protestation ou revendication, posée en termes généraux, donc abstraits (par exemple : augmentation générale des salaires et retraites, développement de la construction sociale, etc.), n'a pas ce sens objectif; ne serait-ce que parce que la réalisation de l'objectif n'est pas au pouvoir de ceux-là même qui le réclament et ne sera pas le résultat direct de leur action, même s'ils obtiennent gain de cause. De plus, ce genre de revendication n'a pas une logique anti-capitaliste interne qui exigerait le dépassement de ses objectifs une fois qu'ils seraient atteints. Ces objectifs se présentent comme des buts-paliers dont la réalisation pourrait résulter d'une action gouvernementale reposant sur des réformes techniques (ou technocratiques). Ils s'épuisent dans leur contenu.

Dans les conditions présentes, le mouvement ouvrier n'acquerra la maturité et la force politiques nécessaires pour venir à bout des résistances accrues du système que si ses revendications comportent par leur contenu, mais aussi par la *manière* de les poursuivre, une critique vivante des rapports sociaux et de production, de la rationalité et de la civilisation capitalistes.

Cette critique, cet approfondissement des thèmes de lutte sont particulièrement importants dans le contexte néocapitaliste, où le mouvement ouvrier et socialiste a à se mesurer avec le réformisme subalterne de formations social-démocrates et centristes. Celles-ci, en effet, avancent souvent *le même type* d'objectifs que les forces de gauche (logement social, enseignement, équipements collectifs, " justice sociale ", etc.) — mais en subordonnant leur réalisation à la possibilité de les atteindre sans " casser la machine "

87

capitaliste, c'est-à-dire sans rompre l'équilibre économique et sans porter atteinte aux positions de pouvoir de la bourgeoisie.

La grande spécialité des formations social-démocrates, c'est de démontrer que tous les problèmes peuvent être résolus ou rendus tolérables, tous les besoins matériels satisfaits dans le cadre même du système, à condition d'y mettre le temps et d'accepter une discipline. Point n'est besoin de " casser la baraque ", ni d'engager une épreuve de force; il suffit de se montrer patient, réaliste, responsable et de faire confiance aux dirigeants. Que chacun reste à sa place, l'État néocapitaliste agira au mieux de l'intérêt de tous.

Pour les forces socialistes, il peut certes être utile de montrer que les formations réformistes refusent de se donner les moyens de leur programme; que celui-ci ou bien ne sera pas réalisé, ou bien demandera des délais si longs que ses solutions seront dépassées en cours de route par la modification des termes du problème; ou encore qu'il est possible de demander et de faire mieux, à condition d'aller plus loin dans la transformation des structures. Mais pour utile qu'il soit, ce genre de démonstration reste insuffisant : aux promesses d'améliorations relatives, il oppose pour l'essentiel des promesses d'améliorations relatives plus rapides ou plus accentuées. Ce qu'il ne dit pas et que les réformistes se chargent de proclamer hautement, c'est que ces améliorations plus rapides ou plus accentuées provoqueraient une crise majeure du système : " Vous allez casser la machine. Nous, au contraire, voulons qu'elle marche mieux. "

Tant qu'il se place sur le terrain des améliorations *relatives* et générales, le mouvement socialiste sera mal armé pour repousser cette objection. S'il laisse croire qu'il n'y a entre sa politique et celle des réformistes qu'une différence *relative* et *de degré*; qu'il poursuit au fond le même type d'objectifs, mais avec énergie et intransigeance, décidé d'aller au besoin jusqu'à l'épreuve de force avec le capital, il a peu de chances de mordre sur la clientèle électorale de la social-démocratie et de devenir la force hégémonique du mouvement ouvrier. Une différence relative et de degré, en effet, n'est pas suffisante pour que les masses travailleuses préfèrent à la voie lente, mais " sûre " du réformisme subalterne, la voie périlleuse et ardue de l'affrontement avec les forces du capital.

On n'assume pas les risques d'une crise politique et monétaire grave; on n'engage pas l'épreuve de force avec la bourgeoisie pour obtenir seulement la construction annuelle de 250 000 logements sociaux plutôt que de 200 000; le relèvement de 10 % plutôt que de 5 % des bas salaires; la semaine de 42 plutôt que de 44 heures, etc. Le jeu n'en vaut pas la chandelle; ne serait-ce que parce que la politique plus ambitieuse du mouvement socialiste commencerait par provoquer une réaction brutale du système, un bouleversement majeur de l'économie et, selon toute probabilité, une détérioration de la situation matérielle des masses, pendant une brève période au moins.

La propagande social-démocrate et centriste aura donc toute son efficacité lorsqu'elle demandera : " Pourquoi être si pressé ? Pourquoi vouloir forcer les choses si avec un peu de patience et de discipline vous pouvez obtenir *en temps opportun, dans le calme et l'ordre,* ce que vous demandez ? Est-ce la peine de risquer une crise sérieuse pour accomplir dans les cinq ans ce qui peut être obtenu en sept ou huit ans sans grands changements ? "

A ces questions que posent sous une forme ou une autre les social-démocraties européennes, le mouvement socialiste ne peut répondre qu'en soulignant entre sa politique et celle du réformisme subalterne l'existence d'une différence *fondamentale* [1]. Non pas d'une différence de degré, de délais ou de méthode pour réaliser la même chose que la social-démocratie, mais mieux et plus vite.

1. Les tentatives de tirer la social-démocratie à gauche en taisant les divergences, en soulignant les objectifs communs, en offrant de l'aider pour les atteindre, n'ont de sens que si la puissance des actions unitaires à la base rend la social-démocratie disponible pour une alliance anti-capitaliste. Cette disponibilité ne s'est manifestée qu'en période de crise aiguë et de périls intérieurs et extérieurs. Mais du coup, le " front des gauches " revêtait alors un caractère *défensif* et non pas offensif, tactique et non pas stratégique. Le danger réactionnaire une fois écarté, les divergences stratégiques faisaient éclater l'alliance. On s'apercevait alors que celle-ci était dirigée non pas contre l'État bourgeois, mais contre des forces et des structures pré-capitalistes et pré-bourgeoises tenant à l'inachèvement de la révolution bourgeoise.

C'est là ce que note justement Lucio Magri, qui ajoute : " Le ciment de l'unité frontiste vient donc à disparaître. Car ce ciment était la lutte commune contre un système de pouvoir incapable d'assurer un quelconque développement de la société, contraint de recourir à la violence politique et à la guerre pour cacher ses faiblesses sociales, son incapacité à répondre aux intérêts d'une majorité réelle. " (" Valeur et limite des expériences frontistes ", *les Temps modernes,* janvier 1966, p. 1236.)

Mais d'une différence *totale* qui justifie que l'on accepte un risque total. *Ce n'est que dans la mesure où il convainc que son action et ses objectifs ne sont pas du même type que ceux du réformisme subalterne ; que l'enjeu n'est pas une addition d'améliorations relatives et partielles, mais une amélioration absolue et globale, que le mouvement socialiste peut avancer et s'imposer comme la force hégémonique du mouvement ouvrier.*

Par amélioration absolue et globale il ne faut pas entendre, bien sûr, que le paradis sur terre et l'instauration du socialisme doivent être promis pour demain. Il s'agit plutôt de lier chaque amélioration partielle, chaque réforme que l'on revendique, au sein d'un projet d'ensemble visant à produire un changement global. La portée de ce changement doit transcender chacun des objectifs partiels qui l'illustrent sous un aspect déterminé : l'amélioration absolue qui est en jeu, c'est l'émancipation de tous ceux que les rapports de production capitalistes exploitent, oppriment, dégradent, stérilisent dans ce qui est leur valeur sociale et leur orgueil individuel : leur travail social.

Oui, réformistes et socialistes veulent certaines choses semblables; mais ils ne les veulent pas dans la même intention et de la même manière. Pour le réformisme, l'enjeu de l'action réformatrice peut être réduit aux " choses " — salaires, équipements collectifs, retraites, etc. — que l'État dispenserait d'en haut aux individus maintenus dans leur dispersion et dans leur impuissance sur le processus de production et les rapports sociaux. Pour le mouvement socialiste, autant que les " choses " — et même plus qu'elles — compte *le pouvoir* souverain des travailleurs d'auto-déterminer eux-mêmes les conditions de leur collaboration sociale, de soumettre à leur volonté collective le contenu, le déroulement et la division sociale de leur travail.

La différence profonde entre réformisme et socialisme est là. C'est la différence entre des réformes octroyées perpétuant la subordination de la classe ouvrière dans les usines et dans la société; et des réformes imposées, appliquées et contrôlées par les masses elles-mêmes, reposant sur leur capacité d'auto-organisation et leur initiative. C'est, en fin de compte, la différence entre réformes techniques ou étatiques, et réformes démocratiques; étant entendu que celles-ci sont *nécessairement* anti-capitalistes : " Lutter pour une démocratie authentique, pour toute forme de participation réelle à la gestion des intérêts collectifs, pour toute forme de contrôle collectif, et en particulier pour le contrôle des travailleurs sur tous les aspects du processus de production, ... c'est contester dans les faits le pouvoir de décision capitaliste... Un aspect essentiel de cette lutte est la lutte de la classe ouvrière pour le droit de gérer elle-même le patrimoine de la force de travail, avec toutes les conséquences qui en découlent quant à l'organisation du travail dans les usines, aux qualifications, à la gestion autonome du salaire différé (assurances sociales), etc. [1]. "

A la différence de contenu entre réformes néocapitalistes et réformes anti-capitalistes correspond ainsi nécessairement une différence de méthode. La valeur libératrice des réformes ne peut apparaître que si elle était déjà présente dans les actions de masse tendant à les imposer. Au niveau de la méthode, la différence entre réformes techniques et réformes démocratiques est celle qui sépare une réforme institutionnelle appliquée à froid, d'une réforme imposée à chaud par l'action collective. D'un point de vue formel, n'importe quelle réforme — y compris le contrôle ouvrier — peut être vidée de sa signification révolutionnaire et résorbée par le capitalisme si elle est seulement instituée par un acte de gouvernement et appliquée par des contrôles bureaucratiques, c'est-à-dire réduite à une " chose ".

Certains maximalistes en concluent que toutes les réformes sont vaines tant que subsistera l'État capitaliste. Ils ont raison s'il s'agit de réformes octroyées et institutionalisées à froid. Ils ont tort s'il s'agit de réformes imposées à chaud et d'en bas par la lutte. Il est impossible de séparer une réforme de l'action dont elle résulte. Il est impossible de réaliser des réformes démocratiques et anti-capitalistes par une action qui n'est ni l'un ni l'autre. L'émancipation de la classe ouvrière ne sera pour les travailleurs cet enjeu total justifiant un risque total que si l'action de lutter a déjà été pour eux l'expérience de l'auto-organisation, de l'initiative et de la décision collectives, bref l'expérience de leur émancipation possible.

1. Lelio Basso, *op. cit.*, p. 276-277.

3. L'ALTERNATIVE GLOBALE. LE PROBLÈME DES ALLIANCES.

Partout où le mouvement socialiste se trouve en présence d'une social-démocratie forte, d'un néocapitalisme dynamique, la nécessité s'est imposée à lui de déplacer l'accent des revendications partielles, immédiates, quantitatives et disparates, vers la présentation d'une politique et d'un programme de *changement global et qualitatif.* C'est là ce que recouvrent les nombreuses références à " l'alternative globale ", au " modèle " de développement, de civilisation, d'organisation sociale, dont l'élaboration a été présentée comme la tâche la plus urgente, voire principale, par les ailes les plus avancées du mouvement marxiste européen.

C'est que les programmes fourre-tout, reprenant à leur compte toutes les revendications et tous les sujets de mécontentement, ne sont tout simplement plus plausibles : la perspective d'ensemble y fait défaut; ils n'ont pas la cohérence nécessaire — non seulement du point de vue économique et logique, mais surtout du point de vue politique et idéologique — pour constituer une " alternative globale ", pour forger entre les forces sociales objectivement anticapitalistes une unité qui ne peut être que la synthèse *à un niveau supérieur* (et non pas l'addition) de leurs revendications, besoins, intérêts et aspirations immédiats.

A cet égard, l'exemple de la Suède offre une illustration particulièrement nette. Sa portée dépasse le cas de ce seul pays, pris souvent pour modèle par la social-démocratie européenne et qui préfigure le type de société vers lequel évoluent la plupart des États néocapitalistes d'Europe.

La social-démocratie suédoise a postulé qu'il était possible, dans le cadre du capitalisme et tout en en respectant les mécanismes, de mener une politique de prévoyance sociale, d'équipements collectifs, de hauts salaires liés à une haute productivité. Le développement passé des prestations, équipements et services sociaux a été fondé sur une fiscalité directe dont le poids s'accentuait à mesure que s'élevaient les salaires. Ce développement est cependant allé de pair avec celui d'une civilisation de la consommation individuelle. Une double contradiction a fini par se manifester avec acuité.

D'une part, le développement des services et équipements sociaux, financés par la fiscalité directe, a été obtenu par la socialisation de fait de la majeure partie de l'épargne privée. Il en est résulté une crise grave des mécanismes d'accumulation capitalistes : dépérissement du marché des capitaux (de la Bourse) sans qu'augmente (au contraire) la capacité d'auto-financement des entreprises. Mais d'autre part, cette crise des mécanismes d'accumulation n'a point pour contrepartie l'opulence du secteur social : au contraire, il y a une crise aiguë du logement et de l'urbanisme, une pénurie aiguë de personnel médical et enseignant, un exode accéléré des campagnes vers les villes, etc.

Ainsi, l'expansion des services sociaux et de l'intervention publique, subordonnée à celle du capitalisme industriel, n'a pas été en mesure de couvrir les besoins sociaux nés du développement de celui-ci. Mais elle a été suffisante pour le mettre en difficulté en tarissant certaines de ses sources de financement.

La social-démocratie se trouve ainsi à un seuil. L'expansion accélérée des services sociaux et collectifs et la poursuite de l'expansion monopoliste ne peuvent plus être menées de pair. Il faut choisir : 1º ou bien le plafonnement, sinon la réduction des dépenses sociales et publiques, avec aggravation des pénuries citées plus haut, afin de relancer l'épargne, mais aussi la consommation privée et de redonner du souffle à l'accumulation capitaliste; 2º ou bien le développement plus rapide que par le passé des services sociaux et de l'intervention publique, mais alors une socialisation beaucoup plus poussée de l'économie s'impose, comportant des nationalisations, la collectivisation de l'épargne et de la fonction d'investissement, la direction publique globale, c'est-à-dire planifiée, de l'économie, la priorité aux consommations et services collectifs sur la consommation " opulente ", etc.

Le choix qui s'impose n'est donc pas un simple choix technique; il est appelé à avoir un impact profond sur le modèle de développement, de consommation, de civilisation et sur le mode de vie.

La première branche de l'alternative est repoussée d'instinct par la majorité des travailleurs. Mais cela ne signifie point encore que la seconde branche, qui s'imposerait d'un point de vue logique, sur la base même des revendications populaires, puisse compter sur une majorité automatique.

La difficulté du passage de l'analyse logique à la pratique politique réside (outre dans le fait que l'analyse logique n'est jamais opérée par tous les intéressés) dans la forte différenciation des classes travailleuses. Les intérêts immédiats de grandes catégories de travailleurs manuels gagnant 2 000 à 3 000 F par mois avant impôt — il s'agit notamment des ouvriers du bâtiment et de la grande industrie mécanique et navale — ne coïncident pas automatiquement avec les intérêts des travailleurs (et surtout des travailleuses) qui, dans les régions sous-développées ou " excentriques ", dans les services publics et sociaux, gagnent entre 600 et 1 000 F par mois; ni avec les aspirations des travailleurs techniques et scientifiques.

Au niveau de leur conscience et de leurs intérêts immédiats, les catégories ouvrières à salaire relativement élevé ne sont pas spontanément acquises à une politique de socialisation poussée. L'idéologie trade-unioniste et social-démocrate les a incitées à placer au premier plan les revendications et les " valeurs " de consommation : le travail est considéré comme un enfer quotidien; les normes patronales de productivité, d'organisation et de division du travail sont appréhendées comme oppressives et intolérables; mais elles sont acceptées néanmoins, sous prétexte qu'il s'agit de nécessités techniques et que ce qui compte *réellement*, c'est le salaire. Le travail est ainsi considéré comme le purgatoire par lequel il faut passer pour accéder après le travail au ciel de la consommation individuelle. Sur la base de ce conditionnement idéologique, la première branche de l'alternative — comportant un allégement de la très lourde fiscalité directe et un développement de la consommation " opulente " au détriment de la sociale — présente davantage d'attrait immédiat pour une partie de la classe ouvrière qu'une politique de socialisation poussée.

Les revendications de consommation individuelle et de salaire, qui restent primordiales pour les catégories et les régions pauvres, ne peuvent donc servir de thème unificateur au mouvement ouvrier. L'unité politique de la classe ouvrière, condition indispensable pour imposer la seconde branche de l'alternative, ne peut

être forgée qu'autour de thèmes qui dépassent les intérêts immédiats vers une synthèse à un niveau supérieur. Le travail idéologique et politique, la critique de la " civilisation de la consommation ", l'élaboration d'un modèle de rechange deviennent donc
déterminants.

Il devient nécessaire de montrer que l'oppression et l'aliénation
du travail que l'on accepte en vue d'une libération dans le non-
travail, ne peut qu'aboutir à l'aliénation de la consommation et
du loisir; que pour se procurer les biens de consommation et de
loisir qui le " libèrent " de l'oppression dans le travail, le travailleur
est amené par une logique infernale à travailler de plus en plus vite
et de plus en plus longtemps, à accepter heures supplémentaires
et primes de rendement, jusqu'à perdre toute possibilité, matérielle
aussi bien que psychologique, d'une quelconque libération;
que l'homme du travail est *le même* homme que l'homme du non-
travail, et que l'un ne peut pas se libérer sans l'autre. Que l'intérêt
de classe fondamental de tous les travailleurs est de mettre fin à
leur subordination dans le travail et dans la consommation, de
prendre sous leur contrôle l'organisation et la finalité de la production sociale. Que le relèvement des salaires directs est une
revendication prioritaire pour une masse importante de travailleurs,
mais qu'il ne suffit pas de la satisfaire pour mettre fin à l'exploitation capitaliste. Qu'en tout état de cause, il y a des limites objectives
au niveau des salaires, et des limites objectives et subjectives aux
satisfactions que peut procurer le revenu individuel en l'absence
d'un développement suffisant des services et équipements collectifs.

Tant que les décisions de production restent dominées par le
capital, tant que la consommation, la culture et le mode de vie
restent dominés par les valeurs bourgeoises, gagner plus est le
seul moyen de vivre mieux. Mais s'il s'agit d'abolir les rapports
de production capitalistes, c'est que vivre mieux c'est aussi travailler
moins et moins intensément, adapter le travail aux exigences
de l'équilibre biologique et psychologique des travailleurs, disposer de services collectifs meilleurs, de plus grandes possibilités
de communication directe et de culture, dans le travail et hors
du travail, pour soi-même et ses enfants, etc.

D'autre part, les freins et les limites qu'imposent au développement scientifique, technique et culturel les critères de rentabilité capitalistes ; la stérilisation de ressources économiques et d'énergies humaines que comporte le processus de concentration financière et géographique ; le sous-emploi des capacités humaines et le gaspillage de forces qu'entraîne l'organisation autoritaire du travail ; la contradiction entre la loi du rendement maximum qui règne dans la production, d'une part, et le gaspillage que constitue d'autre part une politique commerciale reposant sur des innovations continuelles sans valeur d'usage et sur de coûteuses campagnes de " promotion des ventes ", etc., toutes ces contradictions du capitalisme développé sont aussi importantes pour la mise en question du système que les sujets de mécontentement immédiatement conscients : elles impliquent une critique du mode de vie, des valeurs et de la rationalité capitalistes.

A partir de ces thèmes, dont l'énumération ne prétend pas être exhaustive, il ne s'agit évidemment pas d'élaborer dans l'abstrait des solutions toutes faites, ni de proposer un " modèle de rechange " purement spéculatif. La supériorité d'un parti révolutionnaire de masse sur des partis d'appareil et de clientèle, préoccupés d'arriver au pouvoir et de gouverner *dans les conditions existantes*, c'est qu'il peut (et qu'il doit) réveiller des aspirations et poser des problèmes qui supposent le dépassement radical du système capitaliste. Le parti révolutionnaire de masse exerce sa fonction dirigeante et éducative en ne prétendant pas détenir d'avance la réponse aux questions qu'il soulève. Non seulement parce que cette réponse ne peut être trouvée dans le cadre du système existant, mais parce que sa recherche et son élaboration, par des confrontations et des débats permanents à la base, est le moyen par excellence de provoquer la participation, la prise de conscience et l'auto-éducation des travailleurs, de leur donner sur le parti et sur la société à construire une prise directe, de leur faire saisir, par l'exercice de la démocratie de parti, le caractère profondément autoritaire et anti-démocratique de la société dans laquelle ils vivent.

Animer et stimuler la réflexion collective et le débat démocratique est également le meilleur moyen pour le parti d'enrichir et de développer les thèmes de lutte qu'il propose, de soumettre ses analyses générales à une vérification pratique et de détecter les formes d'action les mieux adaptées aux conditions locales, à la capacité d'initiative et à la sensibilité des masses.

Ce travail permanent de recherche et de réflexion collective, associant la base du parti à l'élaboration de sa politique, la sollicitant à choisir entre plusieurs formes d'action possibles, ne peut pas ne pas déborder le cadre du parti lui-même. Celui-ci ne fonctionne pas en vase clos. Sa capacité d'hégémonie dépend de l'attraction que sa vie intérieure, son action et ses propositions politiques exercent sur les masses travailleuses inorganisées ou marquées par des empreintes idéologiques ou religieuses différentes. Dans une société économiquement développée, avec sa classe ouvrière très différenciée par ses origines (ouvrières, paysannes, petites-bourgeoises) et par son genre de travail (manuel, technique, intellectuel), le parti est obligé en tout état de cause de tenir compte de la diversité des aspirations spécifiques ; il ne peut exercer son action dirigeante qu'en cherchant à dépasser cette diversité vers une unité supérieure qui en respecte les divers éléments dans leur relative autonomie.

La politique de transition au socialisme, le " modèle " de la société de transition et même de la société socialiste elle-même doivent nécessairement reconnaître de leur côté cette diversité. Dans les pays capitalistes avancés, le parti révolutionnaire ne peut espérer conquérir ni exercer le pouvoir à lui seul. Il a besoin de s'allier avec toutes les forces sociales, politiques, intellectuelles qui refusent la logique capitaliste et qui peuvent être gagnées à une politique de transition cohérente et claire dans ses objectifs socialistes. Mais du coup, le travail d'élaboration de la politique de transition, et notamment des réformes politiques et institutionnelles qu'elle devra réaliser, ne peut plus être mené à bien par les seuls organes dirigeants du parti, même si (ou surtout si) il est de loin le parti ouvrier le plus fort.

L'attraction que l'action à la base du parti exerce sur la masse inorganisée et sur la base d'autres formations, dépend elle-même, dans son intensité et dans ses possibilités de développement, de l'attraction que les options à long terme, et même à très long terme, exercent sur les alliés actuels ou potentiels du parti révolutionnaire. D'où la nécessité pour celui-ci de reconnaître les autres tendances socialistes comme des partenaires *permanents* d'un travail de recherche et d'élaboration *commun* concernant le contenu programmatique et les formes de la transition au socialisme, et garantissant le droit de cité d'une pluralité de tendances et de partis pendant la période de transition, et même de construction du socialisme.

Le poids électoral présent et passé de ces partenaires permanents n'est pas le critère principal de leur choix. Ce qui importe plus que leur force numérique, c'est la représentativité de leur base militante, leur orientation authentiquement socialiste et leur réelle autonomie [1]. Pour le parti révolutionnaire de masse, s'allier durablement avec des formations différentes, même faibles ; mener avec elles une recherche commune, c'est démontrer dans la pratique, et non seulement dans les déclarations de principe, que le respect du pluralisme politique et de l'autonomie des alliés n'est pas une simple concession tactique. Et c'est aussi, tant par la méthode de travail adoptée que par la cohérence de la politique de transition (ou de " l'alternative globale ") élaborée en commun, exercer une attraction puissante sur la base militante et sur l'aile gauche de la social-démocratie et de mouvements chrétiens d'avant-garde [2].

Il ne s'agit donc nullement, pour le parti révolutionnaire, de rejeter par son attitude doctrinaire les masses influencées par la social-démocratie ou les mouvements réformistes traditionnels. Mais il ne s'agit pas non plus d'engager avec ceux-ci des négociations ou des dialogues de sommet qui seraient aussitôt bloqués par les divergences idéologiques ou doctrinales, ou conduits dans l'impasse des marchandages sur le " programme minimum commun ". Ni de rechercher une unité de façade du mouvement ouvrier (ou de certaines de ses composantes) par la fédération d'organisations existantes, c'est-à-dire par la *juxtaposition de leurs appareils* :

1. Une formation militante peut être représentative d'un courant assez largement répandu dans les masses travailleuses sans être elle-même numériquement forte. C'est là le cas, par exemple, des militants socialistes chrétiens.

2. Cette ligne a été préconisée et, parfois, appliquée avec des succès partiels par la gauche les (" ingraïens ") du Parti communiste italien. Elle est appliquée avec constance et avec des succès notables par la Fédération des employés et ouvriers métallurgistes (F.I.O.M.) de la C.G.I.L. Elle est l'une des raisons de la progression spectaculaire qu'enregistre actuellement le Parti communiste suédois sous la conduite de C. H. Hermansson. Elle ne doit pas être confondue avec la recherche d'une entente avec l'appareil social-démocrate.

98

celle-ci s'épuisera rapidement en marchandages de sommet entre dirigeants et notables, ressemblera à un parlement ou à un gouvernement fantôme et aura tôt fait de se couper des masses ou de décourager les militants restés sans prise sur les décisions et les dosages qui, au sommet du " regroupement ", obéiront à des critères internes d'appareil beaucoup plus qu'à une volonté collective réelle de la base. Il s'agit plutôt d'enclencher d'abord un processus d'unification des forces authentiquement socialistes, par l'élaboration commune d'une politique de rechange cohérente, portant sur les solutions à long terme, et même à très long terme [1] aussi bien que sur les problèmes d'actualité directe et le programme à moyen terme. La cohérence de cette élaboration; la publicité et la transparence du débat; leur répercussion sur la base militante, appelée à participer par ses initiatives au processus d'unification, auront une efficacité et un pouvoir d'attraction très supérieurs aux ouvertures, toujours suspectes d'opportunisme tactique, en direction des partis réformistes traditionnels. Pour battre le réformisme subalterne de la social-démocratie, ce n'est pas avec son appareil, c'est avec les masses qu'elle influence qu'il s'agit d'engager le dialogue. Et le meilleur moyen de les y gagner, c'est de leur proposer " l'alternative " d'une politique socialiste cohérente et claire dans ses options, et des méthodes de travail démocratiques que la social-démocratie, par essence, ne peut adopter.

4. LE FRONT IDÉOLOGIQUE. TÂCHES NOUVELLES DU PARTI RÉVOLUTIONNAIRE.

Ce travail permanent de recherche et d'élaboration ne peut se limiter au domaine strictement politique et programmatique. La politisation des masses ne s'opère pas à partir de la politique,

---

1. L'une des faiblesses du " colloque de Grenoble ", en mai 1966, a été de se borner à une perspective " possibiliste " à court et moyen terme dont les problèmes de la transition au socialisme, et même des formes d'action tendant à la préparer, étaient absents de ce fait même. Des questions essentielles à une prise de conscience et à une action socialistes ne peuvent *même pas être posées* tant que l'on se place dans le court terme, c'est-à-dire à l'intérieur du régime capitaliste.

ni à partir de l'action et de la lutte seulement. L'engagement et le choix politiques sont en fait l'aboutissement d'une prise de conscience qui ne commence jamais par le politique, c'est-à-dire par le problème de l'organisation de la société et des rapports sociaux, mais qui part de l'expérience fragmentaire et directe d'un changement *nécessaire parce que possible*.

L'exigence du changement, en d'autres termes, ne surgit pas à partir de *l'impossibilité* d'accepter ce qui est, mais à partir de la *possibilité* de ne plus accepter ce qui est. C'est la révélation de cette possibilité (actuelle ou non, traductible ou non en actions pratiques), dans tous les domaines de la vie sociale et individuelle, qui est l'une des fonctions fondamentales du *travail idéologique* d'un mouvement révolutionnaire [1].

1. Le travail idéologique n'est rien d'autre que le travail d'unification à un niveau spécifique, *celui de la conscience qu'ils ont d'eux-mêmes*, d'aspirations et d'intérêts divers. Une idéologie peut donc être mystifiante *ou non*, selon qu'elle est syncrétique ou synthétique.

Dans le premier cas, qui est celui des idéologies néo-capitalistes, par exemple, elle vise tout à la fois à unifier les intérêts particuliers hétérogènes de la bourgeoisie et à unifier avec ceux-ci les intérêts et les aspirations immédiats des couches supérieures des travailleurs salariés, en les intégrant idéologiquement, sous l'appellation de " classes moyennes " ou " couches moyennes ", à la classe bourgeoise. Cette unification syncrétique, pour avoir quelque apparence de solidité, exige la médiation de nombreuses analyses et interprétations partielles et grossières de l'évolution des rapports sociaux et de production du capitalisme moderne.

L'unification synthétique des intérêts et des aspirations des classes travailleuses repose sur une base matérielle et sur des analyses scientifiques solides dans la mesure où elle part de la position subordonnée de ces classes dans la société capitaliste. Les principaux aspects concrets de cette subordination ne sont toutefois pas les mêmes pour toutes les catégories salariées. Leur unification synthétique a donc besoin d'une analyse plus fine, respectant, sous peine de schématisme, la spécificité des aspirations et des intérêts, matériels, culturels, professionnels des travailleurs manuels et intellectuels. La synthèse unifiante ne peut donc s'effectuer qu'au niveau de la perspective, du dépassement de la perception immédiate de l'intérêt vers l'établissement de rapports humains et sociaux plus riches, c'est-à-dire au niveau des exigences (ou " valeurs ") communes et universalisables. La synthèse demeure nécessairement inachevée tant que la division en classes, et même le type de division sociale du travail résultant du niveau actuel de développement des forces productives, n'auront pas été eux-mêmes dépassés.

Du fait que l'idéologie néocapitaliste dominante comporte une bonne part de mystification et de propagande, les efforts du mouvement ouvrier pour combattre cette idéologie comporteront nécessairement, eux aussi, une part de propagande et de simplification abusive. C'est cette nécessité pratique qui a conduit à une définition

La domination d'une classe sur une autre, en effet, ne s'exerce pas seulement par le pouvoir politique et économique, mais par sa perception du possible et de l'impossible, de l'avenir et du passé, de l'utile et de l'inutile, du rationnel et de l'irrationnel, du bien et du mal, etc. Cette perception est véhiculée par tout le tissu des rapports sociaux, par l'avenir objectif que détermine leur permanence, leur résistance au changement. Mais elle est aussi véhiculée au niveau spécifique du langage (principal instrument ou obstacle de la prise de conscience), des moyens de communication de masse, de l'idéologie et des valeurs auxquelles la classe dominante assujettit la science, la technique, mais aussi *la vie* elle-même (c'est-à-dire les besoins fondamentaux, dits " instincts ", et les rapports immédiats, sexuels par exemple, entre individus). Autrement dit, les possibilités, les aspirations et les besoins que les rapports sociaux excluent dans les faits, sont réprimés et censurés (au sens freudien, non au sens policier) au niveau spécifique de leur prise de conscience possible, par le conditionnement en profondeur qu'exercent sur les consciences l'idéologie et le mode de vie dominants.

Celle-ci se réclame autant de " valeurs " que d'un réalisme pessimiste, négateur des " valeurs ", propre à toute idéologie conservatrice : il n'est pas " réaliste " de croire qu'une économie saine puisse se passer de la concurrence commerciale, du profit individuel, de la contrainte disciplinaire dans le travail, de la menace du chômage; l'intensification de l'exploitation, la mutilation des facultés humaines, l'épuisement nerveux des ouvriers sont les conséquences " inévitables " de l'évolution technologique; il n'y a pas d' " alternative globale " au capitalisme, l'ouvrier restera toujours ouvrier, c'est une affaire technique; l'individu sera toujours " intéressé ", ses " instincts " seront toujours anti-sociaux et devront être réprimés, etc.

limitative et péjorative du " travail idéologique ". Or, s'il est indispensable de traduire l'élaboration idéologique en propagande politique (mots d'ordre, slogans, polémiques), il est indispensable aussi de ne pas les confondre. La propagande idéologique, en fin de compte, n'aura d'efficacité que si elle popularise une élaboration idéologique fondée sur la recherche et l'analyse rigoureuse; elle perdra son efficacité si le souci de propagande politique à court terme coiffe, étouffe, schématise et censure le travail de recherche et d'élaboration lui-même.

Détruire ce conditionnement idéologique, enraciné dans les rapports matériels, est une tâche essentielle du mouvement révolutionnaire. C'est seulement si la possibilité, même inactuelle, de libération partielle ou totale, dans le cadre d'une " alternative globale ", peut être illustrée, que les besoins réprimés, l'aspiration au changement et à la libération pourront cesser d'être un mécontentement diffus et récriminatoire, d'avance convaincu de la vanité de toute révolte, pour prendre confiance en leur légitimité, en leur réalité. Même les conséquences les plus immédiatement insupportables des nouvelles méthodes d'organisation du travail, par exemple, seront acceptées dans la récrimination, après un sursaut de colère, si la propagande patronale a pu démontrer (ce qui est généralement le cas) qu'elles étaient techniquement indispensables et économiquement avantageuses. Leur refus instinctif par les travailleurs ne pourra dépasser le niveau du sursaut de colère impuissante, prendre confiance en la légitimité et en la *réalité* de ses motifs, se traduire en lutte résolue, que si le syndicat est à même d'opposer au modèle patronal un modèle différent d'organisation du travail, reposant sur une différente conception du travail et du travailleur, intégrant dans la " rationalité " du travail l'équilibre physiologique et nerveux de l'individu, son rapport aux outils et aux autres individus, etc.

Le même type de démarche, démontrant la nécessité du changement par sa possibilité, révélant et réveillant par là les besoins réprimés et censurés par la société, vaut pour tous les aspects du rapport de l'individu au travail en tant que métier et en tant que production sociale; à la société en tant qu'environnement immédiat, milieu naturel, culturel et tissus de rapports humains; aux autres, y compris à la famille et à l'autre sexe. Le travail de recherche et d'élaboration idéologique est donc, par-delà son sens politique, un travail *culturel* tendant à bouleverser les normes et les schémas de la conscience sociale, à révéler, à travers les possibilités que la société refuse, les aliénations dont elle réprime la conscience.

La capacité d'hégémonie et d'action du mouvement révolutionnaire s'enrichit et s'affirme par sa capacité à inspirer des recherches autonomes dans des domaines comme l'urbanisme, l'architecture, la médecine du travail, l'organisation du travail, la pédagogie, la psychologie, l'éducation sexuelle, etc. Dans tous ces domaines se révèle la contradiction entre les possibilités de libération et d'épanouissement que renferment les forces productives et culturelles dont dispose la société, et son incapacité à en tirer parti et à les développer dans un sens libérateur. Dans tous ces domaines, également, se révèle la contradiction entre les exigences de développement social, culturel et économique que renferme l'activité autonome des urbanistes, architectes, médecins, pédagogues, psychologues, etc., d'avant-garde, et les exigences auxquelles les asservit la société capitaliste.

La capacité d'hégémonie du parti révolutionnaire est donc directement liée à son degré d'implantation dans les professions et les milieux intellectuels. Il est capable de contrer l'idéologie bourgeoise dans la mesure où il inspire leurs recherches, où il associe leur avant-garde à la réflexion sur un " modèle alternatif ", tout en respectant l'autonomie de ces recherches. La médiation des avant-gardes intellectuelles lui est indispensable pour combattre et détruire l'emprise de l'idéologie dominante. Elle est même nécessaire pour fournir aux classes dominées un langage et des moyens d'expression qui leur donnent conscience de la réalité de leur subordination et de leur exploitation. En effet, sans possibilité de s'exprimer, c'est-à-dire de s'objectiver et de se réfléchir, une exigence est incapable de se connaître dans sa réalité : quand l'expérience qu'ont les travailleurs de la condition ouvrière ne leur est pas réfléchie, mais est au contraire niée ou passée sous silence par tous ceux qui — à travers les moyens de communication de masse — sont la " conscience publique ", elle devient objet de doute pour les travailleurs eux-mêmes [1]. Le caractère répressif (au sens psychologique) et de classe de la culture ne ressort pas seulement, ni même principalement, de la composition sociale des élèves des

[1]. A moins qu'ils puissent librement communiquer entre eux. Mais la communication directe, l'auto-expression et la prise de conscience qu'elle provoque, n'est pas empêchée seulement par le système répressif de l'usine et par une politique de l'habitat qui disperse les ouvriers après leur journée de travail. Elle est également empêchée par le conditionnement de la pensée, du langage, du comportement que véhiculent la formation scolaire et les moyens de communication de masse. Ceux-ci finissent par faire écran entre l'expérience et la conscience de cette expérience. La régression de la culture et des foyers de culture prolétariens tient dans une très large mesure à la diminution des possibilités de communication directe et à l'extension de la culture de masse (il faudrait dire : de la déculturation) diffusée par les mass media.

lycées et universités. Il ressort déjà et bien plus fondamentalement de l'inexistence ou de l'extrême pauvreté de la " culture du travail ", de la culture ouvrière spécifique, du *langage* — qui suppose une littérature, un théâtre, un cinéma — permettant de rendre compte de l'expérience qu'ont les travailleurs eux-mêmes de la condition ouvrière.

Lutter contre le caractère de classe de la culture, abolir le privilège culturel de la bourgeoisie ne signifie donc point apporter aux masses travailleuses la culture bourgeoise popularisée. Tout au contraire : ce n'est pas la classe ouvrière qui doit être imprégnée de culture bourgeoise; c'est la culture qui doit être imprégnée de l'expérience, des valeurs, des tâches et des problèmes que la classe ouvrière vit quotidiennement dans son travail, dans sa vie hors du travail, dans ses luttes. Le caractère de classe de la culture est marqué par le fait que la classe ouvrière en est absente comme sujet, comme perception de la société telle qu'elle est en vérité du point de vue des travailleurs. Nous possédons une abondante production culturelle *sur* les travailleurs tels qu'ils apparaissent à la société capitaliste — littérature technique, sociologique, morale, politique, etc. — mais très peu de choses sur la société, à ses divers niveaux, telle qu'elle apparaît *aux travailleurs*. Ce que nous savons de la réalité du travail industriel et de la *culture professionnelle* que comportent même les tâches peu qualifiées, nous le tenons principalement de quelques romans soviétiques et de rares et arides enquêtes sociologiques destinées au public non-ouvrier. Un effroyable silence s'est abattu sur la réalité ouvrière; c'est ce silence qui permet les affirmations quotidiennes que la condition ouvrière est devenue acceptable, voire confortable, que les différences de classe se sont estompées.

Ce silence ne peut être rompu sans la médiation d'intellectuels. Les tentatives faites, en R.D.A. notamment, pour créer une culture ouvrière en suscitant des écrivains et des artistes d'usine se sont soldées par des échecs. C'est que la création culturelle est un *métier* qui suppose l'apprentissage, la mise au point et la maîtrise de techniques spécifiques. Notamment d'un langage et de formes d'expression capables de restituer l'expérience ouvrière dans toute la richesse de ses déterminations individuelles et collectives, actuelles et historiques. Ces formes d'expression ne seront utilisables par

tous comme leur " bien commun " qu'une fois élaborées par quel-
ques-uns. Ce travail d'élaboration reste à faire dans une large
mesure. Il est nécessairement un travail collectif, mais ne peut être
immédiatement collectif. Car s'il s'agit bien de révéler l'existence
d'une culture ouvrière — qui est en réalité une série de sous-cultu-
res locales, professionnelles, orales — il s'agit en même temps de
lui fournir les moyens dont elle ne dispose pas d'emblée de se
connaître et de s'affirmer comme culture. C'est à ce niveau que la
médiation d'intellectuels devient nécessaire. Non pas seulement le
genre de médiation qu'est, par exemple, le théâtre de Brecht, le
roman ou le reportage " en profondeur ", mais aussi et surtout
celui qui consiste à prêter à la classe ouvrière une voix qu'elle re-
connaisse comme la sienne propre, après coup, parce qu'elle dit ce
que les travailleurs vivent généralement dans le silence et la soli-
tude.

Des débuts de réalisation dans ce sens ont été expérimentés
dans quelques pays [1] avec la collaboration d'étudiants ou d'universitaires : interviews de travailleurs enregistrées au magnéto-
phone, dans les ateliers ou à la sortie des usines; questionnaires
dont les réponses exigent, outre des précisions factuelles, des appré-
ciations individuelles; films tournés sur le vif; biographies d'ouvriers et de militants, montrant comment une vie est conditionnée
par l'histoire de la firme, de la dynastie patronale, de l'économie,
de la science, de la technique et du mouvement ouvrier international. Puis présentation d'un dépouillement et d'un montage synthétique des questionnaires, des interviews, des bandes filmées, etc.,
au collectif ouvrier qui y a collaboré, afin que ces œuvres collectives soient discutées collectivement et que les travailleurs se
reconnaissent comme sujet collectif de l'œuvre culturelle, des
valeurs, des exigences et du langage qu'elle leur renvoie, et que
par la médiation de cette œuvre ils se saisissent comme créateurs
virtuels d'une culture possible et non comme consommateurs
sous-privilégiés d'une culture étrangère.

La destruction du monopole culturel de la bourgeoisie n'aura

1. En Italie, en Norvège et en Allemagne fédérale, ces tentatives isolées d' " en
quêtes ouvrières " ont acquis une certaine notoriété en raison des grèves ou de la
vive agitation ouvrière qu'elles ont provoquées, bien que ce ne fût pas, au départ,
eur but.

donc pas lieu par la diffusion de masse de la production culturelle antérieure. La diffusion de masse de " culture " est seulement la diffusion de biens de consommation parmi d'autres. Ses diverses formes — télévision, cinéma, livres de poche, presse — reposent sur la *centralisation de la communication* qui est inhérente aux " mass media ". Autrement dit, les " moyens de communication de masse " ne permettent pas à la masse des individus de communiquer *les uns avec les autres*; ils permettent, au contraire, de communiquer centralement des informations et des produits culturels *à une masse* d'individus qui est maintenue à l'état de masse silencieuse, atomisée, vouée à la consommation passive, par le caractère unilatéral même de cette forme de " communication ".

Ce n'est pas la consommation culturelle de masse, c'est seulement la création culturelle propre des classes dominées qui brisera le monopole culturel bourgeois [1]. Animer, inspirer, guider cette création culturelle, solliciter en permanence la libre expression, la discussion collective, les échanges d'expériences et d'idées à la base, est une tâche essentielle du parti révolutionnaire. Il ne peut mener à bien cette tâche qu'en disposant d'une large base de masse, particulièrement sur les lieux de production et de formation; qu'en recherchant le plus grand développement de la démocratie et de l'initiative à la base, là où les individus travaillent et vivent collectivement; qu'en stimulant en permanence le libre débat à tous les niveaux, afin que puissent s'exprimer et prendre conscience d'elles-mêmes, dans leur diversité et leur profondeur, les exigences que la société réprime; qu'en attirant des forces intellectuelles qui donnent à la classe ouvrière sa voix et son langage, détectent, révèlent et formulent ses aspirations profondes, les unifient au niveau supérieur d'une perspective et d'une " alternative " anti-capitalistes.

---

1. De même, ce n'est pas la généralisation du type de formation dispensé dans les lycées et les universités qui " démocratisera " l'enseignement, mais une réforme radicale et générale des méthodes et du contenu de l'enseignement, tendant à détruire les barrières — du reste parfaitement arbitraires du point de vue de l'acquisitior et du progrès de la connaissance — entre travail intellectuel et manuel, théorique et pratique, individuel et collectif.

A presque tous ces égards, la tâche du parti révolutionnaire et la structure qu'elle exige de lui se distinguent sensiblement, dans les sociétés capitalistes avancées, de la tâche et de la structure du parti bolchevik. Le parti de type léniniste, puis de type stalinien, était adapté aux périodes de crise aiguë, d'effondrement probable, quoique pas nécessairement imminent, du système capitaliste, de lutte clandestine et de guerre. Le retour de semblables périodes n'est pas exclu, mais il n'est pas probable. L'hypothèse de travail sur laquelle le parti révolutionnaire doit fonder son activité n'est plus celle d'une prise du pouvoir soudaine, rendue possible par le blocage des mécanismes capitalistes ou par la défaite militaire de l'État bourgeois; mais celle d'une stratégie patiente et consciente, tendant à provoquer la crise du système par le refus des masses de se plier à sa logique, puis à résoudre cette crise dans le sens de leurs revendications.

Le renouvellement du parti révolutionnaire en fonction de ses tâches présentes se heurte cependant à des résistances qui ne peuvent être expliquées par l'empreinte du stalinisme, considéré comme un " accident historique ". Au contraire, c'est du fait que cette empreinte a pu être aussi profonde et durable qu'il convient de rendre compte. L'explication par les influences extérieures ou par la conjoncture historique ne peut suffire. Il faut voir, au contraire, que le parti de type stalinien correspond à l'une des tendances ou tentations permanentes du mouvement ouvrier là où il possède une forte conscience de classe et une tradition révolutionnaire.

Cette tentation est celle du *retranchement idéologique* de la classe ouvrière à l'égard de la société capitaliste. Ce retranchement peut fort bien aller de pair, à l'occasion, avec une pratique politique opportuniste. En effet, il n'a pas pour but le renversement révolutionnaire prochain du capitalisme, mais au contraire la fortification de la conscience et de l'organisation de classe en une période encore peu propice à l'action révolutionnaire. Il est une forme d'attentisme révolutionnaire. Précisément parce que la classe ouvrière (ou sa partie la plus avancée), déjà fortement politisée, puissamment organisée et certaine de sa victoire finale, ne peut pas escompter une conquête très prochaine du pouvoir, elle tend à se défendre contre le relâchement de ses structures, contre le fléchissement de sa volonté, contre la désagrégation de son unité, contre les tentations et les avantages immédiats de la participation réformiste, en se fortifiant dans son être, en coupant les ponts avec la société dans laquelle elle baigne [1]. Elle se constitue en ordre à part. Son parti incarne la société de l'avenir. Mieux : il préfigure l'État socialiste à naître. A tel point que le parti se conduit déjà comme un État : les rapports hiérarchiques entre dirigeants sont ceux qui caractérisent les rapports d'un chef d'État ou de gouvernement avec ses services ministériels et administratifs. Un protocole qui rappelle celui des visites officielles marque les déplacements et les réceptions de délégations du parti. Les rapports entre partis frères sont régis par des règles qui rappellent celles des rapports diplomatiques entre États. Le parti exige de ses militants le même type de discipline qu'exige des citoyens l'État de dictature du prolétariat assiégé par les ennemis intérieurs et extérieurs.

Bref, le parti a la plupart des caractéristiques internes d'un parti post-révolutionnaire, détenant le pouvoir sans partage. Et son comportement a un sens : la crise finale ne peut pas ne pas éclater un jour ; quand elle éclatera, l'État socialiste devra surgir armé de pied en cap, grâce à la rigueur inflexible avec laquelle le parti préserve son unité et sa pureté. En attendant ce jour, la condition des masses ne peut qu'empirer, leur action ne peut être qu'une protesta-

---

1. L'opportunisme réformiste n'est pas exclu pour autant en pratique. Au contraire, il peut être pratiqué avec une bonne conscience screine grâce précisément à la solidité des structures et à l'étanchéité du parti ouvrier : quoi qu'il fasse, il ne sera pas entamé ni corrompu par ses actes et ses alliances. Il pourra participer à une coalition avec un loyalisme scrupuleux justement parce qu'il est imperméable aux influences extérieures. Sa réalité n'est pas dans son comportement public, dans son action politique *au sein* de la société capitaliste ; elle est dans son comportement intérieur qui préfigure la société future et oppose à la société ambiante une négation absolue, " ontologique ". Ce caractère ontologique, c'est-à-dire non-dialectique, de la négation fait son incapacité à l'action médiatrice entre le présent et le futur, entre le capitalisme et le socialisme : une muraille de Chine sépare l'un de l'autre ; ce sont des ordres ontologiquement différents ; il n'y a pas de voie de passage, de théorie ni de stratégie de la transition : le socialisme commence quand le capitalisme cesse.

On trouve le reflet de cette position dans la théorie dite des deux étapes, successives et rigoureusement séparées : le capitalisme demeure tout entier présent dans l'étape dite démocratique ; le socialisme est tout entier dans l'étape suivante. Le problème du passage de l'une à l'autre est laissé en suspens.

tion qui ne changera pas grand-chose. L'attentisme et le catastrophisme vont de pair.

Le dogmatisme stalinien a permis de perpétuer cette attitude sur une longue période. En identifiant rigoureusement l'U.R.S.S. au socialisme, le socialisme à la société soviétique et à ses copies, la victoire du socialisme dans le monde à la victoire du camp soviétique (que l'impérialisme allait inévitablement attaquer un jour), le stalinisme résolvait à bon compte le problème de " l'alternative globale ", du " modèle " positif qui doit inspirer et guider l'action du mouvement ouvrier. Il permettait à la classe ouvrière de nier l'hégémonie idéologique et culturelle de la bourgeoisie *sans avoir à recourir pour cela à la médiation d'intellectuels* : il suffisait de considérer la société et la culture bourgeoises du point de vue d'une société et d'une culture à venir déjà matérialisées ailleurs ; d'opposer à tous les problèmes non-résolus ici les solutions appliquées là-bas et d'interpréter le déroulement des événements comme le déclin inexorable du capitalisme.

Des analyses plus poussées, l'élaboration de solutions de rechange et l'action tendant à les imposer n'avaient pas de sens dans cette perspective-là : elles pouvaient seulement prolonger la survie du système ; il semblait irréaliste qu'elles en puissent approfondir les contradictions, arracher à la bourgeoisie des concessions pouvant être retournées contre elle. C'était tout ou rien.

Le stalinisme peut ainsi apparaître comme une idéologie du retranchement de la classe ouvrière : il isolait et protégeait celle-ci contre la société ambiante, lui fournissait une perspective qui ne devait rien à l'idéologie bourgeoise, ni même à l'intelligentsia autochtone. Il constituait (et constitue sous ses formes nouvelles) une typique déviation primitiviste : une tentative d'autarcie ouvriériste sur le terrain de l'idéologie et de la culture ; un rejet dogmatique, avec la société capitaliste ambiante, de la production scientifique, artistique, culturelle accomplie au sein de cette société, sous prétexte que cette production n'était pas prolétarienne (ce qui était vrai) et qu'elle reflétait la décadence et la crise du capitalisme et n'avait donc guère d'intérêt pour la lutte révolutionnaire (ce qui était parfois vrai, parfois faux) [1]. L'avantage subjectif de

---

1. D'un point de vue marxiste, la question décisive n'est pas de savoir si une créa-

cette déviation primitiviste, c'est qu'elle permettait au prolétariat de s'installer *dans un point de vue post-révolutionnaire* sur la bourgeoisie et de nier la domination idéologique bourgeoise au nom d'une idéologie de rechange toute faite.

La stérilité de cette attitude dans le contexte du capitalisme avancé est généralement reconnue aujourd'hui dans l'ensemble du mouvement communiste européen. Le retranchement idéologique, qui pouvait être valable dans une conjoncture historique antérieure, tendrait aujourd'hui à isoler le mouvement ouvrier non seulement de ses alliés politiques possibles, mais aussi de nouvelles générations ouvrières, aux intérêts et aux aspirations plus différenciés, et de l'avant-garde intellectuelle dont la médiation est indispensable à la capacité d'hégémonie du parti révolutionnaire.

Reconnaître la nécessité d'un renouvellement des méthodes et des structures du parti révolutionnaire est toutefois plus facile que réaliser ce renouvellement. La difficulté provient parfois moins de la résistance au changement des appareils [1], que de l'attachement de la partie la plus militante et aguerrie du prolétariat à l'attitude primitiviste du retranchement. Pour cette génération vieillissante de militants ouvriers, l'efficacité et le rayonnement du parti comptent moins que son homogénéité : il est tout à la fois patrie, refuge et source de réconfort moral. Qu'il évolue; que les sociétés socialistes d'Europe évoluent; que l'U.R.S.S. soit amenée à abandonner sa fonction d'État-guide et de modèle du socialisme; qu'une diversification apparaisse dans les problèmes de la construction du socialisme, dans les solutions qu'ils appellent, dans les voies de passage au socialisme envisageables en diverses régions du |monde, une partie de la vieille base ouvrière (et ouvriériste) sera tentée de voir dans cette évolution non pas la conséquence de changements objectifs, mais une révision opportuniste ou une trahison des principes de base du mouvement révolutionnaire international.

C'est là ce qui explique en partie la prudence et la lenteur avec lesquelles certains partis se renouvellent. Il est impossible de rejeter

tion culturelle est décadente ou non, mais si elle traduit une prise de conscience, mystifiée ou non, dont la critique marxiste peut dégager le moment de vérité et, ce faisant, enrichir et développer ses propres instruments de connaissance et d'action.

1. Dans le cas des partis communistes autrichien, belge et suédois, par exemple.

d'un coup ce repère absolu qu'a été pour le mouvement communiste le modèle stalinien, surtout si l'on n'a pas grand-chose à mettre à sa place. Mais il est impossible aussi de conserver ce modèle, tant sont évidents, aujourd'hui, les problèmes non-résolus devant lesquels il a placé les sociétés socialistes. Il a permis une période de développement rapide, certes, mais il est aussi la source des retards et des déséquilibres qu'il s'agit maintenant de surmonter.

De ce point de vue également, la réflexion sur un " modèle de développement " et " une alternative " socialistes, adaptés aux conditions de pays industriellement développés, est devenue une tâche nécessaire. Elle exige une recherche critique concernant les raisons des difficultés et des retards qui sont apparus; les moyens de les éviter et de les dépasser; le type de civilisation que doit viser le mouvement socialiste lorsque le développement des forces productives permet la création du superflu, et non plus seulement du nécessaire. Cette recherche est l'affaire de tous les marxistes et socialistes; c'est en la menant en commun qu'ils peuvent démontrer la vitalité de leur mouvement et sa fidélité à ses objectifs originels.

Le chapitre qui suit doit beaucoup à la discussion avec des intellectuels marxistes d'Europe centrale.

DEUXIÈME PARTIE

IV

LE SOCIALISME DIFFICILE *

> " ... D'autres pensent que l'oppression découle exclusivement de l'appropriation privée des moyens de production, et qu'une fois réalisée l'expropriation du capital, la liberté ouvrière sera automatiquement assurée. Cela non plus ne nous semble pas exact : le pouvoir socialiste peut exproprier le capitaliste et créer ainsi les prémisses de la liberté ouvrière; mais si l'organisation de la production dans l'entreprise et dans l'ensemble de l'économie reste bureaucratisée par un schéma rigide de décisions centralisées, les travailleurs subiront la production sociale comme un processus étranger et se trouveront dans une subordination à certains égards semblable à celle des pays capitalistes. "
>
> VITTORIO FOA, *secrétaire de la C.G.I.L*

I. ALIÉNATION SANS EXPLOITATION.

Particulièrement dans la " Critique du Programme de Gotha " et dans des notes éparses des livres II et III du *Capital*, Marx indiquait trois conditions essentielles à la réalisation d'une société communiste :

1º La victoire sur la rareté, c'est-à-dire la possibilité de satisfaire largement, chez tous, les besoins tels qu'ils se manifestent historiquement;

2º Le " polytechnisme " ou formation polyvalente des individus, de façon à permettre la permutation indéfinie des tâches

* Texte étoffé d'une conférence faite en février 1966 à l'École nationale des Sciences politiques et sociales de Mexico.

de production les plus diverses et des tâches d'administration, de gestion, de création libre. Cette permutabilité des tâches étant la condition pour abolir les spécialisations, les mutilations, les stratifications sociales et l'État, et pour réaliser une division volontaire du travail social, une auto-gestion par les individus associés de toutes les dimensions de leur praxis sociale;

3° L'abolition du travail comme " obligation imposée par la misère et les buts extérieurs ", abolition qui est également une condition de la division volontaire du travail et qui suppose de toute évidence la disparition de la rareté sous toutes ses formes, y compris la rareté de temps.

Ces trois conditions ont à leur tour un présupposé commun : le " plein développement des forces productives ", c'est-à-dire le développement non seulement des capacités de production, mais aussi des *techniques* de production de manière que le travail socialement nécessaire puisse être accompli par chacun en peu de temps, sans grande peine et d'une *manière* qui favorise l'épanouissement des facultés humaines.

En résumé, le communisme, dans la perspective où se plaçait Marx, devait être une praxis commune maîtresse aussi bien de son déroulement que de son produit commun, réalisée librement par l'association volontaire des individus sociaux. Le communisme doit supprimer tout ce qui est extérieur aux individus, tout ce qui permet de les expliquer par autre chose que leurs fins conscientes. Il doit subordonner la production aux besoins tant pour ce qui est produit que pour la manière de le produire.

Rappeler ces trois conditions de possibilité d'une société communiste, c'est constater qu'elles sont non pas en retard sur notre époque, mais en avance, et même qu'elles semblent plus éloignées pour nous, aujourd'hui, qu'elles ne semblaient l'être pour Marx quand, il y a 110 ans, dans la première ébauche du *Capital*, il prévoyait l'automatisation du processus de production. Autrement dit, le sens que l'Histoire avait pour Marx — et qui est son seul sens possible : la reconquête des individus sur toutes les forces inhumaines que leurs praxis engendrent dans le milieu de la rareté — ce sens a non pas été dépassé, mais semble avoir reculé en tant qu'objectif possible.

L'une des raisons de ce " recul " apparent tient au fait que la révolution socialiste ne s'est pas produite au niveau le plus élevé du développement des forces productives, mais à son niveau le plus bas.

Pour le mouvement ouvrier et socialiste des pays capitalistes développés, le fait que la première révolution socialiste ait triomphé en Russie a eu des conséquences d'une grande portée. L'U.R.S.S., en 1917, ne se trouvait qu'aux débuts de l'industrialisation. Aujourd'hui encore, environ 40 % de sa population active se trouvent dans le secteur agricole, contre 20 % en France, 10 % aux Pays-Bas, 6,7 % aux États-Unis. Toute tentative pour comparer la civilisation industrielle de l'U.R.S.S. à celle des États-Unis se trouve donc faussée par la disparité des niveaux de développement — comme l'attitude qui consiste à juger la valeur du modèle capitaliste sur l'exemple américain, la valeur du modèle socialiste sur l'exemple soviétique.

De nombreux auteurs, en effet, font comme si le degré de développement économique réalisé par le capitalisme américain était imputable au capitalisme *en soi* et préfigurait l'avenir de toute autre société capitaliste. C'est là oublier que le capitalisme américain s'est développé dans des circonstances uniques qui n'ont aucune chance de se reproduire dans d'autres pays capitalistes, *à cause, notamment, de l'existence même des États-Unis et du type de domination qu'ils exercent*. Dire que le capitalisme est capable de produire partout ailleurs ce qu'il a produit aux États-Unis relève de la simple propagande. Dire, comme l'a fait récemment un auteur français, que les ouvriers européens se détourneraient du socialisme si on leur donnait le choix entre le socialisme et des salaires américains, c'est oublier que le capitalisme français, par exemple, n'est pas capable d'offrir ces salaires. Qu'il en devienne peut-être capable dans vingt ans ne signifie rien : le peuple vietnamien, le peuple algérien ont fait la révolution contre la France pour conquérir des droits et des possibilités dont les Français disposaient depuis 1789.

S'il est donc illégitime de fonder un jugement du capitalisme sur les réalisations intérieures du pays le plus avancé, considéré abstraction faite de ses rapports avec le reste du monde, il est illégitime, inversement, de fonder un jugement du socialisme sur les réalisations *comparées* de l'U.R.S.S. abstraction faite de son histoire. A ce jour, il n'existe que deux pays socialistes industriellement développés : la R.D.A. et la Tchécoslovaquie. Pour des raisons historiques, ils commencent seulement de s'interroger sur un modèle de développement original, adapté à leur niveau d'évolution.

Le socialisme s'est présenté jusqu'ici comme la voie la plus courte vers le développement, voire comme la seule voie possible, compte tenu de l'absence d'une bourgeoisie nationale *autonome*; compte tenu surtout des obstacles mis par l'impérialisme à un développement économique équilibré. Dans aucun pays, la révolution socialiste ne s'est accomplie comme l'appropriation par la collectivité d'un potentiel productif déjà développé, et donc comme la subordination des nécessités économiques aux exigences de libération humaine, collective et individuelle, comme la construction d'une démocratie authentique, fondée sur le pouvoir des producteurs de régler, en fonction de leurs besoins, leur production et leurs échanges.

Le socialisme s'est présenté jusqu'ici comme une méthode d'accumulation dont l'efficacité et la supériorité résident dans la direction globale de l'économie. C'est pourquoi la construction des bases du socialisme s'est accompagnée nécessairement d'une dégradation de la démocratie directe, du pouvoir populaire tels qu'ils avaient existé durant la conquête révolutionnaire du pouvoir. Durant cette phase de conquête, en effet, la nature intolérable de la condition de chacun et de tous a pu permettre l'unification des classes laborieuses dans une communauté de lutte. C'est par tous seulement que chacun peut supprimer les conditions données; de sorte que chacun exige de chaque autre cette forme d'union qu'est le groupement actif, et que chacun se trouve, dans l'unité du groupe de combat, dans un rapport de réciprocité médiée avec tous.

Dans le moment de l'union révolutionnaire pour la conquête du pouvoir, nous avons donc coïncidence de la liberté individuelle et de la liberté collective, souveraineté de l'individu en tant qu'il existe *pour* le groupe et *par* le groupe en vue d'un *but commun* qui est homogène à sa fin individuelle. Cette coïncidence, toutefois, ne peut pas survivre à la prise du pouvoir, tant du moins que la rareté n'est pas vaincue. Elle ne peut pas survivre parce que la tâche première de la révolution victorieuse sera de diversifier les communautés de producteurs en vue de la diversité des tâches à accomplir.

La nature de ces tâches, au niveau actuel du développement des forces productives, interdit leur permutabilité : des sous-groupes spécialisés doivent être constitués selon une division horizontale et verticale des tâches. Au début, le pouvoir de chaque sous-groupe peut se fonder sur la démocratie à la base, selon le modèle des soviets d'usine ou des coopératives auto-gérées. Mais très rapidement se pose le problème de la coordination des activités de ces groupes locaux. Cette coordination *pourrait* se réaliser par des médiations démocratiques *si* l'activité des groupes de base pouvait avoir pour principal critère l'optimation des conditions *locales*. Mais tel n'est précisément pas le cas dans les conditions du sous-développement et de la rareté. L'activité des producteurs locaux doit y avoir pour but principal la production d'un *surplus* destiné à l'investissement ; et la décision d'investir doit être fonction d'une *stratégie* du développement à long terme, dont les nécessités ne sont pas toujours intelligibles pour le groupe de base local et se trouvent en contradiction avec ses besoins immédiats.

Aussi, la démocratie des soviets ou des coopératives auto-gérées doit être nécessairement subordonnée à un groupe spécialisé dans la coordination et la planification de l'économie globale, c'est-à-dire à un groupe souverain central, à l'État, qui vide la souveraineté des groupes de base d'une partie au moins de sa substance et qui incarne une Vérité et une Unité de leur praxis qui leur devient extérieure.

Ce schéma — que Sartre a longuement développé dans la *Critique de la Raison dialectique* — est commun à toutes les révolutions socialistes en pays peu développé, y compris à la révolution yougoslave, même *après* 1950. A mon avis, il ne faut pas nous faire d'illusions sur la possibilité de sauvegarder la souveraineté et la démocratie des producteurs groupés dans la phase de construction *des bases* du socialisme. Nous devons au contraire reconnaître la nécessité dialectique d'une part de centralisation étatique; et c'est seulement en reconnaissant cette nécessité que nous pourrons, dès le départ, mettre en place des sauvegardes institutionnelles qui limitent et contrôlent le processus de centralisation et qui prémunissent la révolution contre le bureaucratisme, la terreur et le despotisme.

Le socialisme de la rareté, le socialisme de l'accumulation, s'il abolit l'exploitation, ne peut donc prétendre mettre fin à l'aliénation. Il *ne le peut pas* parce que les relations de production ne peuvent avoir, dans cette phase, une transparence plénière pour les producteurs, et aussi parce que tout le processus de production reste dominé par les lois de l'économie politique, science de l'allocation rationnelle de ressources rares. Or, la logique économique est évidemment contraire à la finalité du communisme : il est matériellement impossible, dans les conditions de la Yougoslavie, de l'U.R.S.S., de Cuba ou de la Chine, de subordonner la production aux besoins tels qu'ils sont ressentis ou tels qu'ils se manifesteraient s'ils étaient sollicités à se déterminer librement. Au contraire, dès la période léniniste, l'homme socialiste a été défini par — et sollicité à — *la subordination des besoins à la production* : la satisfaction des besoins a été assimilée à la simple reproduction de la force de travail et celle-ci a été appelée à se reproduire au moindre coût.

La société d'accumulation socialiste a ainsi reproduit le divorce entre l'individu concret et l'individu social, entre l'intérêt individuel et l'intérêt général. Mais elle a cherché à *intérioriser* ce divorce en sollicitant l'individu à réprimer *lui-même*, dans l'intérêt général, ses besoins individuels.

Dans la société capitaliste, au contraire, le besoin individuel et l'exigence de l'accumulation sont *séparés* et peuvent se manifester sous la forme d'antagonismes de classe. En effet, la fonction de l'accumulation et la fonction de la production sont généralement disjointes : l'accumulation est assurée par le capitaliste individuel ou collectif, la production par la classe des ouvriers et employés et par la paysannerie. La contradiction entre la logique de l'accumulation — qui est de produire pour produire plus, de travailler en vue de la maximisation du profit — et l'exigence du besoin — qui est de travailler pour produire un monde et une vie humains — cette contradiction *peut* jouer plus ou moins librement dans le système capitaliste : elle le peut *si* et *quand* la classe ouvrière a conquis les droits syndicaux et politiques, ce qui est loin d'être le cas partout. Quand elle a conquis ces droits, il est *possible* qu'elle conteste les exigences inertes du capital au nom des exigences vivantes des hommes qui lui sont assujettis. Et il est possible qu'à partir de cette contestation, la classe ouvrière définisse le projet d'une société radicalement différente qui subordonne la production aux besoins — à des besoins dont la nature et la hiérarchie seront déterminées par une réflexion d'autant plus riche que le degré de formation et de conscience sera plus grand. C'est dans ce travail de contestation, de réflexion et de lutte seulement que peut prendre naissance un projet, un modèle de la démocratie socialiste et de l'homme socialiste.

Or, il est évident que tout ce travail de contestation et de réflexion se trouvait nécessairement réprimé en U.R.S.S. Dans les conditions de pénurie, de périls extérieurs permanents, de formation insuffisante ou même nulle d'une main-d'œuvre arrachée à l'agriculture, il ne pouvait être question ni de subordonner la *manière de produire* à l'exigence d'épanouissement des facultés humaines dans le travail; ni de subordonner la *nature de la production* aux besoins des individus. Autrement dit, le moment de la contestation positive qui, dans le régime capitaliste, s'incarne dans le syndicat et le parti ouvrier, ce moment ne pouvait trouver d'incarnation dans le socialisme de la rareté et de l'accumulation.

Au contraire, la logique et la tâche de l'accumulation devaient être assumées par les dirigeants ouvriers eux-mêmes et l'on a vu ainsi ces dirigeants, à tous les niveaux, réinventer une *éthique productiviste* qui ressemblait à certains égards à l'éthique de la bourgeoisie puritaine de l'époque héroïque du capitalisme. A savoir : une éthique du renoncement, de la frugalité, de l'austérité, de l'âpreté au travail, de l'auto-discipline, et aussi du rigorisme moral, de la pruderie, de la propreté et de la répression sexuelle. Une éthique selon laquelle l'homme n'était pas sur terre pour se réjouir et cultiver ses sens, mais pour se surpasser dans l'acharnement au travail, étant entendu qu'il récupérerait dans l'au-delà de la société à venir ce qu'il sacrifiait ici et maintenant.

C'est à partir des conditions historiques de l'accumulation socialiste et de l'éthique productiviste qu'elles ont déterminée, qu'il faut expliquer certains retards de la société socialiste d'aujourd'hui, retards d'autant plus paradoxaux en apparence qu'ils vont à l'encontre des buts du communisme. Le retard, par exemple, de l'architecture et de l'urbanisme socialistes, qui se sont fort peu préoccupés dans le passé de créer un milieu de vie urbain dans lesquels les individus puissent habiter et se mouvoir à l'aise. La recherche architecturale et urbanistique vient seulement de démarrer. Il en va de même pour la recherche artistique, pédagogique, psychologique, voire pour beaucoup de domaines de la recherche scientifique fondamentale. Et il en va encore ainsi pour la recherche, essentielle dans une perspective communiste, concernant l'adaptation à l'homme des conditions, du milieu et des techniques de production; concernant l'optimation du modèle de division du travail et du modèle de consommation.

Bref, un peu comme la bourgeoisie puritaine du siècle dernier, le socialisme de l'accumulation a délibérément relégué à l'arrière-plan, et censuré au sens freudien, les besoins qui n'étaient pas directement productifs, c'est-à-dire dont la satisfaction n'était pas nécessaire à la reproduction ou à l'accroissement de la force de travail. L'art de vivre, la création culturelle, les normes et les goûts artistiques ont donc été marqués par une certaine stagnation au niveau d'avant la révolution, en U.R.S.S. du moins. Sauf dans les pays balkaniques, le socialisme de l'accumulation a produit un paysage industriel dont la caractéristique principale est la grisaille utilitaire.

Ce choix de l'austérité généralisée, mais aussi du relèvement généralisé du niveau de vie et du niveau d'instruction, constitue une politique de développement parfaitement rationnelle et efficace, mais jusqu'à un certain point seulement. Or, le point où cette politique cesse d'être efficace est actuellement atteint dans la plupart des pays socialistes d'Europe, et ses inconvénients apparaissent clairement, et de manière rétro-active, dans plusieurs domaines.

2. LA DÉMOCRATISATION NÉCESSAIRE.

Le domaine par lequel je commencerai est celui de la consommation, plus exactement du modèle de consommation. L'éthique socialiste a si longtemps posé pour principe que l'homme consomme pour travailler qu'elle a été prise de court lorsque le développement des forces productives a permis la production et la consommation du " superflu ". On a déjà beaucoup écrit sur le fait que la crise du système de planification central a été due, entre autres, à l'impossibilité de *distribuer* le superflu. En effet, autant il était simple, dans la pénurie généralisée, de distribuer des produits *nécessaires et rares*, autant il devient difficile de distribuer centralement des produits *abondants ou superflus* : du fait que l'on est sorti du domaine de la nécessité vitale, les désirs de consommation, et donc les décisions d'achat, deviennent imprévisibles. Et il est donc arrivé que la planification centrale s'est heurtée à la surproduction et à la mévente de produits qui — machines à laver, postes de radio, habillement, etc. — ne correspondaient ni aux besoins, ni aux goûts des individus.

Ce qui a été beaucoup moins commenté jusqu'ici, c'est que la crise de la planification centralisée était aussi et surtout une crise des *critères* en vertu desquels on décidait de produire tels types, telles quantités et qualités de choses non-indispensables. En principe, en effet, cette décision relève, dans une économie socialisée, du libre choix des producteurs associés. Et l'on aurait pu s'attendre, théoriquement, à ce que ce choix soit guidé par une conception d'ensemble de la civilisation socialiste à construire, par le souci d'enrichir progressivement les besoins et donc le contenu de la vie associée, par le souci de couvrir ces besoins, dans une mesure croissante, par des services et des consommations sociaux gratuits plutôt qu'individuels et payants — bref par une échelle cohérente des priorités.

En fait, il n'en fut rien. Car en fait, les décisions de production n'avaient jamais appartenu aux producteurs associés. Dans la période de pénurie généralisée et d'accumulation intensive il ne pouvait être question de laisser s'exprimer librement les besoins des collectifs ouvriers. Au contraire : en raison de l'impossibilité matérielle, radicale, de satisfaire ces besoins, il convenait que les producteurs en fassent abstraction et, pour autant qu'ils étaient bons militants, répriment en eux-mêmes et en autrui les besoins ressentis comme des faiblesses honteuses, comme le Mal qui, en chaque individu, empêche le dévouement sans restriction à l'intérêt général, au Bien, incarné par les exigences du Plan d'État.

Ce divorce pratiquement inévitable entre l'intérêt général (celui de l'accumulation et du Plan) et les besoins ressentis, individuels et collectifs, empêchait nécessairement toute réflexion *concrète* sur ce que pouvait être le modèle de civilisation et de vie de la société socialiste à venir. La planification ne pouvait être " l'expression démocratique " des besoins concrets, ses priorités ne pouvaient être démocratiquement déterminées. Certes, la construction des bases du socialisme se donnait pour but la satisfaction future des besoins sociaux. Mais ce futur était séparé du présent par des médiations si complexes et si nombreuses, par une *durée* si épaisse, que, dans un premier temps, il convenait de réprimer la conscience et l'expression des besoins. Planification autoritaire et centralisation bureaucratique des décisions étaient les conséquences difficilement évitables de cette situation [1].

---

1. Je tiens que l'autoritarisme et la bureaucratie ne peuvent être entièrement évités durant la période de construction des bases du socialisme dans la pénurie. Il est seulement possible, lorsque certaines conditions historiques sont remplies, d'atténuer et de corriger les tendances au bureaucratisme et à la centralisation. Ces conditions sont notamment : 1° un haut degré de formation professionnelle et politique de la classe ouvrière; 2° des cadres administratifs et techniques nombreux et compétents; 3° une couche d'intellectuels nombreux liés à la classe ouvrière par l'intermédiaire de ses organisations politiques. Moins ces conditions sont réunies, plus la pénurie et la faible compétence des cadres administratifs politiquement sûrs portent à la centralisation, au bureaucratisme et à l'autoritarisme. La discussion et la libre confrontation, à quelque niveau que ce soit, sont d'autant plus mal tolérées par les dirigeants que ceux-ci sont plus mal préparés, par leur formation théorique et pratique, à y faire face, et qu'ils se sentent objectivement et subjectivement irremplaçables. La rareté et l'insuffisance des compétences multiplient les risques d'erreur et d'arbitraire; les erreurs et l'arbitraire conduisent à leur tour à un regain d'autoritarisme bureaucratique puis-

La réflexion théorique sur la nature et la hiérarchie des besoins sociaux que le socialisme devait satisfaire, devenait du coup un exercice tout académique. Ces besoins ne pouvaient être saisis et spécifiés dans leur réalité vivante; l'esquisse de modèles de consommation et de vie ne pouvait être soumise à la vérification par le débat démocratique dans les assemblées de producteurs et les assemblées de base du Parti. De même que le Plan, dans la période d'accumulation forcée, était nécessairement une construction bureaucratique d'en haut, de même la réflexion sur le modèle de civilisation était une construction idéologique d'en haut. Le Parti avait beau énoncer des idées générales sur le modèle de vie prolétarien, opposé à celui des sociétés bourgeoises; il avait beau insister sur la priorité des consommations et des besoins collectifs par rapport aux privés. Ces idées ne pouvaient s'enraciner dans l'expérience de la masse. Car, d'une part, elles étaient fortement contaminées par la propagande productiviste; d'autre part, elles étaient reçues avec une bien compréhensible suspicion : dans une situation où des produits essentiels — des pommes de terre aux aiguilles et au fil à coudre — demeurent rares ou de mauvaise qualité, l'éloge des priorités collectives ressemble inévitablement à une idéologie de justification des ratés de la planification centrale, des pénuries qui empoisonnent la vie quotidienne.

La recherche concrète sur l'orientation à long terme de la civilisation socialiste supposait donc deux conditions préalables : 1º une détente dans la vie quotidienne, grâce à la multiplication des produits d'usage courant; 2º une démocratisation interne du régime : la liberté de recherche, le libre débat collectif sur les priorités et le modèle de vie et de travail. Et ce libre débat, à son tour, ne peut être fécond que s'il est guidé par une avant-garde. Le Parti ne peut assumer la fonction d'avant-garde que s'il cesse de se confondre avec l'administration et l'État.

La multiplication des produits vitaux et d'usage courant était donc la première condition dont allait dépendre la détente intérieure et la démocratisation des rapports sociaux. Pour réaliser

qu'il s'agit d'empêcher que soit contestée l'autorité des dirigeants irremplaçables qui en sont responsables. Toute dénonciation des méfaits du bureaucratisme qui ignore le problème de la rareté d'hommes formés et compétents reste nécessairement abstraite.

cette condition première, pour élever le niveau de vie, des réformes de la planification centrale n'étaient pas nécessaires dans un premier temps. Les besoins insatisfaits étaient si universels que l'appareil administratif ne risquait guère de se tromper en procédant de manière toute pragmatique, quelles que fussent les priorités de consommation qu'il retînt. Mais à plus long terme, il n'est pas indifférent que la société socialiste sorte de la période de pénurie aiguë en multipliant les biens d'usage courant de manière toute pragmatique, ou qu'elle en sorte en préfigurant déjà, par son échelle des priorités, un modèle de civilisation qualitativement différent du modèle capitaliste, une conception générale de la " vraie richesse ", c'est-à-dire des possibilités humaines que la production de superflu est appelée à développer.

Oui, le socialisme devait cesser d'être le règne de la pénurie, de l'austérité, de la grisaille; oui, il devait satisfaire les besoins individuels et quotidiens pour que l'accent mis sur les besoins culturels et collectifs, et leur satisfaction collective, n'apparût pas comme un alibi. Mais à mesure qu'il avançait dans ce sens, il fallait démontrer aussi que le modèle de consommation socialiste serait non pas une imitation tardive, mais une innovation qualitativement supérieure par rapport au modèle capitaliste.

C'est cette démonstration qui, jusqu'ici, a fait défaut. Tout s'est passé comme si les décisions de production et de consommation, même dans leurs implications à long terme, étaient surtout des imitations du modèle capitaliste. La priorité a été donnée à des équipements individuels popularisés par le capitalisme dit opulent : c'était normal s'agissant de bicyclettes, motocyclettes, postes de T.S.F., conserves; ce l'était moins s'agissant d'appareils photographiques, de réfrigérateurs et machines à laver individuelles, puisque la rareté et l'exiguïté des logements posait des problèmes dramatiques aux citadins et que la mise en place ou l'amélioration de services collectifs — transports en commun, magasins, écoles maternelles, cantines ou services de restauration par immeuble, blanchisseries livrant le linge à domicile, à très bas prix, et libérant la femme des corvées ménagères — auraient été plus avantageuses à tous points de vue. En vertu de quoi a-t-on choisi la production de machines à laver, par exemple, en U.R.S.S. et en Tchécoslovaquie, notamment, et en vertu de quoi travaillet-on en U.R.S. S., depuis la destitution de Khrouchtchev — qui avait sur ce point particulier des vues différentes — au développement de l'automobilisme individuel [1] ?

Trois facteurs d'importance inégale paraissent avoir joué :

1º Les équipements semi-durables sont relativement faciles à produire dans des installations et avec des techniques existantes. Leur production permet de résorber rapidement une partie au moins du chômage ou du sous-emploi latent qui existe en U.R.S.S., en Pologne, en Hongrie, en Yougoslavie... Et elle permet, d'autre part, aux directeurs d'usine et aux fonctionnaires du Plan de réaliser une expansion rapide du volume de la production : il est plus facile de remplir les normes quantitatives du Plan en produisant des " biens semi-durables " qu'en mettant en place ou en améliorant des services collectifs.

2º Par leur caractère " somptuaire " dans le contexte local, ces produits permettent d'éponger rapidement le pouvoir d'achat excédentaire de la couche supérieure des travailleurs urbains. Le revenu monétaire de ces couches est resté longtemps sans contrepartie matérielle et marchande. Elles gagnaient deux à cinq fois plus qu'un ouvrier, mais n'avaient guère l'occasion de dépenser leurs gains pour l'achat d'équipements individuels.

3º Ces équipements sont ceux que l'industrie capitaliste offre

---

1. Il n'y a pas lieu de contester ce développement sur le plan quantitatif : l'U.R.S.S. comptera environ 250 millions d'habitants en 1972; elle produira alors un million de voitures particulières.

La contestation peut plutôt porter sur la qualité de la motorisation. Celle-ci semble devoir s'appuyer, dans une première phase du moins, sur des modèles de type occidental améliorés. Or, ces modèles sont très loin d'être idéaux du point de vue de la valeur d'usage. Les usages prioritaires d'un véhicule à moteur dans une société socialiste peuvent, en effet, être groupés sous trois chapitres : 1º transports pour kolkhoziens sur distances petites à moyennes; 2º transports urbains locatifs — taxis et taxis sans chauffeur —; 3º véhicules de plaisance locatifs pour excursionnistes et villégiaturistes, sur distances petites à moyennes.

Au premier type d'usage conviendrait le mieux un véhicule combinant les qualités de la jeep (ou de la 2 CV) et du microbus; au second un véhicule à puissance et encombrement réduits, d'une grande simplicité mécanique, à propulsion électrique de préférence; au troisième une version fonctionnelle (découvrable) du précédent véhicule.

La voiture de type occidental, pesante, complexe, rapide, fragile, coûteuse, répond à une *image de l'usager* occidental beaucoup plus qu'à l'un de ces usages.

aux ménages et que le capitalisme retient comme critère du développement et du niveau de vie.

En l'absence d'une conception d'ensemble de la civilisation socialiste, ces trois facteurs tendaient à devenir déterminants. Longtemps privées de superflu et de biens d'agrément quotidien, les masses des pays socialistes tendent à comparer leurs conditions de vie à celles des pays capitalistes avancés et, faute d'autres repères, à imaginer l'élévation du niveau de vie comme un rapprochement du modèle de consommation américain. La même tendance se manifeste parfois dans la couche dirigeante.

Or, il est impossible de justifier cette tendance avec des arguments pragmatiques et techniques. Sa commodité, sa plus grande facilité, sa rationalité technique et économique peuvent être grandes. Mais le marxisme a suffisamment insisté sur les contenus idéologiques que véhiculent les choix techniques pour que cet aspect de la question ne puisse être ignoré. Le choix du modèle de consommation " occidental " comme point de repère n'est pas, de la part de dirigeants socialistes, un choix indifférent (pas plus, nous le verrons, que le choix de techniques de production américaines). Ce modèle a été assez souvent et justement critiqué par des marxistes occidentaux pour que le mot d'ordre du " rattrapage " des États-Unis, lancé par Khrouchtchev en 1956, apparaisse comme une déviation notable.

Il importe donc de mieux approfondir les raisons de cette tendance " consommationniste ". Elle n'est point encore irréversible. Elle pourrait toutefois le devenir. En effet, le choix de l'équipement individuel est souvent incompatible avec l'équipement collectif : la diffusion de machines à laver, par exemple, s'oppose par la suite à l'implantation de services de blanchissage ; l'automobilisme individuel bouleverse la structure urbaine et les conditions de communication au point de s'opposer par la suite à une exploitation rationnelle des transports collectifs, à maintes formes de loisirs de groupe, d'activité et de vie communautaires (par destruction du quartier en tant que milieu de vie, notamment).

La tendance (particulièrement nette en Hongrie, ainsi qu'en Tchécoslovaquie, où elle est cependant discutée par l'intelligentsia marxiste) à rétablir dans certaines limites le libre jeu du marché comme indicateur du désir des consommateurs, ne peut être simplement considérée comme un progrès par rapport à la planification administrative. L'établissement d'un " marché socialiste " n'est évidemment pas critiquable en lui-même : la production de superflu ne peut être décidée administrativement; la concurrence de plusieurs unités de production sur le marché est, par rapport aux situations de monopole, un progrès et une garantie de qualité. Mais ce qui est contestable, c'est la croyance que le libre jeu du marché puisse être *en lui-même* une *démocratisation dans le détail* de décisions de production qui restent centralisées et administratives dans l'ensemble.

Cette croyance, en effet, tombe sous le coup des mêmes critiques que le bavardage sur la " souveraineté des consommateurs " dans les pays capitalistes. Résumons ces critiques :

1⁰ Le consommateur n'est jamais souverain. Car il n'a le choix qu'entre une diversité d'objets produits, mais n'a aucun pouvoir de faire produire d'autres objets, mieux adaptés à ses besoins, à la place de ceux qui lui sont proposés. La production de superflu crée et modèle les besoins pour le moins autant qu'elle y répond. Le marché n'est pas la confrontation démocratique et égalitaire d'une multiplicité de demandes souveraines, d'une part, et d'une multiplicité d'offres s'ajustant à celles-ci, d'autre part. Il est le lieu où se trouvent confrontés, d'une part, des oligopoles de production et de vente, détenant un très large pouvoir de décision, et, d'autre part, une multiplicité moléculaire d'acheteurs qui, en raison de leur séparation, sont totalement impuissants à orienter les décisions de production des firmes. Par essence, le marché ne peut être le lieu où se forment une volonté et un choix collectifs et souverains. C'est le lieu de rencontre entre des produits fétichisés et ces producteurs atomisés, coupés de leur produit, que sont les " consommateurs ".

2⁰ La démocratie économique, le socialisme, c'est l'appartenance aux " producteurs associés " des décisions de production, et donc des décisions concernant la nature et la hiérarchie des consommations. Aucun divorce entre producteur et consommateur ne peut être admis dans une perspective socialiste. Les besoins que la consommation doit satisfaire, ce sont les besoins des travailleurs eux-mêmes; la valeur d'usage d'un produit doit toujours être référée à la quantité de travail social qu'il incarne; le besoin de ce produit

5

doit toujours être mis en balance avec des besoins dont il exclut la satisfaction (par exemple : l'accroissement du temps libre), et avec d'autres manières — moins ou plus coûteuses en temps de travail — de le satisfaire. Par exemple : quatre paires de chaussures à usure rapide par habitant et par an, ou une paire très résistante et deux paires à usure rapide, etc. ? Amélioration de services collectifs ou diffusion d'équipements individuels, et dans quelles proportions ? Téléviseur moyen dans chaque logement, ou salles de télévision réunissant les conditions optimales dans chaque immeuble ?...

L'orientation de la production en fonction des besoins, cela signifie notamment la mise en balance des avantages, d'une part, et du coût-travail, d'autre part, de la production du superflu. Et cette mise en balance n'est possible et n'a de sens que si les producteurs associés, au niveau des entreprises, des branches, du syndicat, des communes et des régions, ont un pouvoir économique réel. Leur pouvoir de décision, bien entendu, ne peut être effectif que si les décisions sont débattues librement et prises collectivement à la base, dans les institutions de la démocratie directe. Les débats et les choix, à ce niveau, demandent évidemment à être éclairés et informés. *C'est là le rôle du Parti.* C'est en son sein que l'avant-garde du prolétariat peut élaborer les modèles et les orientations à long terme de la production (et de la consommation); les soumettre à l'épreuve du débat démocratique, dans les assemblées locales du Parti; puis répercuter les propositions (ou l'éventail des orientations possibles) sur les assemblées de producteurs.

Tout cela suppose évidemment *l'autonomie du Parti par rapport à l'administration,* l'autonomie du syndicat, la démocratie interne de Parti. Si l'élaboration et la discussion des orientations à long et à court terme d'un modèle de civilisation socialiste sont peu avancées, c'est notamment parce que l'autonomie et la démocratie interne de Parti ont été effacées durant la période d'accumulation forcée au profit d'un pouvoir d'appareil. Tout appareil tend à se perpétuer au pouvoir. La tendance à imiter le modèle de consommation capitaliste a là *l'une* de ses raisons. De même que les producteurs-consommateurs, séparés, atomisés, sans pouvoir collectif sur les décisions de production, ne peuvent concevoir une amélioration de leur condition que par le biais de consommations individuelles en supplément, de même la tendance spontanée de l'appareil est d'accroître les consommations individuelles *pour* conserver et consolider son pouvoir, *pour* maintenir les producteurs dans le statut de consommateurs individuels. En empêchant la formation d'une volonté collective et l'exercice d'un pouvoir collectif en matière de production, la direction administrative et autoritaire de l'économie dévie les besoins en besoins de consommation individuelle — c'est-à-dire en besoin d'évasion et de repli sur la sphère privée — et les satisfait ensuite, bon gré mal gré, à ce niveau, pour n'avoir pas à faire de concessions plus fondamentales (d'ordre politique), ou pour empêcher la politisation desméco ntentements.

Cette analyse, assez répandue chez les intellectuels communistes tchécoslovaques, les conduit à affirmer :

1º que le monopole politique de l'appareil du Parti est le principal facteur de dépolitisation, c'est-à-dire de désintérêt à l'égard de tout ce qui dépasse la sphère privée ;

2º que cette dépolitisation se manifeste plus particulièrement par le désir de consommations individuelles ;

3º que l'appareil paie le maintien de son monopole politique en allant au-devant de ce désir et en développant les consommations individuelles, détournant ainsi les travailleurs de revendications démocratiques (" consomme et tais-toi ") ;

4º que la construction du socialisme ne peut progresser que par la démocratisation, le Parti devant redevenir Parti, l'administration administration, le syndicat syndicat, le Plan Plan...

3. TRAVAIL, LOISIR, CULTURE.

Si profonde que soit, à d'autres égards, la différence entre sociétés socialistes et capitalistes ; si différentes que soient leurs orientations et leurs priorités respectives, dans le domaine de l'enseignement, de la culture, de la mise en valeur des ressources naturelles et humaines, de la politique sanitaire et sociale, etc., les raisons de la dépolitisation, d'une part, de la poussée vers la consommation individuelle, d'autre part, sont *formellement* les mêmes dans les deux systèmes. La première de ces raisons c'est que l'individu, en tant que producteur et en tant que citoyen, est dépossédé de tout pouvoir réel (qui ne peut être que pouvoir collectif) sur les décisions et les conditions de production qui façonnent sa vie de travail et sa vie hors du travail. Subissant la société plus qu'il ne la produit consciemment; incapable de coïncider avec sa réalité sociale, l'individu tend à se replier sur la sphère privée, considérée comme la seule sphère de sa souveraineté.

Mais il y a plus. Ce repli sur la sphère privée — et, dans les civilisations capitalistes avancées, sur la sphère des consommations dites opulentes, symboles illusoires d'une souveraineté vide de contenu — n'est pas d'abord, ni surtout, une attitude du *citoyen* face à la *société*, mais une attitude du *travailleur* qui, privé d'initiative, de responsabilité, d'épanouissement personnel dans son travail, tend à chercher des compensations dans le non-travail. Que cette recherche soit finalement tolérée ou même encouragée par l'organisation de la société peut sembler, à première vue, un pas vers la libération. Il n'est point sûr, cependant, que ce pas soit réellement positif *si les compensations offertes dans le non-travail devenaient un alibi pour justifier l'organisation autoritaire et oppressive du travail (et de la société) par laquelle cette recherche de compensations est motivée.*

Particulièrement dans une perspective marxiste ou communiste, il est impossible de soutenir que le travail créateur est condamné par l'évolution des techniques industrielles; qu'en conséquence le travail productif doit être considéré comme un mauvais moment à passer dans la vie de l'individu; et que son plein épanouissement doit être recherché en lui permettant de se " désinvestir " du travail pour " s'investir " entièrement dans ses activités de loisir. Cette thèse [1] ne serait défendable que *si* le développement des forces

1. Soutenue par certains sociologues, marxistes ou non, en France où elle revient, en fait, à renvoyer la question de la démocratie industrielle à l'âge de l'automation et à escamoter ou à rejeter les revendications de contrôle ouvrier, diffuses mais profondément enracinées aussi bien chez les nouveaux types d'O.S., socialement plus qualifiés que naguère et qui souffrent du sous-emploi de leurs capacités, que chez la nouvelle couche des travailleurs professionnels (techniciens, dessinateurs, ingénieurs de production, etc., abusivement classés dans la " couche moyenne ") qui, en raison de leur niveau de formation, s'accommodent mal de la hiérarchie industrielle et de la fonction subalterne et irresponsable qui leur est assignée dans la production.

productives permettait de considérer l'activité du temps libre comme *l'activité sociale principale* et le travail directement productif comme *l'activité accessoire* (accessoire tant par sa faible durée que par rapport à la puissance des processus automatiques), c'est-à-dire *comme un à-côté du travail social personnel.* L'essentiel de la communication, des échanges matériels et verbaux aurait alors lieu hors de la sphère de la production matérielle, sur la base d'une abondance générale de richesses sociales ; l'intégration de l'individu à la société et la réappropriation permanente de celle-ci auraient lieu dans le remaniement constant du champ social (principalement culturel), par la libre association et la collaboration volontaire d'individus dont le but *social* principal (consacré par les normes culturelles de la société) serait le développement des relations et des échanges intellectuels, affectifs, esthétiques, politiques, etc. Les rapports économiques, de travail et de production, cesseraient alors d'être dominants et déterminants pour les rapports sociaux; le règne de la nécessité cèderait devant le règne de la liberté.

Cette perspective, toutefois, est très loin d'être actuelle, si tant est qu'elle puisse le devenir. Et tant qu'elle ne sera pas actuelle, *les rapports sociaux continueront d'être déterminés par les rapports de travail et de production.* La production sociale continuera de reposer principalement sur le travail humain; le travail social de production restera la principale activité de l'individu; et c'est par son travail, principalement, que celui-ci sera intégré et appartiendra à la société. C'est *pour et par* un certain type de travail productif qu'il sera formé.

Si ce travail exclut l'initiative, la responsabilité, le groupement, la collaboration volontaire et les échanges libres entre individus, l'épanouissement de leurs facultés et leur autonomie, l'individu ne pourra se reconnaître dans ses rapports sociaux et dans la société pas plus qu'il ne peut se reconnaître dans le travail social que celle-ci exige de lui. Pour lui, c'est alors une seule et même chose que de s'évader de l'univers du travail et de s'évader des *rapports sociaux* que cet univers commande; de chercher des compensations à l'un et aux autres. Et du fait que cette évasion et ces activités de compensation ne peuvent en aucun cas substituer des *rapports sociaux* d'un type nouveau aux rapports sociaux déterminés par les rapports de production, les activités libres ne peuvent pas être des *activités sociales effectives* : elles ne peuvent être que *privées* et elles ne peuvent donc apporter que des satisfactions pauvres, abstraites ou imaginaires : jeux, pêche à la ligne, spectacles, rêveries, bricolage, alcool, excursions, toutes choses qui n'ont de valeur que *par opposition au travail et aux rapports sociaux dominants* et ne permettent point le libre développement de l'individu réel.

Consciemment ou non, tous les modèles de " civilisation du loisir " postulent une simple extension *quantitative* de ces activités privées et gratuites. Ils postulent davantage de temps pour un plus grand nombre de randonnées, de jeux en cercle privé, de bricolages, de lectures, de divertissements, *sans que la multiplication de ces activités leur fasse jamais perdre leur caractère gratuit, de " vacances " et de " mise en vacances " de la société*, pour leur faire acquérir un caractère social créateur.

Une société qui introduirait la semaine de 32 ou de 24 heures sans que les rapports de production et de travail soient changés, et dont les individus, après leur travail, se disperseraient dans leur banlieue pour regarder la télévision, cultiver leur jardin, s'entrerecevoir pour des parties de bridge ou d'échecs ou se grouper en bandes de " houligans " ou en associations de collectionneurs, n'aurait en rien avancé vers une forme supérieure de civilisation, mais simplement produit à une plus grande échelle la civilisation sous-prolétarienne des grandes villes américaines.

Marx avait en vue tout autre chose que la multiplication des loisirs en tant que temps socialement vide quand il envisageait le " libre développement des facultés humaines " comme un plein développement de l'individu social. Ce développement plein et libre ne peut être conçu en aucun cas comme le fruit d'une activité *privée*, fût-elle de groupe [1]. Les individus ne se développent et ne se libèrent pas en fréquentant des cours du soir, en y apprenant des métiers artisanaux, des langues et littératures étrangères, en pratiquant en cercle fermé des jeux, en faisant de la peinture ou de la poésie le dimanche ou en parcourant la campagne. Toutes ces activités n'ont aujourd'hui de sens pour le travailleur industriel

---

1. Le groupe pouvant fort bien être privé, c'est-à-dire avoir pour but d'entretenir *contre et en marge des relations sociales*, une atmosphère d'intimité et de liberté toujours plus ou moins jouée et artificielle : cercles et clubs de loisirs, de vacances, de jeu; sectes, chapelles, etc.

que comme compensations à la monotonie du travail et à la pauvreté des rapports humains dans le travail. Elles empêchent l'atrophie de certaines facultés, elles n'en permettent pas le plein épanouissement. Elles sont des libérations imaginaires — c'est-à-dire des jeux et des évasions — par le fait de nier (de mettre entre parenthèses) l'univers social sans en produire un autre : d'être sans objectivité et sans objet réel.

Il ne pourra donc y avoir de culture prolétarienne que lorsque sera abattue la barrière qui sépare l'univers du travail de l'univers du temps libre. L'activité du temps libre ne pourra cesser d'être un passe-temps et une compensation, elle ne pourra avoir de dimension culturelle (et donc sociale) que si elle trouve un prolongement, un débouché, un champ d'application particulier dans l'activité sociale principale : dans le travail. Tant que celui-ci, tout en demeurant déterminant pour les rapports sociaux, exclut, réprime ou décourage le libre épanouissement des facultés individuelles, la culture tendra à demeurer un luxe privé, un ornement abstrait, une négation de l'individu social réel et non son accomplissement. Sa valeur sociale ne sera pas effectivement reconnue : une société qui astreint les individus à travailler comme des robots peut difficilement reconnaître l'importance ou seulement la possibilité de leur épanouissement humain. Elle tendra à considérer la culture comme une activité *utilitaire* parmi d'autres (cours de perfectionnement, écoles du soir, etc.) et à négliger ce qui, dans l'activité du temps libre, ne tend pas à développer la force de travail *directement* productive des hommes.

Pour qu'une culture populaire se développe, il est donc nécessaire que le travail social sollicite le développement de toutes les capacités humaines et qu'il permette de les mettre en œuvre dans l'intérêt de tous. Il ne peut y avoir d'émancipation de l'individu social dans son temps libre que s'il y a émancipation dans l'activité sociale principale : le travail.

Cette émancipation était évidemment impossible dans le socialisme de la pénurie. Pas plus que les décisions de production, les décisions concernant la division du travail et la *manière* de travailler ne pouvaient être laissées aux " producteurs librement associés ". Elles ne pouvaient l'être dans les pays socialistes où l'industrialisation reposait sur le recrutement d'une main-d'œuvre essentiellement rurale et manquait d'individus compétents dans tous les domaines [1]. Le socialisme de la pénurie et de l'accumulation a commencé par reprendre les techniques de production, d'organisation et de division du travail de l'industrie capitaliste. Il n'y avait pas moyen de faire autrement, c'est entendu. Mais il est évident aussi que ces techniques déshumanisantes ont été vécues de la même manière en pays socialiste et en pays capitaliste : c'est-à-dire comme oppressives. Du coup, la même discipline, la même hiérarchie militaire a été employée dans les deux systèmes pour contraindre le travailleur au travail — bien que ceux qui font régner cette discipline ne soient pas les mêmes et n'emploient pas les mêmes moyens. Il n'est donc pas étonnant que l'on trouve chez les travailleurs des deux systèmes le même mouvement de repli, le même désir d'évasion de la réalité industrielle.

La clé de l'émancipation des travailleurs, la clé d'une démocratie industrielle et socialiste, la condition première du pouvoir des

---

1. La Tchécoslovaquie et la R.D.A. sont évidemment des cas à part. Des possibilités locales de démocratie ouvrière y existaient. Les conditions internationales de l'édification du socialisme les ont empêchées de se développer. Ces deux pays se sont intégrés dans le camp socialiste au moment où, encerclé, menacé et, dans l'ensemble, ravagé par la guerre, il était contraint à l'autarcie. Ils ont fourni plus que leur part d'efforts dans la reconstruction de l'économie soviétique, subissant par contrecoup la pression de ses pénuries. La révolution tchécoslovaque — qui, quelle qu'en fût la forme, correspondait à un mouvement majoritaire — a engendré pour des raisons politiques, tenant à la conjoncture internationale, une pénurie aiguë de personnel compétent en écartant des fonctions dirigeantes les cadres d'origine bourgeoise ou petite-bourgeoise et en les remplaçant par des cadres prolétariens, selon une sorte de primitivisme ouvriériste dont le dépassement n'a été amorcé que vers 1960. En R.D.A., les formes originales de pouvoir ouvrier surgies à partir de 1945 ont été réduites progressivement, à partir de 1948, dans le cadre d'un effort d'accumulation d'autant plus intense que la R. D. A. a mené de pair sa propre reconstruction et la livraison à ses voisins orientaux de réparations extrêmement lourdes (des complexes industriels ont été démontés et reconstruits jusqu'à trois fois). La révolte de 1953 a eu pour raison principale le rétablissement de rapports de production et de travail autoritaires. Cette révolte a été suivie de concessions notables de la part de l'État. Les conseils ouvriers de production n'ont jamais été brisés en R.D.A. Ils ont été progressivement encadrés et intégrés à l'appareil étatique, cependant que l'étouffement du pouvoir ouvrier à la base allait de pair avec un développement des consommations individuelles et sociales qui a finalement placé la R.D.A. en tête des pays socialistes pour le niveau de vie, le niveau d'instruction et les services sociaux.

travailleurs sur les lieux de production et dans la société est donc l'abolition de techniques de production et d'organisation du travail qui restent aussi déshumanisantes aujourd'hui qu'il y a cent ans. Tant que ces techniques ne seront pas abolies par la recherche scientifique et technique, l'auto-détermination du travailleur dans son travail, dans ses besoins, dans sa consommation, dans ses rapports sociaux, se heurtera à des obstacles difficilement surmontables. Dire cela, ce n'est pas énoncer une nouveauté, mais une évidence qui avait déjà saisi Marx au siècle dernier : le communisme n'est pas l'égalité dans le travail, dans la consommation, dans la culture; le communisme est l'émancipation du travailleur par l'abolition du travail ouvrier lui-même. Et cette abolition suppose évidemment un développement des forces productives non encore réalisé jusqu'ici.

4. L'AUTO-GESTION N'EST PAS UNE PANACÉE.

L'expérience récente des pays socialistes semble indiquer, cependant, que ce développement peut difficilement avoir lieu sans le rétablissement de tensions dialectiques à tous les niveaux du processus social de production, à commencer par les entreprises industrielles elles-mêmes. C'est là l'une des implications des réformes économiques en cours d'application ou d'élaboration dans la plupart des pays socialistes d'Europe.

Ces réformes partent du fait qu'il est impossible d'optimiser — ni même d'élever rapidement — le niveau de productivité des entreprises si le processus de production reste guidé par un ensemble d'impératifs et de normes, techniques et économiques, imposés d'en haut aux entreprises. La planification centrale, pour chaque entreprise, du chiffre d'affaires, des approvisionnements, de l'assortiment des produits, de l'amortissement, de l'innovation technique, etc., stérilise le potentiel de recherche créatrice des collectifs de producteurs, empêche les améliorations qualitatives des produits et des techniques de production, par la prescription de normes purement quantitatives [1]. Une certaine autonomie de gestion, tendant notamment à faire économiser la force de travail (les progrès de productivité, dans une perspective socialiste, ne sont rien d'autre) est devenue nécessaire dans les pays socialistes développés. Bien que l'autonomie actuellement préconisée soit celle des directeurs et que toute allusion à la gestion ouvrière soit soigneusement évitée dans les pays du camp socialiste, celle-ci peut néanmoins être considérée comme le sens à long terme des réformes en cours si elles doivent porter tous leurs fruits et préparer le passage au communisme.

De là, il ne s'agit pas de conclure pour autant que la planification centralisée a été une erreur depuis le commencement, ni que l'auto-gestion ouvrière, si elle avait été introduite dès le départ, aurait permis un processus de développement plus rapide et moins coûteux.

L'auto-gestion ne présente des avantages incontestables que lorsque les critères et les exigences de la croissance *quantitative* doivent céder devant des critères et des exigences *qualitatifs*. Tant que tel n'est pas le cas, tant que la pénurie est aiguë, l'auto-gestion peut n'être pas plus démocratique, *dans les faits*, que la planification centralisée; et il n'est point sûr qu'elle permette alors, en pratique, de laisser jouer la dialectique entre l'ordre du besoin humain et l'ordre de la nécessité technico-économique.

En effet, en l'absence de la possibilité de satisfaire les besoins les plus pressants, l'auto-gestion ouvrière des entreprises a nécessairement une existence plus formelle que réelle. Ses échecs partiels, en Yougoslavie, dans le passé, ne sont pas imputables d'abord — comme pourraient le laisser croire des déclarations de dirigeants yougoslaves — à l'excès des empiétements bureaucratiques et des directives centrales, ni à la priorité donnée au politique sur l'éco-

---

1. Voir par exemple le rapport de Kossyguine au XXIIIe Congrès du P.C.U.S. et Ota Sik, *la Gestion économique en Tchécoslovaquie*, in *les Temps modernes*, juin 1965. — Les gaspillages et les absurdités que ces deux textes imputent à la planification bureaucratique comme son défaut majeur confirment substantiellement la description faite par Ernest Mandel dans son *Traité d'Économie marxiste*, t. II, p. 231-271.

nomique. Ils sont plutôt imputables au fait que les critères macro-économiques de la nécessaire planification centrale du processus de développement *ne peuvent pas* coïncider avec les critères micro-économiques de la gestion des entreprises. Hisser un pays sous-développé au niveau d'une économie industrielle moderne suppose une volonté et des interventions *politiques* dans l'économie; des investissements " politiques ", non-rentables pendant une assez longue période, dans l'infrastructure, les services et les industries de base; bref des décisions centralisées, nationales et régionales. Les erreurs parfois très coûteuses commises par les instances centrales sont une chose; la nécessité de ces instances et de leurs décisions en est une autre [1].

Aussi, tant qu'une direction centralisée et politique du développement reste nécessaire, avec tout ce que cela entraîne en fait de subventions, de coûts et de productivités inégales dans une même branche, à un moment donné, l'auto-gestion des entreprises demeure nécessairement limitée dans sa nature et dans ses effets. Ses principaux avantages sont alors politico-idéologiques plus qu'économiques : 1° l'auto-gestion tend à former des cadres ou-

---

1. Les décisions erronées du Plan central remontent surtout à la période antérieure à 1952. Par exemple : la construction près de Belgrade, vers 1948, d'une immense fabrique de machines-outils qui n'a jamais fonctionné à plus de 40 % de sa capacité. Par la suite, c'est surtout la décentralisation qui a été source d'erreurs. Par exemple : la construction par des communes ou des districts de nombreuses usines petites ou moyennes, d'un bas niveau technique, dans le souci de résorber le chômage latent et de ne pas rester en arrière sur d'autres régions, mais sans souci pour le coût et les débouchés des productions locales. Ces usines petites et moyennes, à basse productivité, ont pu jouer un rôle notable dans la formation et l'éducation de la classe ouvrière. Mais l'auto-gestion ne pouvait pas bien fonctionner dans ces entreprises souvent déficitaires et qui se concurrençaient sur un marché trop étroit. Leur crise, qui fut celle de l'auto-gestion, à partir de 1960, n'était pas imputable aux empiétements bureaucratiques des pouvoirs centraux, mais au contraire aux insuffisances d'une planification centrale qui, au prix d'un considérable gaspillage de ressources, avait laissé se développer des initiatives locales mal coordonnées entre elles. L'intervention politique des organismes centraux consista plus souvent à concéder les subventions réclamées, pour des raisons politiques, par les communes pour leurs initiatives contestables, qu'à brider celles-ci. Ces usines et ces subventions " politiques ", financées par l'impôt que payaient les entreprises prospères, furent principalement dénoncées par celles-ci.

La réforme économique décidée en 1964 tend à supprimer les subventions aux entreprises qui n'ont aucune chance de devenir rentables.

vriers, administratifs et techniques; 2° elle tend à réduire (sans l'éliminer) le danger de rigidités bureaucratiques et hiérarchiques; 3° elle tend à donner aux ouvriers une vue d'ensemble de l'entreprise et de la branche et un pouvoir sur l'orientation de la production; 4° elle rend les ouvriers juges et responsables de l'opportunité de réinvestir ou de consommer une partie du surplus (profit) [1] et elle encourage l'innovation technologique, les investissements de productivité.

Toutefois, dans les conditions de pénurie et de bas niveau technique qui sont encore celles de la Yougoslavie, l'auto-gestion ne suffit pas à entretenir une réflexion et une recherche concrètes sur la division optimale, technique et sociale, du travail; sur la réalité des besoins, leur hiérarchie, et donc sur le modèle de consommation et de civilisation. L'impératif quantitatif reste largement dominant. Dans ces circonstances, le collectif ouvrier, responsable de la gestion, doit inévitablement prendre en charge les nécessités frustrantes de l'accumulation. Par l'auto-gestion, les ouvriers sont amenés à se convaincre que leurs besoins ne peuvent être satisfaits; ils sont amenés à subordonner de leur propre initiative leurs besoins aux exigences de la production, à s'imposer à eux-mêmes une discipline qui, dans le système capitaliste et, dans une moindre mesure, soviétique, leur est imposée par la hiérarchie industrielle ou politique. Bref, ils sont amenés à constater que leur émancipation réelle est impossible pour longtemps encore et à assumer dans toutes ses conséquences cette impossibilité.

Dès lors, de deux choses l'une : ou bien ils acceptent cette impossibilité et deviennent des auto-gestionnaires actifs et passablement technocratiques; ou bien ils la refusent, ce qui est évidemment le cas du plus grand nombre, tendent à se désintéresser d'une gestion incapable de résoudre leurs problèmes concrets, se replient sur eux-mêmes et tentent de s'évader des contraintes de la production sociale vers la sphère de la consommation et du travail privés [2]. Le système yougoslave, pas plus que le soviétique, n'écarte

1. Jusqu'à tout récemment (1965), cette partie, en Yougoslavie, a été trop faible pour donner une réelle portée aux choix des conseils ouvriers.

2. La majorité des travailleurs yougoslaves ont, à côté de leur emploi " officiel ", un emploi " privé ", dont la rémunération, librement débattue, est souvent plus élevée que les taux de salaires officiels. A côté de la production socialisée, il existe donc un

donc le danger du clivage entre les activistes et la masse, entre l'attitude productiviste des premiers et la tendance au repli individualiste des seconds.

Malgré ses avantages incontestables et ses promesses pour l'avenir, l'auto-gestion n'est donc pas une panacée, tant que la pénurie et les inégalités de développement subsistent. S'il lui est plus facile de détecter les erreurs ou les insuffisances de la planification, de réduire progressivement la sphère d'intervention de l'État au profit d'un pouvoir accru des producteurs associés — ce qui est son but et son plus grand mérite — le système yougoslave comporte, en revanche, le danger que les collectifs ouvriers des entreprises et des régions les plus avancées s'insurgent contre les charges et les limites qu'impose à leur gestion autonome l'existence de régions peu développées et d'une fiscalité qui les frappe au profit de celles-ci; qu'ils s'insurgent au nom d'une aspiration à l'autonomie que l'auto-gestion légitime, *mais qui peut recouvrir des mobiles moins nobles,* tels que l'égoïsme d'entreprise, voire l'ambition hégémonique ou " impérialiste " d'entreprises à haut niveau technique à l'égard d'entreprises et de régions moins avancées. Ce sont là des dangers inévitables tant que les besoins des producteurs ne peuvent être satisfaits et tant que leurs besoins de consommation insatisfaits sont encore exacerbés par les contraintes de la vie de travail.

L'auto-gestion des entreprises ne réconcilie donc pas automatiquement le producteur et le consommateur, l'individu social et l'individu privé. Elle n'empêche pas que les travailleurs, individuellement ou collectivement, se considèrent eux-mêmes comme des instruments de la production. Tout en favorisant des progrès de productivité par " l'intéressement matériel " des collectifs ouvriers, elle ne garantit pas automatiquement que l'innovation technique, la division technique du travail se donnent pour but *à la fois* le maximum d'efficacité et l'optimum en matière de conditions de travail. Car sous la pression des besoins insatisfaits, et en l'absence d'une formation et d'une réflexion politico-idéologiques constantes, la recherche du rendement maximum peut avoir

" secteur privé " et un marché libre du travail, dont le produit échappe à la connaissance et à l'organisation sociale et dont certaines catégories professionnelles tirent le gros de leurs revenus.

tendance à l'emporter dans les conseils ouvriers et les comités de gestion, avec la bénédiction des autorités supérieures, pour la simple raison que le rendement maximum assure aux producteurs locaux le maximum de gain individuel. Dans ce cas, le cercle vicieux demeure : l'entreprise est le purgatoire quotidien par lequel il faut passer pour se procurer hors du travail le maximum de biens de consommation et de loisirs individuels. Le divorce entre le producteur et le consommateur est reproduit par les producteurs (théoriquement souverains) eux-mêmes, au départ parce que le besoin de consommer l'emporte sur tout autre, par la suite parce que la recherche du rendement et du gain maximum ont fait de la vie et du milieu de travail cet univers oppressif qui aiguise le besoin d'évasion et incite à rechercher la " libération " dans le non-travail seulement.

5. SYNDICAT, PARTI, ÉTAT.

Le seul moyen d'éviter cette déviation; de construire une civilisation fondée sur la libération du travailleur, où l'individu social est souverain dans sa consommation et ses rapports sociaux *parce qu'*il est souverain dans son travail productif et ses rapports de travail, c'est de reconnaître la contradiction originelle entre les besoins au niveau du travail et au niveau de la consommation. Malgré l'abolition de l'exploitation, cette contradiction subsiste en société socialiste dans la mesure où subsiste la rareté de ressources. Nier cette contradiction en postulant une unité du producteur et du consommateur qui n'est pas réalisée dans l'expérience, c'est exiger la subordination du producteur au consommateur, le sacrifice permanent des besoins et des aspirations concernant la vie de travail, au profit des besoins de consommation (et donc de production) accrue. Nier la contradiction, c'est donc nier l'aliénation du travail au profit d'une plus grande satisfaction dans la consommation, en empêchant cette aliénation de devenir conscient.

Pour que la contradiction puisse être dépassée et l'aliénation du travail abolie, il importe d'abord de les reconnaître. De les reconnaître, c'est-à-dire de laisser jouer librement la tension dialectique entre les besoins au niveau du travail et les besoins au niveau de la consommation. De la laisser jouer librement, c'est-à-dire d'assurer la libre expression et la représentation des besoins *aux niveaux spécifiques* où ils se manifestent : celui des conditions de vie d'une part, des conditions et des rapports de travail d'autre part. Et le seul moyen d'assurer la représentation et la libre expression des besoins à ces niveaux spécifiques, c'est de sauvegarder *l'autonomie et la représentativité du syndicat*, sur les lieux de travail et dans la société.

La supériorité de la civilisation socialiste sur la capitaliste ne peut être réduite ni à une organisation plus rationnelle, ni à une égalité plus grande, ni à une meilleure satisfaction des besoins sociaux, ni à la supériorité des équipements et des services collectifs. La supériorité décisive et fondamentale du socialisme réside dans la libération du travailleur au niveau de l'acte productif et des rapports de production. Cette libération ne sera conquise que lorsque la propriété collective des moyens de production signifiera aussi que le travailleur se sent " chez lui " dans l'entreprise et dans son travail, parce qu'il est en son pouvoir de régler le processus de production, dans son déroulement et dans la division sociale et technique des tâches, au mieux de ses besoins. Le pouvoir de la classe ouvrière, c'est aussi la liberté des travailleurs de soumettre les conditions de leur travail à leur pouvoir collectif.

Seul un syndicat autonome, ayant la confiance des travailleurs parce qu'il défend *inconditionnellement*, dans l'usine et dans la société, les aspirations et les besoins spécifiques qui, sur les lieux de production, naissent du travail lui-même, peut *connaître* ces besoins, les formuler et agir en vue d'une optimation des conditions de travail et de vie. La recherche de cet optimum entre en conflit (par hypothèse) avec la recherche de la productivité et de la production maximum [1] ? C'est une raison de plus pour confier à des

1. Je dis " par hypothèse ". Car si la direction technique des entreprises a tendance à postuler ce conflit et à fonder sur lui la nécessité de la hiérarchie industrielle, il est notoire que, même dans les productions à la chaîne, le rendement lui-même peut être finalement amélioré par des mesures d'optimation tendant à diversifier le travail et à rendre initiative et responsabilité au travailleur : rotation des postes, recomposition des tâches parcellisées; pauses; auto-gestion, au niveau de l'atelier, de la chaîne, de l'équipe, de la division technique et de l'organisation du travail, etc.
Vance Packard cite à cet égard l'exemple frappant de la *Non-Linear Systems Inc.*

instances distinctes l'une et l'autre recherche. La recherche de l'optimum, dans chaque entreprise, ville et région, risque sinon d'être tout simplement négligée et la production de rester le royaume des techniciens et des productivistes. Seule l'autonomie du syndicat; sa liberté de revendication et de contestation vis-à-vis de la direction de l'entreprise et du plan économique ; le respect de sa fonction, qui est de rechercher l'aménagement optimum des conditions et des méthodes de travail dans l'usine, et des conditions de vie au dehors, permettent de rétablir la tension dialectique entre l'exigence de la libération ouvrière et l'exigence de l'efficience économique et technique.

Cette nécessité de l'autonomie du syndicat — comme d'ailleurs du Parti — à l'égard de la direction, du gouvernement et du Plan a été implicitement reconnue au VIIIe Congrès de la Ligue des Communistes yougoslaves, en novembre 1964, et explicitement affirmée par les principaux partis communistes d'Europe occidentale [1].

Cette autonomie doit comporter deux aspects complémentaires : 1º l'autonomie dans la revendication et 2º le pouvoir des travailleurs sur les conditions de la production.

1. L'autonomie revendicative du syndicat est l'un des principaux moyens de formation, de prise de conscience et d'expression des besoins collectifs que fait naître le milieu industriel. Il faut que ces besoins puissent se formuler *collectivement*, dans le débat et la réflexion en commun, pour ne pas être refoulés et réaffleurer ensuite comme des désirs individuels d'évasion et des attitudes de repli solitaire. C'est par la liberté de critique et de revendication *collective* que le prolétariat peut prendre conscience du type de civilisation, de l'ordre des priorités qui correspondent à son exigence d'émancipation, et que peut être sauvegardée son adhésion à la planification et le caractère démocratique de celle-ci. Le plan de

qui a recomposé les tâches en confiant à de petites équipes d'ouvriers ou, au montage, à chaque ouvrier, une tâche complète, intelligible, requérant responsabilité et initiative. En même temps, le pointage a été supprimé. A la suite de cette réorganisation, le nombre d'heures de travail par machine à calculer fabriquée a diminué de moitié et les réclamations des usagers ont diminué de 90 %. (*Une Société sans défense*, Calmann-Lévy, 1965, p. 110.)

1. Voir plus loin la citation de Bruno Trentin.

développement trouvera dans les revendications syndicales des garde-fous et des orientations indispensables quant à son contenu. Ce contenu sera déterminé *et révisé* avec la collaboration permanente du syndicat, sans que celui-ci devienne pour autant *responsable* de l'exécution du Plan.

Ce dernier point mérite d'être souligné. En effet, les coûts réels de l'exécution d'un plan sont imprévisibles avec exactitude, ne serait-ce que parce que les besoins nouveaux (c'est-à-dire, en langage marxiste, la valeur de la force de travail nécessaire) que fait naître son exécution ne sont pas prévisibles avec précision. La liberté revendicative permet seule de détecter à temps et de redresser les insuffisances de la prévision; les modifications ou les détériorations des conditions de travail qu'entraîne le bouleversement technologique ou la restructuration d'une branche; les pénuries, inacceptables à l'expérience, que tend à provoquer telle priorité. De plus, seule l'autonomie revendicative peut renseigner sur la valeur de la force de travail — c'est-à-dire sur les besoins qualitatifs et quantitatifs — dans des circonstances matérielles et historiques, locales et régionales données. Faute de ce renseignement, faute d'une souplesse et d'une différenciation suffisantes des conditions de travail et des salaires selon les besoins qui naissent du travail dans un milieu physique en changement perpétuel, certains travaux seront subjectivement sous-rémunérés, tendront à être désertés par les travailleurs et ne pourront être assurés que par le recrutement forcé, l'astreinte étatique et autoritaire, le divorce entre les dirigeants et la masse [1].

1. Voir à ce sujet Bruno Trentin, dans son rapport au colloque de l'Institut Gramsci sur les " Tendances du capitalisme européen " (1965) : " Une partie des coûts sociaux liés à la mise en œuvre d'un plan de développement sont des coûts *dérivés* et difficilement prévisibles, tant dans leur étendue que dans leur nature. Qu'on pense aux répercussions sociales que les processus de restructuration de l'industrie et de transformation technologique, sollicités par un plan national de développement, provoquent inévitablement sur le système des classifications professionnelles et des tâches ouvrières, sur les normes de rendement, la composition des équipes, les niveaux d'emploi et, en général, sur l'organisation du travail dans la majorité des usines. Il s'agit là de répercussions qui font surgir, en raison des préjudices ou, pour le moins, des problèmes nouveaux qu'elles entraînent pour la condition ouvrière, l'exigence de mesures correctrices ou compensatrices que seul le syndicat peut faire valoir de manière efficace et conséquente. C'est à travers la revendication du syndicat (...) que

2. D'autre part, il suffit de lire certains romans soviétiques, comme *l'Ingénieur Bakhirev*, de Galina Nicolaieva [1], pour comprendre

peuvent en définitive s'exprimer et *devenir mesurables* les coûts sociaux que comporte un plan de développement.

" Une politique des revenus ou toute autre forme de centralisation *a priori* des objectifs revendicatifs, tend à empêcher que ces *inconnues* de la mise en œuvre d'un plan soient traduites, au moins après coup, en *coûts réels* et mesurables du plan lui-même. Elle tend donc à masquer ces coûts réels, dans leur ampleur quantitative du moins, à l'ensemble de la société. Et ce faisant elle apporte la plus mauvaise solution possible au problème très délicat et complexe du rapport entre la planification et les classes laborieuses, et de l'insertion organique de celles-ci dans un système démocratique fonctionnant réellement à tous les niveaux de la société.

" Nous touchons là à une question d'une grande importance pour toute la méthodologie de la planification ; de sa solution dépend la capacité d'un plan de développement à exprimer, durant toute la période de son exécution, une adhésion réelle de la *majorité* des travailleurs ; à corriger sa visée, au besoin en modifiant ses choix fondamentaux avec le concours conscient et toujours plus démocratiquement articulé des forces sociales intéressées. Et je ne crains pas d'affirmer ici ma conviction que certaines des considérations que je viens de vous soumettre s'appliquent également (...) dans le cas d'une planification socialiste, surtout quand elle embrasse une économie développée.

" ... Abstraction faite des nombreuses imperfections " techniques " des prévisions faites par un plan socialiste, je tiens pour improbable, pour ne pas dire impossible, qu'il puisse résoudre *au stade de son élaboration* — si démocratique soit-elle — les nombreuses inconnues dérivant des contradictions objectives que sa mise en œuvre provoquera entre, d'une part, les intérêts réels de groupes bien déterminés de travailleurs, et d'autre part ce que *l'on présume* être l'intérêt de toute la collectivité. Même dans une société socialiste, je tiens donc pour hautement improbable que le plan puisse prévoir tous les coûts sociaux de son application...

" Même dans un contexte socialiste, surtout lorsqu'il s'agit d'économies industriellement développées, rien ne peut remplacer la fonction autonome du syndicat, seul capable de traduire ces inconnues qui sont les coûts sociaux " dérivés " en coûts sociaux *connaissables et mesurables*, et de faire apparaître les contradictions objectives inhérentes à l'application du plan, de manière à permettre à la collectivité de les résoudre réellement, au lieu de les éluder.

" Cette fonction du syndicat comporte nécessairement de sa part une action qui ne peut recouvrir mécaniquement celle des organes de planification, mais qui doit être tout à la fois *de participation et de contestation*. Le syndicat ne doit pas prétendre s'identifier, dans son action, à la collectivité en général, mais exprimer *une partie* de la société dont les intérêts doivent être portés à la connaissance des organismes représentatifs et exécutifs de l'État, dans chaque phase de l'exécution du plan, à travers un rapport dialectique de collaboration et de contestation... " (Bruno Trentin, " Tendenze attuali della lotta di classe e problemi del movimento sindacale di fronte agli sviluppi recenti del capitalismo europeo ", in *Tendenze del capitalismo europeo*, Éditori Riuniti, Rome, 1966, p. 196 et s. Traduction française in *les Temps modernes*, février 1967.)

1. Éditeurs français réunis, 1961.

qu'un directeur d'usine, en régime socialiste comme en régime capitaliste, ne peut tirer le meilleur parti du potentiel productif dont il est responsable que s'il est aussi soumis à une pression constante de la base ouvrière et renseigné par la liberté de critique et d'expression des travailleurs sur les goulots ou les potentialités latentes de l'entreprise, les améliorations nécessaires ou possibles des conditions de travail. D'où la nécessité de ce deuxième aspect de l'autonomie syndicale : le pouvoir ouvrier sur le déroulement du processus de production : sur l'organisation du travail, la composition des équipes, les temps et les cadences, les conséquences de l'innovation technique et même, dans certains cas, leur nature. Le but de ce pouvoir ouvrier est évidemment de provoquer partout la recherche d'un équilibre entre l'efficience maximum et l'efficience optimum. Il s'agit notamment de faire déterminer par les travailleurs eux-mêmes la meilleure pondération des variables suivantes : 1º le maximum de satisfaction dans le travail; 2º le maximum de production et de gain monétaire; 3º le maximum de temps libre.

Vous voyez aussitôt les implications de ce système. A partir du moment où le salaire suffira à couvrir les besoins fondamentaux, les travailleurs seront amenés à s'interroger sur ce qui est prioritaire pour eux : l'amélioration des conditions de travail, ou l'augmentation des gains monétaires, ou l'augmentation du temps libre. Ils seront amenés à s'interroger à ce sujet *collectivement*, et non pas individuellement, avec un réel pouvoir collectif sur leur condition. Et ils seront amenés à rechercher non plus seulement un accroissement de leur consommation monétaire individuelle en échange d'une intensification de leur travail, mais aussi — et passé un certain point, avant tout — une amélioration *qualitative* de leur *condition commune sur les lieux de travail et d'habitat*. Ils auront le choix, par exemple, entre la priorité à l'augmentation des salaires individuels, et la priorité aux services sociaux gratuits (crèches, transports, laveries, équipements culturels, centres de vacances inter-entreprises, etc.); ils pourront peser sur l'orientation de l'innovation technologique, sur l'emploi d'une partie du surplus (ou profit) de l'entreprise et de la branche. Ils ont déjà cette possibilité dans le cadre de l'auto-gestion yougoslave, mais au niveau de la commune et de l'entreprise seulement. La délimitation très étroite du rôle du syndicat yougoslave ne permet pas, toutefois, l'échange d'expériences au niveau de tout un secteur d'industrie, ni l'élaboration ou la contestation de certains choix du Plan.

Le rétablissement du syndicat dans sa fonction autonome, au niveau tant de l'entreprise que de la société, correspond depuis peu au vœu de certains théoriciens ou dirigeants des pays socialistes, et pas en Yougoslavie seulement. Jusqu'ici, en effet, la planification centralisée de type soviétique reléguait le syndicat dans un rôle subalterne et secondaire : il avait pour tâche principale de veiller à la réalisation et au dépassement du Plan d'entreprise à l'élaboration duquel il était étroitement associé. Il devenait ainsi une sorte de représentant de l'intérêt général *auprès* de chaque collectif ouvrier. Cette dénaturation de la fonction syndicale était toutefois compensée par la planification centralisée des normes de travail, des niveaux de salaires et d'emploi. Les travailleurs étaient ainsi protégés contre l'arbitraire, contre les conséquences des erreurs ou des fautes de gestion de la part des directeurs d'entreprise qui, eux-mêmes, n'avaient que des pouvoirs de décision très réduits.

Les réformes économiques en cours tendent cependant à rétablir une certaine autonomie de gestion des entreprises; à élargir le pouvoir des directeurs; à accentuer les stimulants matériels en vue d'une plus grande productivité. Elles tendent à faire participer les collectifs ouvriers aux résultats, mais aussi aux risques d'une gestion plus autonome. D'où la nécessité de rétablir tôt ou tard la séparation complète, antithétique, du pouvoir syndical et du pouvoir directorial, et de rendre au syndicat un droit de contrôle, de contestation et de négociation au niveau de l'entreprise. Les pouvoirs d'une bureaucratie le cèderaient sinon aux pouvoirs d'une technocratie, au détriment d'une culture du travail et du temps libre.

Il est toutefois impossible de s'en tenir là. Ce qui a été dit plus haut sur les limites et les insuffisances du syndicalisme d'entreprise et du syndicalisme tout court [1] vaut dans une certaine mesure pour

---

1. Voir chap. 1.

les sociétés socialistes également. Le rôle du syndicat est d'assurer la représentation et la défense inconditionnelle des besoins qui naissent du travail et des conditions dans lesquelles il est accompli. Le rôle du syndicat est de veiller à ce que les choix du Plan tiennent compte de ces besoins. Mais son rôle n'est pas d'élaborer les orientations générales et à long terme de l'économie et de la société, qui relèvent de choix idéologiques et politiques : du choix d'un modèle de civilisation. C'est là le rôle du parti. Et le parti ne sera à la hauteur de ce rôle qu'à deux conditions : 1º Qu'il recouvre son autonomie par rapport aux organismes spécialisés, administratifs et économiques, dont le travail est dominé par des impératifs techniques à court terme. Ces organismes ne perçoivent pas nécessairement les implications que comportent pour l'avenir les solutions qui leur paraissent les plus efficaces ou les plus pratiques pour le présent. 2º Que les orientations générales que le parti propose soient en prise sur la réalité vivante et concrète dont les hommes directement engagés dans la production font l'expérience. Or, cette réalité ne peut devenir manifeste que par l'autonomie et le libre débat des groupements à but spécifique (syndicats, coopératives agricoles, conseils ouvriers, groupements culturels, organisations de jeunes, etc.) dans lesquels les hommes sont rassemblés.

Le parti ne pourra donc remplir sa fonction de guide que s'il cesse de se confondre avec l'administration, l'État, la gestion des entreprises et des affaires courantes, pour se préoccuper de la portée politico-idéologique des choix apparemment techniques qui s'imposent constamment à ces niveaux. Moins il sera partie dans les décisions techniques et quotidiennes, plus il aura le recul et l'autorité nécessaires pour les orienter dans un sens global et à long terme. Et cette orientation, si elle veut être efficace, si elle veut stimuler la participation démocratique — la politisation — des masses, ne peut évidemment être imposée d'en haut. Elle exige que le parti soit présent à tous les niveaux, non pour trancher péremptoirement, mais pour éclairer le débat, pour projeter les alternatives apparemment techniques sur le plan politique, pour expliciter le sens et la portée à long terme qu'elles ont sur ce plan-là, pour élever la discussion à un niveau supérieur et faire intervenir dans la décision des critères plus élevés que ceux des techniciens.

Cette présence autonome du parti, directrice mais non pas directement dirigeante, devient d'autant plus nécessaire que le pouvoir de décision tend à se décentraliser et que les données des problèmes tendent à se techniciser. Des conflits risquent alors de surgir entre divers particularismes sectoriels et d'entreprise; entre les critères macro-économiques et micro-économiques de rentabilité et d'efficience; entre planificateurs centraux, directeurs d'entreprises, syndicats ou conseils ouvriers, etc. Ces conflits ne peuvent être tranchés d'autorité sous peine de mécomptes sérieux; ils ne peuvent être réglés par des compromis pragmatiques et provisoires sous peine de compromettre ou d'obscurcir l'orientation globale de la politique socialiste. Cette orientation doit être présente à tous les niveaux, par la médiation du parti, comme un choix de civilisation en voie d'élaboration collective permanente.

Ce n'est pas par hasard que les Yougoslaves, qui ont une longue expérience de la décentralisation en même temps que des inconvénients du " practicisme " [1] en sont venus à poser clairement le problème de la séparation du parti et de l'État, de l'autonomie des divers groupements et organismes sociaux à but spécifique [2] :

" Dans l'analyse autocritique qu'ils font de leur mouvement, écrit Giuseppe Boffa, les communistes yougoslaves affirment que leur Ligue est devenue trop exclusivement un " parti de pouvoir ", appliqué à la gestion directe de l'État, et qu'il est donc porté à se substituer aux organes de celui-ci, à résoudre lui-même les problèmes économiques et administratifs, à négliger en conséquence les questions politiques et idéologiques qui devraient être son principal domaine d'activité. Le parti, dit-on, s'applique à " commander " plus qu'à " guider ". Et cela est vrai au sommet aussi bien qu'à la base, c'est-à-dire dans les entreprises où les interventions du parti sont un obstacle à l'auto-gestion... " Sommes-nous un

1. Ce terme désigne (et dénonce) l'identification du Parti avec les tâches pratiques d'administration et de gestion, et sa dégénérescence en une bureaucratie pragmatique. Voir notamment le rapport d'Edvard Kardelj au VIIIe Congrès de la Ligue des communistes yougoslaves, reproduit dans *Économie et Politique*, mars, 1965.

2. La citation qui suit est extraite d'une correspondance de Belgrade de Giuseppe Boffa, dans *l'Unità* du 15 septembre 1966.

parti de bureaucrates ou un parti d'ouvriers ? " s'est exclamé un responsable.

" Cet état de choses a eu deux inconvénients majeurs. D'une part, le parti et ses organes dirigeants prenaient très souvent des décisions, en matière économique notamment, sans posséder les compétences nécessaires, court-circuitant ainsi les organes compétents et les privant d'autorité. D'autre part, absorbé par ces tâches administratives, le parti s'est peu occupé des grandes questions politiques et idéologiques qui agitent le pays, et il a ainsi perdu son influence réelle sur les masses, sur leur manière de penser et d'agir. Ce fait est sensible surtout dans la jeunesse.

" Il ne s'agit pas là de problèmes particuliers aux Yougoslaves et ceux-ci ne les ont pas découverts du jour au lendemain... Il faut, disent-ils, séparer le parti de l'État. Ce qui signifie aussi séparer le parti des autres organismes sociaux tels que syndicats, organismes d'auto-gestion, Alliance socialiste, et abandonner la thèse de la " courroie de transmission " qui, repoussée en théorie, ne l'avait pas été dans la pratique. Le parti doit être de moins en moins la force qui exerce le pouvoir... Il doit s'efforcer au contraire de devenir le " guide " réel, idéologique et politique, de la société, et cela non pas grâce à son " monopole idéologique ", mais grâce à son travail constant de confrontation et de persuasion.

" ... En somme, la Ligue doit devenir partout le parti politique qui se bat pour l'auto-gestion et la démocratie directe, au sommet de l'État aussi bien que dans chaque entreprise où il s'agit de repousser les tendances centralisatrices et autoritaires du directeur ou de ses représentants. Les débats idéologiques également doivent se développer plus librement dans les organisations du parti. "

Ces remarques n'ont pas pour but une critique abstraite des régimes socialistes d'Europe. Elles visent plutôt à définir certaines des circonstances matérielles et historiques qui ont engendré pour les travailleurs de ces pays des aliénations différentes, mais pas toujours plus faciles à accepter que celles qu'engendre l'industrie capitaliste. De là il ne s'agit pas de conclure que les deux systèmes se valent et peuvent être mis sur le même plan. Pour la plupart des pays socialistes, l'alternative n'était pas entre un processus d'accumulation socialiste et autoritaire, et un processus d'accumulation capitaliste et démocratique; l'alternative était, et est encore pour les deux tiers de l'humanité, entre la dictature réactionnaire, sans développement industriel valable, du type guatémaltèque, brésilien, turc ou sud-coréen, et la dictature populaire et progressiste de type cubain, chinois ou nord-vietnamien.

L'industrialisation de pays comme l'U.R.S.S., la Pologne, la Bulgarie, la Yougoslavie se fait, en fin de compte, à moindres frais pour les hommes et dans un temps moindre que celle des pays capitalistes avancés; et elle a réuni des potentialités de progrès ultérieurs plus riches. Certains idéologues bourgeois aiment à invoquer le cas du Japon pour illustrer la capacité du capitalisme à réaliser une croissance économique aussi rapide, et parfois plus rapide que le socialisme. Il faut alors rappeler que le capitalisme japonais a été, dès le début, un capitalisme d'État à direction centrale et publique. Le lecteur pressé trouvera à ce sujet un excellent chapitre et une bibliographie très riche dans l'admirable *Political Economy of Growth* de Paul Baran [1]. Il faut rappeler encore que l'industrie japonaise n'a pu se développer et se faire une place dans le monde capitaliste que par trois guerres impérialistes dont la seconde, contre la Chine, a duré dix ans; et que la troisième guerre, contre les États-Unis, entre autres, n'a finalement abouti au développement très rapide de l'industrie japonaise que parce que le capitalisme américain avait intérêt à renforcer le " bastion " japonais face à la Chine et à l'U.R.S.S. Il n'aurait pas eu cet intérêt si ces deux grands voisins du Japon étaient restés des pays économiquement dépendants et retardataires.

Pour le mouvement ouvrier des pays capitalistes avancés, il n'en reste pas moins que le socialisme de l'accumulation tel qu'il a été pratiqué en Europe orientale, ne constitue pas un modèle valable et n'apporte pas la solution aux problèmes de la civilisation

---

1. Monthly Review Press, New York, 1962. Une traduction française est sous presse chez François Maspero.

industrielle avancée. Il est impossible, en d'autres termes, de fonder sur l'expérience soviétique une appréciation des solutions que le socialisme pourrait promouvoir en Europe occidentale ou en Amérique du Nord. A ce sujet, il existe désormais un assez large accord entre partis marxistes européens.

V

LE COLONIALISME AU-DEDANS
ET AU-DEHORS

Le colonialisme n'est pas une pratique *externe* du capitalisme de monopole. C'est d'abord une pratique *interne*. Ses victimes ne sont pas d'abord les nations exploitées, opprimées, démembrées. Ce sont d'abord des populations qui vivent dans les métropoles, dans les pays dominants.

Telle est la thèse que je voudrais illustrer ici. Cette thèse peut surprendre ou choquer. Elle va à l'encontre de simplifications trop commodes et répandues. En effet, il est courant aujourd'hui de diviser le monde, grossièrement, en deux camps : celui des nations impérialistes et hautement développées, d'une part, et celui des nations dominées et exploitées d'autre part. Couramment, l'on considère aujourd'hui que le problème des décennies à venir est celui de l'émancipation de nations qui représentent 54 % de la population mondiale et qui se partagent 16 % seulement des richesses produites dans le monde. Couramment, l'on oppose les nations riches et les " peuples prolétaires ", comme si les uns et les autres étaient des blocs sans fissures. Cette conception d'un antagonisme *global* peut être utile et naturelle pour des peuples qui se battent, les armes à la main, contre les corps expéditionnaires d'une puissance impérialiste. Mais c'est une conception qui, à la longue, risque de se retourner contre ses propagateurs eux-mêmes.

La division du monde en *nations* impérialistes et *nations* opprimées risque tout d'abord d'accréditer la croyance en une possible

* Texte d'une conférence faite à l'École nationale des Sciences politiques et sociales, Mexico, en février 1966.

unité nationale des peuples en lutte contre l'impérialisme. Cette croyance en des " États de démocratie nationale " a été à l'honneur, en U.R.S.S., durant la dernière phase de la guerre d'Algérie. Elle a été mise en veilleuse depuis. Car si *certaines* guerres de libération — en Afrique du Nord, en Asie du Sud, dans les Caraïbes — ont été *à certains moments* des guerres nationales, auxquelles les bourgeoisies ont participé en position co-dirigeante, il est apparu très rapidement par la suite que l'indépendance nationale une fois conquise sur le plan juridique et formel, les nations nouvellement libérées se divisaient très vite à l'intérieur sur la question du *contenu* qu'il convenait de donner à leur indépendance. Et les bourgeoisies nationales, même quand elles avaient joué un rôle de premier plan dans la lutte de libération, en venaient à pactiser avec l'ennemi extérieur d'hier contre l'ennemi de classe à l'intérieur, et à réaliéner dans leur intérêt de classe une part substantielle de l'indépendance nationale. En Afrique, tout particulièrement, toutes les nations nouvellement émancipées sont retombées dans la dépendance politique et économique de l'impérialisme, sauf celles — l'Égypte, notamment — dans lesquelles la libération nationale a finalement abouti à la construction d'un État à orientation socialiste.

La division du monde en *nations* impérialistes et opprimées comporte en outre l'inconvénient de couper en deux le mouvement révolutionnaire mondial. Il est facile de répondre que les classes ouvrières du monde capitaliste développé ne sont pas révolutionnaires aujourd'hui et que l'unité avec elles est d'un faible intérêt. Cette thèse peut avoir une vérité et une efficacité *tactique* et circonstancielle. Elle est toutefois insoutenable dans une perspective stratégique à long terme. Elle revient à enterrer définitivement les chances du socialisme dans le monde capitaliste avancé; elle tend à proposer un univers dans lequel les peuples dits riches se trouveraient tout entiers d'un côté de la barricade, les autres peuples de l'autre côté, et dans lequel le socialisme ne pourrait s'étendre au monde développé qu'à la suite d'un conflit planétaire.

C'est pourquoi il me paraît important de souligner que les frontières entre développement et sous-développement, entre puissances économiques dominantes et populations dominées, entre colonisateurs et colonisés ne passent pas seulement *entre les na-*

tions, mais que ces frontières passent aussi *à l'intérieur* de chaque nation du monde capitaliste. Le problème de l'unité du mouvement révolutionnaire mondial ne doit pas seulement être posé en termes de solidarité politico-idéologique avec les mouvements anti-impérialistes; il faut tenter aussi de montrer une convergence et une solidarité concrètes entre les intérêts et les luttes des peuples sous-développés et développés. Le meilleur terrain pour ce faire est, je crois, la critique du modèle de développement monopoliste : ce type de développement permet de saisir que le colonialisme n'est pas seulement une pratique *externe* du capitalisme moderne, mais que c'est aussi une pratique *interne*, à l'œuvre au sein du pays impérialiste lui-même et qui se prolonge sans rupture de continuité au-delà de ses frontières.

Ce fait commence d'être perçu aux États-Unis par ce qu'on a appelé la " nouvelle gauche " américaine : cette " nouvelle gauche " était partie de l'indignation morale contre l'oppression raciale et la misère aux États-Unis; elle a été conduite tout naturellement à relier la lutte contre la misère et contre l'oppression à l'intérieur, à la lutte non seulement contre les *manifestations* de l'impérialisme américain, mais contre le *système* économique lui-même qui est le fondement de l'impérialisme au-dehors et de la misère à l'intérieur des États-Unis.

Le fait que le capitalisme de monopole est incapable de résoudre à l'intérieur les problèmes de l'emploi (ou du chômage), de l'enseignement, du développement équilibré de l'espace économique national, des disparités de revenu, de l'inégalité des chances, de la conservation des richesses naturelles, des services collectifs et des équipements sociaux, etc., ce fait est primordial pour toute critique des formes nouvelles de l'impérialisme économique. Car ce fait montre non seulement que la lutte anti-impérialiste à l'extérieur dispose d'alliés potentiels à l'intérieur du pays impérialiste, pourvu qu'elle combatte l'impérialisme aussi au nom d'un modèle de développement et de civilisation différent. Ce fait montre également que le néo-colonialisme est incapable de résoudre dans les pays dépendants des problèmes qui sont précisément du même type que ceux qui restent sans solution dans les pays dominants. Je commencerai donc par rappeler quelques faits concernant les États-Unis et d'autres pays de capitalisme avancé.

En 1965, après cinq années de " boom " économique, il y a aux États-Unis 38 millions de personnes, ou 20 % de la population, qui disposent d'un revenu *familial* inférieur aux 3 000 dollars par an considérés comme le minimum vital américain. A ces 20 % de la population, il convient d'ajouter 20 autres pour-cent dont le revenu familial annuel, compris entre 2 800 et 4 812 dollars, est inférieur aux 5 500 à 6 500 dollars qui, selon le *Bureau of Labor Statistics*, sont nécessaires pour assurer à une famille urbaine de quatre personnes un niveau de vie " modeste mais décent " [1].

Cette population pauvre ou misérable peut être répartie en trois grandes catégories :

1. Les habitants urbanisés des régions non-développées ou qui se trouvent en crise structurelle à la suite de la disparition et du déclin d'une industrie locale;

2. Les petits agriculteurs qui représentent plus du quart des fermiers américains, mais dont la production est négligeable du point de vue économique;

3. Le sous-prolétariat des grandes villes, composé de jeunes gens et de ruraux récemment immigrés dans les villes, et qui ne trouvent pas d'emploi; de membres des minorités raciales; de vieux; des 17,6 millions de salariés des " services " (blanchisseries, hôtels, restaurants, hôpitaux) dont le salaire est inférieur au salaire minimum vital [2].

La pauvreté de cette masse sous-prolétarisée est structurelle et non pas conjoncturelle. Harrington cite les faits suivants : les pauvres constituent 20 % des Américains; mais 25 % des enfants appartiennent aux familles les plus pauvres et sont voués à leur tour à la pauvreté par leur niveau d'instruction dont l'insuffisance confine à l'analphabétisme; la grande majorité des 25 % de recrues que l'armée refoule à cause de leur niveau d'instruction insuffisant, sont issues de familles pauvres.

En 1965, malgré le " boom " économique, la conscription d'environ 200 000 soldats supplémentaires et les commandes de guerre liées à l'expédition contre le Vietnam, le nombre des chômeurs restait officiellement de 5 % de la population active; en fait, cette

1. Voir *Monthly Review*, nº 2, 1964, p. 530, et nº 7-8, 1962, p. 73-75.
2. Voir Michael Harrington, *Dissent*, automne 1965.

proportion se situe entre 6 et 10 % si l'on compte les personnes ayant renoncé à trouver un emploi et les chômeurs partiels. La population en âge de travailler croît de 1,5 million de personnes par an. Entre 1957 et 1963, l'emploi industriel a diminué de 300 000 personnes ; les 600 000 emplois créés durant cette période dans le secteur privé l'ont été presque exclusivement dans les " services ".

Les États-Unis présentent donc certains traits caractéristiques d'une économie dualiste, avec des contradictions sociales et régionales qui rappellent les rapports entre économie dominante et économie dominée. Le développement interne des États-Unis a été dirigé, dans l'ensemble, à partir des pôles urbains de l'est du pays, avec leurs concentrations industrielles et leurs dynasties financières. Le pouvoir de la bourgeoisie de la Nouvelle-Angleterre sur le développement de l'économie est resté longtemps incontesté. Il a fallu la découverte de gisements de pétrole (Texas) ou le préfinancement public des bases de l'accumulation privée (création d'industries de guerre en Californie) pour que d'autres grands pôles industriels et financiers surgissent à l'autre bout du territoire.

La pluralité des pôles de développement, des centres de décision et de pouvoir économique, n'a point produit, cependant, une mise en valeur équilibrée des ressources humaines et naturelles de la nation. Au contraire. La concentration géographique du processus d'accumulation capitaliste est allée de pair, nécessairement, avec l'appauvrissement relatif, voire absolu, d'autres régions. Celles-ci ont été utilisées par les pôles industriels et financiers comme des réservoirs de main-d'œuvre, de matières premières et agricoles. A la manière des colonies des grands empires européens, les régions " excentriques " ont fourni aux métropoles leur épargne, leur force de travail, leurs hommes, sans avoir droit au réinvestissement sur place des capitaux accumulés grâce à leur activité. C'est ainsi qu'aucune activité nouvelle n'est venue relayer celle des mineurs, par exemple, quand les gisements s'épuisaient ou devenaient insuffisamment rentables. C'est ainsi que des territoires entiers ont pu devenir des zones de chômage et de misère, ou des régions vidées de leur substance jusqu'au point de non-retour : c'est-à-dire jusqu'au point où, faute d'une proportion suffisante d'habitants jeunes, faute de centres industriels et culturels, ces régions cessent de pouvoir être développées. Elles retournent parfois au désert ou à la steppe.

Ce processus de concentration géographique, d'abandon de vastes régions naguère prospères, d'engorgement d'autres régions, ne peut être expliqué seulement par la tradition coloniale des États-Unis. Car on retrouve actuellement le même phénomène en Amérique latine et en Europe occidentale. En France, à part la région parisienne et la vallée du Rhône, il n'est guère de région capable d'employer une proportion raisonnable des jeunes qui atteindront l'âge de travailler — ou qui quitteront l'agriculture — dans les dix années à venir. Le processus de développement de la France est presque intégralement dirigé de Paris. Les régions de vieille industrie ont été utilisées un siècle durant comme des sources de matières minérales, de produits primaires ou de biens de production, sans que la transformation ou la valorisation sur place de ces produits ait seulement été envisagée. Le gros des plus-values réalisées grâce à l'activité des régions a été réinvesti ailleurs, principalement dans la région parisienne, qui est de loin le premier centre de consommation et de transformation du pays. Tout s'est passé comme si les " provinces " étaient des colonies de la métropole parisienne, souvent vouées à la mono-production (textile du Nord et des Vosges, chaussures du Choletais, acier lorrain, vins du Midi ; et plus récemment, gaz et soufre d'Aquitaine, etc.) en fonction des spéculations financières des banques parisiennes, et sans le moindre souci d'assurer les régions contre les inévitables à-coups conjoncturels par une diversification de leurs activités respectives, par la transformation et l'élaboration sur place de leurs productions primaires.

En raison de ce type quasi-colonial de développement, les crises structurelles des vieilles industries (textile, chaudronnerie, charbonnages, sidérurgie, construction navale, etc.) et de l'agriculture traditionnelle se traduisent par de dramatiques crises régionales. Et ces crises ne sont nulle part résolues par la reconversion des activités en fonction des ressources et des besoins locaux. Cette reconversion ne serait possible que si les régions et leurs communautés possédaient un pouvoir d'initiative économique et politique. Les possibilités latentes, l'optimum économique et humain d'une région ne pourraient être définis, les énergies et les ressources locales ne pourraient être mobilisées que si la région disposait d'une autonomie réelle, d'assemblées élues et, surtout, si les centres de décision économique étaient soumis à un pouvoir d'orientation et de contrôle démocratique et populaire, évidemment incompatible avec leur gestion privée.

Faute de tout cela, les crises régionales et de reconversion sont " résolues " par la réduction ou la suppression des activités insuffisamment rentables, sans contre-partie aucune, conformément aux critères de rentabilité financière à court terme des groupes industriels et bancaires. Les populations locales sont invitées à émigrer vers les métropoles et à y grossir la masse des sous-prolétaires venus de pays plus lointains, notamment d'anciennes colonies. L'exode des régions vers la métropole est accepté par les " planificateurs " français comme un processus normal. Selon leurs prévisions, le quart de la population française sera concentré d'ici à 1980 dans la région parisienne; le quart de la population active de la France y sera concentré dès 1970. L'Ouest, le Centre et une partie du Sud-Ouest du pays risquent d'atteindre alors le point de non-retour interdisant leur développement à venir.

Ce point de non-retour est actuellement déjà atteint dans certaines régions du Centre de la France, de la Sicile et du Sud de l'Italie. Celle-ci et, depuis quelques années, l'Espagne, offrent un exemple particulièrement net de colonialisme intérieur. L'émigration du Sud vers le Nord, en Italie et en Espagne, a dépeuplé des régions agricoles potentiellement riches, aggravé le déficit net de produits alimentaires destinés à la consommation intérieure, accentué la dépendance économique à l'égard des marchés d'exportation de pays plus riches, et donc orienté la production industrielle dans ce qu'on peut appeler la " *voie japonaise* " : c'est-à-dire la production prioritaire, par un pays insuffisamment développé, des " gadgets " et des biens de consommation " opulents " qui peuvent être exportés le plus facilement dans les pays les plus riches, et échangés contre des machines, des brevets et des vivres.

La politique des pôles de développement industriel, adoptée dans la plupart des pays capitalistes, est sans doute avantageuse du point de vue des grands groupes privés, mais non pas du point de vue de l'économie dans son ensemble. Le pôle de croissance est généralement une ville grande ou moyenne à la périphérie de laquelle l'État aménage, aux frais de la collectivité, des zones industrielles sur lesquelles l'industrie privée sera ensuite " incitée " à s'installer par des dégrèvements fiscaux, des subventions, des dons de terrains, de bâtiments, de routes, etc. Les industries qui s'installent sont le plus souvent des filiales de monopoles indigènes ou étrangers. Leur activité ne tend pas au développement de la région, mais à l'installation d'*industries d'exportation* à destination des régions déjà développées. Il s'agit d'ateliers de montage, d'industries lourdes de première transformation, d'usines de sous-traitance.

Ces industries, implantées selon un calcul de rentabilité à moyen terme, provoquent des migrations vers le " pôle " à des dizaines de kilomètres à la ronde. La population rurale qui afflue ne s'embauche pas seulement, ni même principalement, dans l'industrie : elle se précipite dans une proportion importante vers les activités parasitaires et tertiaires, multipliant les bistrots, les petits commerces misérables, les intermédiaires qui intercalent trois, quatre, dix transactions spéculatives entre le producteur et le consommateur de produits alimentaires ou de consommation courante. Le " pôle " industriel, au lieu de hisser la société régionale vers un nouvel équilibre interne, au lieu de diversifier et d'enrichir les activités locales, les rapports humains, la culture régionale, provoque ainsi une dégradation, voire une destruction de la culture régionale, une sous-prolétarisation ou clochardisation de la population. Celle-ci connaîtra les frivolités et les perversions de la civilisation industrielle sans ses avantages, en matière d'enseignement, en particulier. La prolifération des activités spéculatives, dans le domaine commercial, foncier et immobilier notamment; le coût de l'infrastructure urbaine, des services urbains, des pertes de production agricole, représentera finalement un multiple de ce qu'aurait coûté un développement progressif et équilibré de la région en fonction des besoins.

Il ne faut pas confondre ce type de colonialisme intérieur avec l'indispensable concentration agraire qui, dans les régions rurales à population dense, est l'une des premières conditions du développement. La concentration agraire, par le regroupement des propriétés parcellaires, par l'exode rural partiel, est indispensable à la production d'un surplus agricole, surplus qui seul permettra l'investissement aussi bien dans l'agriculture elle-même que dans l'industrialisation. Mais ce n'est précisément pas de cela qu'il s'agit. L'exode jusqu'au point de non-retour est au contraire dû au fait que la concentration agraire — par réforme foncière, par création et dotation en capital de coopératives — n'a pas lieu. Et elle n'a pas lieu parce que l'économie agricole est déjà pillée et colonisée par le grand capital : par les féodaux terriens et grands agrariens dont les intérêts financiers et politiques sont étroitement imbriqués avec ceux du capital monopoliste; par les trusts de l'industrie alimentaire, des engrais, des aliments pour bétail, du commerce, qui intègrent l'agriculture au lieu d'être intégrés à elle; qui la réduisent à un secteur producteur de matières premières; qui la privent de ses possibilités de développement autonome; qui s'approprient le surplus pour le réinvestir hors de l'agriculture et hors de la région productrice.

Peu importe ici que la crise de l'agriculture donne lieu à des investissements à contre-courant et à la création d'exploitations agricoles capitalistes, extensives et mécanisées, sur une partie des superficies abandonnées.

Car : 1º L'agriculture capitaliste accélère encore la crise du monde rural : elle s'intéresse principalement aux productions et aux cultures qui permettent les gains de productivité les plus rapides et les plus faciles, et draine vers elles les investissements, au détriment du reste des activités agricoles.

2º L'agriculture capitaliste n'assure pas toutes les productions nécessaires et ne développe pas en priorité celles qui seraient les plus importantes pour l'équilibre économique général. Elle ressemble plutôt à l'industrie minière : elle travaille pour un marché mondial, anarchique et spéculatif, et non pour couvrir des besoins régionaux et nationaux.

3º Elle s'apparente de ce fait à la grande colonisation, dont elle présente également certaines caractéristiques financières et politiques : le capitalisme agraire est étroitement imbriqué avec le capitalisme commercial et agro-industriel. Les agrariens dominent les réseaux et les coopératives de vente des produits agricoles, les organismes de crédit agricole, le syndicalisme et la politique agricoles. Ils confisquent une part très importante de la plus-value de tout le secteur, s'attribuent l'essentiel des subventions de l'État, imposent à la collectivité l'écoulement à perte ou la destruction des excédents produits avec profit et contribuent ainsi au pillage de la société.

On retrouve donc dans le rapport entre le grand capital industriel, commercial et agraire, d'une part, le reste de l'économie nationale, d'autre part, des aspects typiques du rapport colonial. Ces aspects ne sont pas limités au plan économique. Sur le plan politique également, il s'agit pour le grand capital d'empêcher que les paysans, en se groupant, en étendant leurs activités coopératives *vers l'aval et vers l'amont* de l'agriculture, reconquièrent une autonomie, prennent en main la production ou l'achat des produits nécessaires à l'agriculture, la transformation et la distribution des produits agricoles, et se libèrent ainsi de la subordination au grand capital.

Dans l'ensemble, le développement monopoliste tend ainsi à accentuer les disparités régionales aussi bien que sectorielles. L'inégal développement des secteurs d'activité ne serait pas un mal si les secteurs qui croissent le plus rapidement étaient *moteurs pour les autres* et pour l'ensemble de l'économie. Mais tel n'est pas le cas. Dans le cadre de l'accumulation monopoliste, les industries de pointe, celles dont le développement est, en fait, prioritaire, sont celles qui permettent les gains de productivité les plus rapides : ce ne sont donc pas les industries d'équipement, mais les industries de grande consommation, particulièrement celles qui produisent des " biens durables ", c'est-à-dire des équipements individuels.

Ces industries sont " motrices " même dans les pays capitalistes semi-développés comme l'Espagne, le Japon, certains pays d'Amérique latine. Or, elles produisent des biens *non-essentiels* : des biens qui ne sont essentiels ni du point de vue des besoins élémentaires insatisfaits, ni comme moyens de production. Il s'agit en fait de tous les biens dits " opulents " : voitures particulières, réfrigérateurs et machines à laver domestiques, téléviseurs et postes à transistor. Les industries productrices de ces biens exigent un haut degré de concentration technique et financière. Elles drainent l'épargne non seulement des couches parasitaires de la société, mais également des couches populaires, au détriment de toutes les autres possibilités d'investissement et de développement.

D'où l'image familière, en Amérique et en Europe, des taudis avec télévision, des bidonvilles avec voitures particulières, du logement sans eau ni w.-c., mais avec réfrigérateur, de l'analphabétisme avec poste à transistor. Et ce n'est pas seulement dans les pays semi-développés, mais aussi dans les pays hautement développés que l'expansion monopoliste, au lieu de supprimer la rareté, la déplace et la reproduit à d'autres niveaux : la priorité aux biens de consommation " opulente ", c'est, objectivement, des écoles, des hôpitaux, des équipements agricoles, industriels, culturels en moins; c'est la perpétuation de la crise du logement et des taudis ; c'est l'insuffisance des ressources publiques pour lutter contre la pollution de l'air et de l'eau, pour créer des équipements collectifs nécessairement non-rentables; c'est la nécessité de construire des autoroutes, des parkings, des voies urbaines de circulation rapide, avant de créer des transports publics et ferroviaires modernes, avant d'aménager les villes afin de les rendre habitables.

Il ne s'agit donc pas de critiquer les biens de consommation " opulente " d'un point de vue moral ou moralisateur. Il ne s'agit pas non plus de dénoncer le caractère " artificiel ", " induit " des besoins qu'ils suscitent afin de les satisfaire. Oui, il est vrai que les monopoles " manipulent " le consommateur individuellement et collectivement afin de lui faire consommer du superflu; il est vrai que cette manipulation dévie des besoins profonds vers des envies superficielles, mystifie le désir de temps libre et de souveraineté en inventant et en démodant à l'infini des biens dits de confort et de prestige, qui vont de la brosse à dents électrique jusqu'au couteau à découper la viande électriquement, de la machine individuelle à cirer les chaussures jusqu'à la robinetterie en or. Il n'y aurait rien de condamnable dans ces frivolités luxueuses si, en même temps, les besoins fondamentaux étaient déjà satisfaits partout, et si les individus étaient libres de travailler plus pour acquérir ces gadgets ou de s'en passer en travaillant moins. Mais tel n'est pas le cas. Et c'est parce que tel n'est pas le cas que les biens " opulents " correspondent à un besoin historico-social réel, quoique manipulé : le besoin, notamment, " d'en avoir pour son argent ", puisque de toute manière il faut perdre son temps à gagner de l'argent.

Le conditionnement auquel les individus sont soumis n'est pas en premier lieu celui de la publicité directe : c'est plutôt celui d'un système qui ventile les investissements privés et publics de telle manière que les individus n'ont d'autre moyen de satisfaire leurs besoins que d'acquérir les équipements individuels proposés par les oligopoles. La voiture individuelle, par exemple, est un besoin réel parce que l'anarchie de l'urbanisme, l'horreur des taudis, la pollution de l'air, l'insuffisance des transports collectifs, l'urbanisme extensif, en font un moyen nécessaire d'évasion, de récupération et de transport. Mais en même temps la motorisation privée empêche qu'il soit porté remède à une situation à laquelle elle apporte un palliatif seulement.

Ce qui est critiquable, ce n'est donc pas la consommation " opulente " *en elle-même*, c'est la priorité qui lui est donnée, c'est la stérilisation par elle d'une part importante du surplus économique *avant même qu'aient pu être satisfaits* des besoins plus fondamentaux et créées les conditions d'un épanouissement libre des facultés humaines.

A fortiori est-il absurde, pour ne pas dire criminel, de diffuser ou de laisser diffuser les biens " opulents " dans des pays qui se trouvent au stade du démarrage de leur industrialisation. L'apparition brusque, aux mains d'une minorité privilégiée, indigène ou étrangère, des gadgets techniques de la civilisation industrielle avancée a nécessairement un effet corrupteur sur le paysan andalou, calabrais ou mexicain. Cet effet corrupteur s'exerce sur une masse populaire qui découvre les résultats et les sous-produits de la civilisation technico-scientifique sans même concevoir le genre de praxis technico-scientifique qui est à l'origine de ces inventions. Ces sous-produits étrangers, aux yeux de la masse qui les reçoit brutalement, ont un caractère proprement magique. Le décalage entre les civilisations brusquement confrontées est si grand qu'aucune voie de passage de l'une à l'autre ne peut être imaginée. La seule manière d'accéder aux sous-produits de la civilisation technico-scientifique est, pour le journalier andalou, par exemple, l'argent; mais aucun *travail* ne pourra lui procurer l'argent nécessaire. Du coup, tous ses besoins se trouvent pervertis et mystifiés en besoins d'argent.

L'effet est d'ailleurs comparable, dans les métropoles même, sur les adolescents à peine instruits des quartiers pauvres : leur réaction est la violence et le goût de la violence; et la violence n'est pas seulement une négation immédiate, sans espoir, de l'ordre social et des privilèges, mais également un mode d'appropriation magique, par la consommation-destruction, de la civilisation ambiante. L'immédiatisme violent est la réponse spontanée à une civilisation qui se donne comme *à-consommer* et non comme *à-créer*. La violence est la vérité d'une civilisation qui a coupé le consommateur du producteur, le producteur du produit; qui a déraciné l'individu de tout milieu de vie humain et naturel;qui a quantifié, c'est-à-dire réduit à des rapports d'extériorité, le rapport (dans le travail) de l'homme à ses outils et à la nature, le rapport (dans l'habitat) de l'homme à son environnement, et le rapport de l'homme à l'homme.

En pays sous-développé, il est donc capital, comme l'ont souligné chacun à leur manière René Dumont, Frantz Fanon et Mao Tsé-toung, de fonder une stratégie du développement non pas sur les pôles de croissance et sur l'injection d'industries de pointe dans un milieu rural, mais sur toute une série de transitions visant une mise en valeur qualitative et quantitative des ressources humaines. L'une des grandes leçons de la révolution chinoise, leçon qui est aujourd'hui acceptée par des économistes polonais, yougoslaves, soviétiques, c'est qu'une agriculture saine et solide, capable d'assurer elle-même sa reproduction élargie, est une condition essentielle du développement à long terme.

L'industrialisation ne doit jamais devenir une source de pillage du reste de l'économie. Elle doit, d'une part, progresser de bas en haut, c'est-à-dire s'effectuer en fonction des besoins de la majorité de la population, qui est rurale, sous le contrôle des communautés de travail agricoles et à leur initiative, par la création d'industries locales complémentaires de l'agriculture; et elle ne doit, d'autre part, se faire de haut en bas que dans la mesure où la création de complexes industriels modernes à proximité des grandes villes contribue à relever le niveau de productivité de l'agriculture et des industries locales complémentaires de l'agriculture. Autrement dit, la grande industrie ne sera motrice pour l'ensemble de l'économie et n'engendrera un développement équilibré, que si elle commence par fournir aux autres secteurs, à commencer par le secteur agricole, des biens de production qui relèvent la productivité et la capacité d'accumulation de chaque secteur.

Entre la charrue en bois à traction humaine ou animale et la charrue à disque à traction mécanique, par exemple, toute une série d'étapes intermédiaires sont, en outre, à respecter, non pas seulement pour maintenir le plein emploi, mais aussi parce qu'une culture nationale ne se forge que par l'élévation de la culture dans le travail et par l'appropriation de la nature, et non par la destruction brutale des rapports traditionnels au travail et à la nature.

Par ces remarques, je n'entends nullement que le développement doive être autarcique. Il doit être autonome, ce qui est tout autre chose. Et cette autonomie n'exclut point le recours à des techniques étrangères, ni même à des prêts, à des dons ou, dans certaines conditions, à des investissements étrangers. L'autonomie du développement signifie que l'impulsion de la croissance vient de l'intérieur de la société, se fonde sur la mise en valeur de ses ressources matérielles et de ses énergies humaines propres. Elle ne signifie pas que la société en voie de développement doive parcourir par ses moyens propres toutes les étapes historiques et techniques qui ont conduit, dans le passé, d'une économie essentiellement agricole à une économie industrielle, mécanisée et automatisée. A ce compte, le fossé qui sépare le monde développé du monde sous-développé continuerait à se creuser au lieu d'être comblé.

Cependant, si l'aide et même l'investissement étrangers doivent être recherchés, ils sont incapables, par eux-mêmes, de résoudre le problème du développement, tant du point de vue quantitatif que qualitatif. Ils ne peuvent contribuer à un développement équilibré qu'aux conditions suivantes :

1. Que l'aide étrangère ou l'investissement étranger s'inscrivent dans le cadre d'une planification de l'ensemble de l'économie et soient tenus d'en respecter strictement les objectifs ;

2. Que le personnel technique étranger, chargé de la mise en œuvre de programmes d'aide, soit placé sous le contrôle administratif et technique du pays bénéficiaire, ce qui suppose évidemment l'existence dans celui-ci de personnel technique compétent, formé dans *plusieurs* écoles et industries étrangères, et donc capable de juger les avantages comparés des techniques existantes de divers pays et de les combiner au mieux. Un programme d'aide multi-national est toujours préférable à l'aide d'un seul grand pays ;

3. Que les équipements soient normalisés de telle manière qu'ils ne soient pas tributaires des techniques et matières premières du pays qui les fournit;

4. Que, dans le cas d'une aide privée, l'installation fournie le soit selon le système de la location-vente, c'est-à-dire qu'après amortissement et rémunération normale du capital engagé, l'installation devienne la propriété du pays bénéficiaire;

5. Que les techniques d'origine étrangère (licences et brevets) deviennent également propriété du pays bénéficiaire après amortissement, puissent être développées et modifiées pendant la durée de l'amortissement, et puissent être exploitées sans restriction aucune.

Ces conditions ont été obtenues par la Yougoslavie, par exemple. Elles sont réalistes selon les normes financières et commerciales du capitalisme lui-même. La question n'est donc pas de savoir si l'impérialisme se laisse imposer ces conditions. La question est seulement de savoir si le pays en voie de développement a la *volonté politique* de les imposer, afin de sauvegarder ses chances de développement autonome et équilibré.

Il est inutile de démontrer ici, une fois de plus, que l'investissement étranger, et particulièrement nord-américain, n'a jamais eu pour but d'amorcer le processus d'industrialisation et de développement, et qu'il n'a pas non plus cet effet. Je me bornerai à rappeler certains aspects du nouvel impérialisme économique en m'appuyant sur la remarquable étude de l'économiste pakistanais Hamza Alavi [1].

Alavi rappelle tout d'abord que la balance des mouvements de capitaux américains a été excédentaire pour la période 1950-1960 : pendant cette période, qui est pourtant celle du plan Marshall et des grands programmes américains d'aide militaire, les États-Unis ont exporté 23 milliards de dollars de fonds publics (en majeure partie à des fins militaires) et 20 milliards de dollars de capitaux privés. Dans le même temps, les placements américains à l'étranger ont permis le rapatriement de 19 milliards de dollars et les inves-

---

1. Imperialism old and new, *Socialist Register* 1964, et *les Temps modernes*, août-sept. 1964.

Voir aussi Paul Baran, *Économie politique de la Croissance*, Maspero, Paris, 1967.

tissements américains à l'étranger le rapatriement de 23 milliards de dollars. D'un point de vue strictement monétaire déjà, placements et investissements américains se traduisent donc sur une longue période par une déperdition des réserves monétaires des pays " bénéficiaires ", déperdition à laquelle il faut encore ajouter la fuite des capitaux privés indigènes, facilitée par la liberté des changes que les États-Unis encouragent chez les " bénéficiaires " de leur aide.

Alavi distingue ensuite l'ancien impérialisme, fondé sur le pillage des gisements de matières minérales, et qui n'a jamais produit nulle part, au contraire, un début de développement, et le nouvel impérialisme qui privilégie l'investissement dans les secteurs industriels *déjà existants*. L'investissement privé étranger ne vient jamais *créer* une industrie inexistante, mais il s'embarque dans un processus d'industrialisation déjà en cours pour le contrôler, le limiter, l'orienter et conquérir le marché en voie de création. Le capitalisme de monopole, écrit Alavi, " tente de contrecarrer tout effort réel des pays sous-développés dans la voie de l'industrialisation, car un tel effort rendrait pour lui plus difficile l'exploitation de ces marchés. Dans la mesure pourtant où il ne peut s'opposer à certains progrès dans la voie de l'industrialisation, il cherche à limiter ces progrès et à s'assurer une participation dans ce qu'il ne peut empêcher. Mais, par sa nature, cette participation entrave tout progrès ultérieur, car elle aboutit à accorder une place primordiale aux installations de montage et d'emballage d'articles étrangers, qui sont présentés sous l'étiquette fallacieuse d'entreprises manufacturières indigènes. Tout cela concourt à tourner les mesures prises en vue de protéger l'industrie nationale... ".

En s'appuyant sur les pratiques néo-colonialistes à l'œuvre en Inde, Alavi montre ensuite la nature du pillage et des entraves au développement. Le rapatriement des surprofits monopolistes, moteur essentiel de l'ancien colonialisme, tend à ne jouer qu'un rôle secondaire dans le colonialisme économique nouveau. C'est que la possibilité de rapatrier les bénéfices est souvent limitée, dans les semi-colonies ou les pays formellement indépendants, par le déficit permanent de la balance des paiements, par la dévaluation rapide et la convertibilité difficile de la monnaie nationale. Si la colonisation économique devait viser avant tout le rapatriement des bénéfices, les monopoles seraient conduits à exiger une stabilisation financière, et donc une politique déflationniste. Mais celle-ci rétrécirait nécessairement le marché intérieur du pays dominé, freinerait ou bloquerait sa croissance. L'expansion dans une toute relative stabilité ne peut être obtenue que par des États modernes et structurés. Quand ces États n'existent pas déjà, l'impérialisme n'a aucun intérêt à leur naissance; car celle-ci: 1° supposerait un bouleversement des rapports sociaux, 2° contraindrait l'impérialisme à négocier au lieu de dominer.

C'est pourquoi les monopoles nord-américains, en particulier, tendent à prélever leurs bénéfices de manière occulte, de préférence avant la mise sur le marché des produits qu'ils fabriquent dans un pays étranger. Au lieu de prendre le risque d'investissements directs, ils ont intérêt à prendre une participation financière dans des firmes " nationales " et à leur vendre, sous contrat d'exclusivité, soit des matières premières, soit des matériels, soit, le plus souvent, le droit d'utiliser des brevets. Les redevances pour utilisation des brevets, les surprofits sur les matériels ou matières premières fournis à la firme " nationale ", en viennent à représenter une somme *supérieure au total des profits réalisés par celle-ci..* Dans la mesure où cette somme est comptabilisée comme " importation de produits et services " par la firme " nationale ", son prélèvement en devises ne se heurte pas aux mêmes obstacles psychologiques et politiques que le rapatriement des bénéfices.

Loin d'être atténué, le pillage du pays dominé n'est que camouflé grâce à ces méthodes. Les profits rapatriés, indirects ou directs, des monopoles étrangers sont soustraits à tout investissement ou réinvestissement possible dans l'économie dominée. De plus, le progrès technique de celle-ci tombe dans la sphère de souveraineté du trust étranger, qui dicte à sa guise la cadence du développement et du progrès technique à tout un ensemble de pays dominés. La formation de travailleurs qualifiés, qui est souvent mise à l'actif d'implantations étrangères, n'a pas lieu ou a lieu seulement dans une mesure limitée. Car le personnel technique et administratif est le plus souvent fourni par le trust étranger; de plus, celui-ci fait exécuter les fabrications locales selon des spécifications rigidement pré-établies, interdit toutes modifications et, dans le cas où la filiale est autorisée à effectuer des recherches techniques, s'approprie le résultat de ces recherches et s'en réserve l'exploitation éventuelle.

Même les rapports internationaux d'un ensemble de pays en viennent à être régis par la stratégie de monopoles étrangers. Ceux-ci décident selon leurs convenances particulières une division internationale du travail entre les pays d'Europe occidentale, par exemple, ou d'Amérique latine. Tels monopoles américains choisissent tels pays — l'Allemagne occidentale ou le Mexique par exemple — comme base de conquête commerciale de toute une région du monde. Au sein de celle-ci, l'impérialisme américain crée ainsi des pays *impérialistes par procuration*, c'est-à-dire des pays qui dominent *pour le compte d'un pays tiers par lequel ils sont eux-mêmes dominés*. L'impérialisme américain impose ainsi des spécialisations nationales ou provinciales dès un stade peu avancé de l'industrialisation, oriente le développement et détermine le degré de développement de chaque pays de la région, règle les échanges internationaux de tout un sous-continent et dresse ainsi des obstacles supplémentaires à l'émancipation de chaque pays et de l'ensemble des pays.

Les possibilités d'auto-détermination des pays dominés ne sont évidemment pas hypothéquées dans le domaine économique seulement. L'intervention politique du pays dominant est en fait permanente. Ce n'est qu'en dernier recours que cette intervention prend des formes directes, tendant à défaire des régimes ou des gouvernements, à fomenter des putsch, à financer des armées de mercenaires, à envoyer des corps expéditionnaires sous des prétextes fallacieux. L'intervention indirecte, quoique moins voyante, est souvent plus efficace encore : elle ne consiste pas seulement à corrompre des dirigeants nationaux, à financer des partis politiques, des syndicats, des régimes, à menacer de rétorsions les pays qui porteraient atteinte aux intérêts privés de la métropole. Il suffit de savoir que celle-ci *pourrait* prendre ombrage de la victoire de tel parti ou de telle coalition pour que la crainte d'une éventuelle rétorsion joue en faveur du parti " pro-américain " — comme cela est récemment arrivé au Chili — sans qu'aucune menace de rétorsion ait été proférée.

Le nationalisme, qui est la réaction spontanée à cette situation de dépendance, n'est évidemment pas une réponse suffisante, ni surtout une réponse adaptée. La conquête de la démocratie et de l'autonomie interne passe, pour chaque pays, par la conquête de sa souveraineté réelle, mais celle-ci ne peut plus être conquise sur une base nationale face à des monopoles dont la stratégie est internationale. De plus, la volonté de souveraineté nationale peut avoir un contenu politique et économique tout aussi réactionnaire que la servilité à l'égard du pays dominant. En particulier, l'anti-américanisme peut refléter aussi bien — dans le cas de la France gaulliste, de l'Espagne franquiste, du Pakistan, etc. — les conflits de deux impérialismes, inégalement puissants mais également néfastes, et entre lesquels il n'y a pas lieu de choisir; il peut seulement s'agir de mettre leur rivalité à profit pour se dégager de la domination de l'un et de l'autre.

Ces remarques me ramènent au point de départ. Si le nationalisme peut être une réaction positive, progressiste, légitime du point de vue culturel, il constitue une base idéologique tout à fait insuffisante pour combattre l'impérialisme sur le plan économique et politique. Tout au contraire, il peut permettre à celui-ci de jouer les unes contre les autres des nations qu'il domine également, de profiter de la traditionnelle rivalité des faibles et des opprimés, de créer des oppresseurs qui dominent leurs voisins pour le compte de la puissance impérialiste et qui se dédommagent sur de plus faibles qu'eux de leur propre humiliation.

Le terrain réel sur lequel l'autonomie politique, l'auto-détermination du processus de développement pourront être reconquises, est le terrain politico-économique. Mais sur ce terrain, la lutte ne pourra être menée efficacement que par une coordination des efforts de plusieurs nations d'un même continent et même de continents différents. Cette coordination elle-même ne débouchera sur la libération que si ses objectifs et ses thèmes de lutte parlent aussi au cœur et à l'intelligence des forces qui, à l'intérieur du monde capitaliste développé, luttent contre le modèle de développement monopoliste, contre le mythe de " l'opulence " et de la " société de consommation ", contre le colonialisme intérieur. L'impérialisme ne peut être battu sur sa périphérie s'il n'est pas aussi attaqué dans ses positions métropolitaines [1].

1. Voir plus loin, *le débat sino-soviétique*.

C'est pourquoi je crois que la situation et les problèmes du mouvement ouvrier et socialiste dans les pays capitalistes avancés concernent et intéressent les peuples du monde entier. C'est pourquoi les retards historiques que ce mouvement a accumulés ne sont pas graves seulement pour lui-même. Car les reculs et les revers essuyés par le mouvement ouvrier occidental au cours des dernières décennies; son niveau souvent faible de conscience internationaliste; le fait que le capitalisme n'a été vaincu jusqu'ici dans aucun pays développé et que sa défaite n'est en vue dans aucun, tout cela explique dans une large mesure la division du mouvement révolutionnaire mondial, l'impatience et le scepticisme de certaines forces anti-impérialistes à l'égard des partis ouvriers d'Europe. Tout cela rend impossible également une stratégie anti-impérialiste centralisée à l'échelle du monde.

Il ne peut y avoir aujourd'hui que *des* stratégies disposant d'un large degré d'autonomie, comme tendent à le confirmer la récente conférence tricontinentale de La Havane, et la création d'un organisme de la F.S.M. (Fédération syndicale mondiale) pour l'Europe occidentale. La nécessité de stratégies régionales autonomes ne signifie point, toutefois, qu'il faille accepter la division des forces anti-impérialistes. Au contraire, la diversité des stratégies ne rend que plus nécessaire leur *coordination*. Il est probable que la guerre du Viet-nam n'aurait jamais pris cette ampleur et cette tournure sans le conflit sino-soviétique. Chaque région du monde est concernée par les problèmes, les difficultés et les luttes de toutes les autres.

VI

LE DÉBAT SINO-SOVIÉTIQUE *

Nous ne sommes pas en position de jouer les arbitres, ni les témoins impartiaux : dans la divergence sino-soviétique, nous, Européens, sommes non pas juges, mais partie. Nous sommes partie, tout d'abord, parce que nous ne vivons pas sous la menace de la disette et ne menons plus avec la nature une lutte contre la montre. Nous sommes partie, ensuite, parce que le passage au socialisme ne peut se faire pour nous ni dans l'immédiat, ni par l'insurrection armée, mais à travers des transitions seulement, marquées inévitablement par des luttes très dures, échelonnées sur une assez longue période.

Aussi la politique dite de coexistence pacifique est-elle la seule qui soit acceptable pour nous. Nous savons qu'un régime de transition au socialisme n'aurait de chances de s'imposer et de se maintenir au pouvoir que par une politique d'équilibre entre le camp socialiste et les États-Unis d'Amérique. C'est pourquoi nous avons besoin de savoir qu'une politique de non-alignement serait assurée de la compréhension soviétique. Et c'est pourquoi la réconciliation entre communistes soviétiques et yougoslaves — les premiers non alignés de l'histoire — est aussi encourageante pour nous qu'il nous inquiète d'entendre traiter les Yougoslaves de révisionnistes, restaurateurs du capitalisme et ennemis de la classe ouvrière : car toutes ces accusations risqueraient d'être lancées contre nous le jour où nous serions à pied-d'œuvre pour construire le socialisme.

Nous sommes partie, et non pas arbitres. Le capitalisme ne pousse plus au désespoir nos classes ouvrières et la croisade mon-

---

* Introduction au numéro spécial des *Temps modernes* de mai 1963.

diale contre l'impérialisme n'a guère de séduction pour celles-ci. Elles ont tout lieu, au contraire, de redouter une victoire armée du socialisme qui ferait tomber les nations développées en cendres et n'offrirait aux rescapés — si rescapés il y a — d'autre perspective que de repartir dans la lutte pour la survie, au niveau et aux côtés des péons d'Amérique latine et des paysans-ouvriers de Chine. Nous préférons la coexistence pacifique parce que nous avons tout à perdre dans une guerre et que la victoire du socialisme, ici ou n'importe où ailleurs, n'en serait plus une, pour nous, payée à ce prix-là.

Ce serait pure lâcheté de notre part si la guerre, malgré nos prudences, demeurait inévitable et si, en optant pour la coexistence, nous cherchions seulement à gagner un sursis — et à le gagner au prix de concessions, de reculs, de chances manquées que l'ennemi de classe pourrait mettre à profit le jour de l'explication finale. Nous sommes lâches et méprisables s'il n'y a pas de voie pacifique au socialisme; nous ne le sommes plus si cette voie existe.

Il est impossible pour nous, ici, de nous prononcer sur son existence. Nous pouvons seulement dire que si elle n'existe pas, nous n'en voyons aucune autre. La thèse sur l'inévitabilité de la guerre a prévalu durant la période de guerre froide, et durant cette période le mouvement ouvrier occidental a subi ses plus profonds dégâts : sommé de part et d'autre de prendre parti dans le futur conflit planétaire, la stratégie de la lutte de classe a été subordonnée à la stratégie des blocs. Les considérations militaires ont fourni aux dirigeants bourgeois des justifications et des alibis pour une politique dont le caractère réactionnaire était masqué dans une certaine mesure par l'adhésion que lui donnait, au nom de " l'Occident ", une partie du mouvement ouvrier. L'autre partie, exclue de la nation au nom d'un manichéisme qui assimilait à la haute trahison la contestation du système, en était réduite à attendre son hypothétique victoire *de solutions externes, et de l'intervention de forces étrangères.* De longues années durant, des batailles sans débouché contre la politique et le péril de guerre ont absorbé l'essentiel de l'énergie de la classe ouvrière. Elle ne s'est pas encore entièrement remise de cette période-là : si elle n'a pas élaboré une stratégie autonome et à long terme pour la conquête du pouvoir, adaptée aux conditions nationales et locales; si elle n'a pas su, par un échelonnement d'objectifs intermédiaires, faire se réfléchir son but lointain — le socialisme — dans ses batailles quotidiennes et, inversement, faire poindre à l'horizon de celles-ci l'objectif lointain comme leur sens déjà présent; si entre l'intransigeance révolutionnaire et la tactique politique; entre le long et le court terme; entre la contestation globale du capitalisme et l'insertion active dans ses contradictions et ses processus, elle n'a pas su trouver les articulations nécessaires, c'est dans une large mesure à la guerre froide qu'on le doit : longtemps celle-ci a rendu l'action autonome extrêmement difficile, la réflexion et la recherche indépendante vaines. Lutter dans la perspective d'une guerre mondiale imminente, c'était tenir pour acquis que la décision ne serait point remportée ici même, que la victoire (si victoire il devait y avoir) viendrait *du dehors*, qu'il n'y avait pas de voie nationale (ou européenne) et pacifique au socialisme et qu'il n'y avait donc pas grand-chose à faire sinon de serrer les rangs en attendant l'heure X.

Cette période est maintenant révolue. Malgré les retards et les lenteurs dans la prise de conscience, nous savons aujourd'hui que la coexistence est nécessaire s'il doit y avoir jamais une avance autonome vers le socialisme qui, rejetant les modèles préfabriqués, s'adapte aux conditions particulières de chaque pays et soit portée par les besoins et les exigences réels de chaque peuple. Pour chaque mouvement ouvrier, la coexistence pacifique signifie qu'il ne peut attendre le pouvoir que de lui-même, qu'il doit recouvrer la maîtrise de son destin, sa liberté de pensée, de recherche. Le salut ne viendra pas de l'extérieur, il n'y aura pas d'heure X, il n'y a pas de parti-guide au-dehors. Pour les P. C. des différents pays, la doctrine de la coexistence signifie la fin du dogmatisme qui les asphyxiait; elle correspond ainsi à une exigence interne de leur développement.

Cette exigence n'aurait sans doute pas été déterminante si seul avait été en jeu le développement de partis ouvriers qui se trouvaient dans une position subordonnée par rapport à la stratégie des blocs. Ce qui fut déterminant à partir de 1955, c'est que le développement de l'économie et de la société soviétiques ne pouvait être assuré dans les cadres rigides hérités de la période stalinienne, perpétués par la guerre froide et qui, dans une certaine mesure, la perpétuaient. Tant qu'il s'agissait d'édifier les bases matérielles du socialisme par l'accumulation forcée, dans la pénurie générale, dans un seul pays encerclé, une planification rigidement centralisée, répartissant les ressources et fixant les objectifs de manière autoritaire, déniant aux directeurs d'entreprises, de kolkhozes, aux syndicats et aux organismes locaux toute autonomie, était une solution commandée par l'urgence. Et cette solution entraînait la bureaucratisation générale, avec ses excroissances policières. Les autonomies locales, d'ailleurs, auraient freiné le processus d'accumulation dans sa première phase; car l'accumulation devait se faire nécessairement au détriment des producteurs agricoles, appelés à nourrir une population industrielle croissante sans que le produit de l'industrie, elle-même engagée dans la course à l'accumulation, revînt aux producteurs agricoles (ni d'ailleurs aux ouvriers des villes) sous forme de produits de consommation. Les notions d'efficience et de rentabilité des investissements ne pouvaient guère avoir de signification durant cette période : Quand il s'agissait de construire les bases mêmes d'un système industriel, le choix des investissements était avant tout " politique ". Certains barrages, certaines centrales électriques, certains complexes sidérurgiques étaient une nécessité vitale, quel que fût leur coût.

A partir du moment, toutefois, où un appareil industriel puissant et complexe assurait une abondance relative de produits de base, la direction centralisée, bureaucratique de l'économie devenait un frein au développement, une source de gaspillages, de pannes et de conflits. Staline le reconnaissait lui-même dans son dernier écrit théorique : même dans un système socialiste, la contradiction entre forces de production et rapports de production peut resurgir. Les priorités politico-économiques les plus urgentes une fois satisfaites, les ouvrages et installations-clés commandant la capacité de développement une fois réalisés, les critères qualitatifs de rentabilité et d'efficience devaient reprendre leurs droits. La question n'était plus d'assurer la croissance d'une économie où *tout* était à faire et où les critères quantitatifs primaient nécessairement, mais de développer un appareil de production diversifié et complexe dans un contexte où les forces humaines étaient devenues plus rares que les ressources matérielles. Le développement ne pouvait donc se poursuivre au rythme passé que si le critère de l'optimum économique supplantait celui du maximum : les investissements devaient être orientés de manière plus sélective vers les endroits où leur efficience serait la plus grande, ce qui suppose que l'on réintroduise au moins partiellement les notions d'amortissement, d'intérêt du capital, de coût de revient. Ce qui suppose aussi que l'on rétablisse une certaine concurrence entre les entreprises, et donc une différenciation plus large et plus libre de leurs niveaux de salaires respectifs; et donc que l'on accorde une plus large autonomie aux entreprises, que l'on intéresse les travailleurs, matériellement, à la marche de celles-ci ; et cet intéressement ne pouvait être réalisé que si les objectifs de production et la manière de les atteindre étaient discutés à tous les niveaux. Outre ces premiers pas, encore timides, vers la gestion ouvrière, qui n'ont sans doute pas peu contribué à la réhabilitation du socialisme yougoslave, une certaine décentralisation commence à s'imposer aussi dans les orientations de l'économie. Au cours de la transition vers le communisme, en effet, la production sera de moins en moins déterminée par les besoins élémentaires, par le " règne de la nécessité " ; elle tendra à perdre sa finalité " naturelle " au profit d'une finalité " humaine " : les besoins " libres " prendront le pas sur les besoins primaires, le développement intégral de " l'homme humain " sur celui des forces productives.

Or, la réalisation de ce nouveau modèle social est incompatible avec la direction centralisée et autoritaire qu'exigent l'économie de guerre et l'effort d'armement du passé récent. La détente internationale et, si possible, le désarmement sont indispensables au développement optimum de l'économie soviétique d'abord, à la transition au communisme ensuite. Aussi l'option en faveur de la coexistence pacifique est-elle sans doute commandée au premier chef par un choix de politique intérieure, lui-même fonction d'exigences et d'impossibilités proprement soviétiques : impossibilité de contenir la déstalinisation ou de revenir en arrière; de résister à la pression populaire pour une démocratisation plus large et plus profonde; d'assurer un taux de croissance élevé et d'améliorer la productivité sans décentralisation et sans débureaucratisation.

La question est donc moins de savoir si, du point de vue de " l'histoire universelle ", le développement en U.R.S.S. d'une société et d'un individu " riches ", amorçant le passage au communisme, était souhaitable *dès à présent* — ou s'il n'aurait pas mieux valu maintenir l'austérité, les formes autoritaires de direction, pour donner la priorité à un effort massif, tant économique que militaire, en faveur de la Chine et des mouvements révolutionnaires des peuples opprimés. Car posée sur ce plan doctrinal, la question est purement abstraite : les politiques ne s'élaborent pas sur la base de considérations idéales, mais sur la base des conditions matérielles et de l'histoire. Et une fois posé que la politique de la coexistence compétitive rationalise tant bien que mal, sur le plan de la stratégie mondiale, les exigences internes du développement soviétique, la seule question légitime est celle-ci : quelles conséquences a cette politique pour les luttes révolutionnaires dans le reste du monde ? N'exprime-t-elle que les intérêts particuliers de l'Union soviétique, ou ceux-ci se confondent-ils ou, du moins, convergent-ils avec les intérêts de tous les mouvements révolutionnaires ?

" Développer la société socialiste, c'est avant tout veiller au développement de l'économie. Plus efficacement les pays socialistes mèneront la construction économique, plus forts il seront sur le plan économique et politique, plus grande sera leur influence sur l'orientation et les cadences du développement historique [1]. "

Deux conclusions majeures sont impliquées dans cet éditorial de la *Pravda* et dans d'autres textes récents répondant aux thèses chinoises :

1. Il y a plusieurs fronts dans la lutte mondiale contre le capitalisme; mais la bataille principale est celle du front central. Ce front est celui des pays socialistes " avancés " : ils sont seuls capables de remporter la victoire décisive sur le capitalisme, et cela pour deux raisons :

a. Cette victoire ne peut être que pacifique, car à l'issue d'une guerre mondiale, il n'y aurait que des vaincus. Or, le seul moyen de battre pacifiquement le capitalisme, c'est d'édifier une société

1. *Pravda,* 7 janvier 1963.

socialiste dont la supériorité sera si évidente que les masses des pays capitalistes n'auront de cesse que leur société réponde au même modèle. La construction de ce modèle demandera environ vingt ans.

b. Les révolutions des peuples opprimés, si elles se faisaient à une cadence rapide et instauraient d'emblée des régimes socialistes, risqueraient de faire du " Tiers Monde " un foyer de guerres. Or, ces guerres, outre qu'elles retardent le progrès des économies socialistes, n'ont jamais abouti jusqu'ici à une victoire nette du socialisme : les précédents coréen, vietnamien, laotien sont là pour le prouver.

2. Pour échapper à la domination impérialiste et se maintenir au pouvoir, les régimes révolutionnaires devraient réorienter leurs échanges et recevoir une aide substantielle du camp socialiste. Or, pour celui-ci, il n'en résulterait pas seulement l'ajournement, et peut-être l'impossibilité, d'une victoire pacifique sur le capitalisme; si les révolutions anti-impérialistes se faisaient à une cadence rapide, le camp socialiste, freiné dans son développement économique par des ponctions croissantes sur ses ressources, pourrait se révéler incapable d'offrir aux nations prolétaires les débouchés de rechange et les équipements dont elles auraient besoin. Si, en revanche, pendant les vingt années à venir, le camp socialiste peut éviter tout à la fois les guerres et les ponctions massives sur ses ressources, sa prépondérance mondiale dans la sphère des échanges et de l'aide économiques lui permettra de libérer les peuples opprimés de leur dépendance des impérialistes et de faire basculer le Tiers Monde grâce au seul jeu de la compétition pacifique. Mieux vaut donc attendre encore et, entre-temps, préférer aux ruptures violentes les régimes de transition hybrides : " L'État de démocratie nationale, qui ne sera pas l'État d'une classe, ni même celui de deux classes; ce sera un État incarnant les intérêts de toute la partie patriote de la nation [1]... "

On peut reprocher à ces thèses d'être anti-léninistes, de fleurer le " paternalisme technologique ", de relever d'une conception bureaucratique et d'une politique de puissance: elles misent beau-

[1]. A Sobolev, in *Nouvelle Revue internationale*, février 1963.

coup plus sur les rapports de force et les facteurs externes que sur la dialectique propre des luttes révolutionnaires. Toutefois, on ne peut dénier à ces thèses un caractère marxiste : réappropriation collective des moyens de production, le socialisme ne peut surgir de la dialectique matérialiste que lorsque les moyens de production existent et que la production a en fait déjà un caractère social. Tant que les forces productives ne sont pas développées, il ne peut y avoir de socialisme que volontariste. Il le fut en U.R.S.S., sous Staline. Il le fut en Chine, à partir de 1957 surtout, quand les théoriciens chinois présentèrent les communes comme un " raccourci " vers le communisme.

C'est à cette période héroïque des communes que la divergence sino-soviétique semble avoir commencé à s'aiguiser. L'ampleur de l'effort de développement chinois avait sa propre logique infernale : son succès dans le secteur agricole exigeait une production accrue de produits industriels (matériel de transport, outils, pompes, etc.) et l'accélération de l'effort industriel ne pouvait lui-même être obtenu que par une rationalisation et une intensification de la production agricole. Le système ne pouvait surmonter ses déséquilibres que par la fuite en avant. Ce furent les " grands bonds ", la mobilisation générale de toutes les énergies, les journées de travail de 14 et de 16 heures, l'accumulation de plus de 35 % du produit national, la sur-centralisation, les épurations et campagnes " anti-droitières ", la sélection et l'épuration des cadres selon des critères politiques (la compétence passant au second plan), l'organisation de communes selon le modèle militaire, la réapparition de la " théorie " stalinienne selon laquelle la lutte des classes s'intensifie à mesure que progresse la construction du socialisme (voire que la lutte des classes " pénètre même à l'intérieur du P.C. ", ce qui donne une idée des tensions entre dirigeants et militants, militants et masses).

Pendant que la Chine s'engageait dans ce gigantesque effort, atténué et ralenti depuis, tant à la suite des calamités naturelles que des erreurs et du gaspillage provoqué par la pénurie et le mode de sélection des cadres, l'U.R.S.S. s'orientait vers la transition au communisme et vers l'édification d'une société " riche ", devant servir de modèle aux nations industrialisées de l'Occident, dans le cadre de la coexistence compétitive. Cette orientation, qui signifiait un ralentissement ou, du moins, une stagnation de l'aide socialiste à la Chine, était une entorse évidente à " l'internationalisme prolétarien ". Le relèvement du niveau de vie dans l'Europe socialiste ; la compétition engagée avec les États-Unis ; l'aide apportée aux États de " démocratie nationale " étaient objectivement une distraction des ressources du camp socialiste au détriment de la Chine, qui en avait le besoin le plus urgent. En même temps, la stratégie khrouchtchevienne engageait, dans le cadre de la coexistence, une compétition pacifique à très long terme pour détacher un jour de la sphère d'influence capitaliste des nations du Tiers Monde qui (si anti-communistes fussent-elles) avaient opté pour le neutralisme. L'aide aux pays non alignés (ou à ceux dont l'U.R.S.S. souhaitait qu'ils le fussent) dépassait de loin l'aide à la Chine.

Loin d'utiliser la supériorité stratégique que pouvait lui conférer (à condition qu'elle y mît le prix) sa percée de 1957 dans le domaine des engins balistiques à longue portée ; loin d'encourager et de prendre sous sa protection, partout où ils avaient une chance (au Vietnam, au Laos, en Corée, en Irak, à Java et, par la suite, en Amérique latine), les insurrections populaires, l'U.R.S.S. recherchait la détente et semblait vouloir étaler sur plusieurs décennies, en la rendant aussi peu spectaculaire que possible, la liquidation de l'impérialisme. L'option khrouchtchevienne se rapprochait en fait d'un certain " gradualisme " dont les Yougoslaves avaient été les protagonistes en politique internationale [1] et s'écartait de la conception chinoise de l'insurrection permanente et du risque de guerre considéré comme partie intégrante, quoi qu'on fît, de la lutte anti-impérialiste. Par ce fait et par le fait qu'elle misait sur un socialisme attrayant, démocratisé, respectable, capable de

1. En gros, la diplomatie yougoslave, cherchant à consolider un " camp de la paix ", non aligné, considérait que l'indépendance par rapport aux deux blocs était la seule chance, pour de petites nations, de réaliser leur émancipation et leur avance vers le socialisme sans provoquer d'intervention répressive de l'impérialisme, de contre-intervention de l'U.R.S.S. et sans devenir *l'objet*, privé de toute autonomie, d'une rivalité Est-Ouest qui risquait de conduire à la guerre et (ou) à la partition. De ce point de vue, l'acceptation de fusées par Cuba était une faute plus lourde encore que leur envoi par l'U.R.S.S. Sans contester ce dernier point, les Chinois objectent que le souci d'éviter les interventions répressives de l'impérialisme est incompatible, en Amérique latine, notamment, avec les révolutions populaires.

séduire les peuples occidentaux, l'option khrouchtchevienne tendait à dénier à la Chine le droit de participer, comme l'égale de l'U. R. S. S., à la détermination de la politique mondiale du camp socialiste, et la reléguait dans une position subordonnée. A défaut d'un Parti-guide, il restait un modèle du socialisme, et ce modèle était celui de la société socialiste la plus riche.

Il importait donc à la Chine de démontrer que la puissance d'attraction du modèle n'était pas nécessairement fonction du niveau de développement économique; que le modèle chinois, quoique le plus pauvre, pouvait être plus exemplaire et plus avancé sur la voie du communisme que le soviétique; que le camp socialiste ne perdrait donc rien, tout au contraire, à bloquer ou même à abaisser le niveau de consommation des peuples socialistes européens pour mieux contribuer au développement chinois et aux luttes des peuples opprimés. D'où la théorie du " raccourci " vers le communisme; d'où la dénonciation comme antisocialiste des types de planification non-centralisés et non-autoritaires, et les véhémentes campagnes d'injures contre les " révisionnistes yougoslaves ", initiateurs de ce type de planification. D'où encore les thèses sur le " pourrissement " avancé du capitalisme, c'est-à-dire sur l'inutilité d'opposer un modèle socialiste attrayant aux sociétés capitalistes " en voie de décomposition ", fondées sur " la misère croissante et la faim des masses " et appelées à s'effondrer au premier choc; d'où aussi les accusations de lâcheté contre ceux des partis marxistes qui (le P.C. italien, la gauche socialiste japonaise, principalement) ont renoncé à la conquête du pouvoir par l'insurrection armée en faveur d'une " voie pacifique " et démocratique au socialisme, liant étroitement la lutte pour le socialisme et la lutte pour une démocratie élargie.

Objectivement, l'option khrouchtchevienne tendait donc à subordonner l'édification du socialisme chinois — et du même coup, le développement des luttes révolutionnaires en Asie, Afrique et Amérique latine — à la compétition entre sociétés industriellement avancées, et donc à aggraver encore les inégalités au sein du camp socialiste, tandis que l'option chinoise tend à la subordination inverse. Elle ne parvient toutefois à justifier l'ordre des priorités qu'elle retient qu'en se fondant sur des analyses dont certaines sont pour nous d'une fausseté évidente. Si les théoriciens chinois se bornaient à affirmer que les nations prolétaires d'Asie et d'Amérique latine sont la force révolutionnaire principale ; que le modèle chinois, quoique pauvre, peut être plus exemplaire pour elles qu'un modèle soviétique riche ; que la possibilité de remporter une victoire pacifique sur l'impérialisme, par la supériorité démontrée du système socialiste, paraît décidément lointaine ; que gagner les peuples d'Europe occidentale et de l'Amérique capitaliste au socialisme est une entreprise certainement plus ardue et douteuse que de soulever contre l'impérialisme une partie du Tiers Monde ; qu'en conséquence la priorité doit être donnée à celui-ci, au prix d'une austérité renforcée pour l'Europe socialiste ; que le danger de guerre qui en résulterait ne serait pas prohibitif, étant donné l'incapacité démontrée des nations industrielles à mener à bien des guerres coloniales de reconquête — si l'argumentation chinoise s'arrêtait là, nous serions incapables de la réfuter. Nous pourrions seulement lui opposer *l'intérêt* du mouvement ouvrier d'Europe occidentale, sacrifié dans l'affaire, tout en prenant conscience que cet intérêt est devenu trop particulier, à l'échelle de l'histoire mondiale, pour mériter de l'emporter et que nous ne sommes plus dans " le courant principal de l'histoire ". Mais l'argumentation chinoise ne s'arrête pas là. Elle reprend les vieilles thèses staliniennes sur l'effondrement inévitable du capitalisme, sur la paupérisation absolue, sur l'imminence d'une crise catastrophique, sur l'unité monolithique de l'impérialisme, et nous savons que ces thèses sont fausses. Elle tient pour acquis que l'impérialisme reculera devant la guerre et que, s'il ne recule pas, il sera vaincu tout de même.

Or, ces analyses fausses sont partie intégrante de la doctrine chinoise. Il ne s'agit pas d'enclaves d'erreur dans une argumentation juste, mais des bases même de l'argumentation : celle-ci, en effet, ne tient debout que si le capitalisme peut être abattu (et abattu sans guerre) par l'élimination de ses positions périphériques, impériales, dans le Tiers Monde, et (ou) par ses propres contradictions internes. C'est à cette condition seulement que la lutte des peuples prolétaires peut être considérée comme la bataille principale. Et cette condition n'est pas remplie.

R. Fossaert a démontré que le monde capitaliste pouvait survivre sans crise grave à la perte de ses positions coloniales et qu'aucune de ses contradictions internes n'était mortelle [1]. La guerre de Corée a démontré que les attaques frontales livrées de l'extérieur rétablissent l'unité du camp impérialiste et le renforcent au lieu de l'affaiblir. Les attaques de l'extérieur provoquent un recul et une dégradation de la démocratie dans les pays capitalistes, la division du mouvement ouvrier, des manœuvres d'intimidation et de répression contre les organisations démocratiques, et donc, contrairement à ce que croient les théoriciens chinois, des difficultés accrues dans la lutte menée de *l'intérieur* contre le capitalisme.

Or, c'est *de l'intérieur* seulement, par l'insertion du mouvement ouvrier dans ses contradictions, par le dépassement de ces contradictions vers une société supérieure — que le capitalisme peut être vaincu, non par élimination physique, de l'extérieur, de ses États. Le rapport des forces économiques et militaires ne permet pas, et ne permettra peut-être jamais de faire plier les États impérialistes par la menace et le chantage à la guerre. Et s'il est vrai que l'impérialisme n'a pas les moyens d'empêcher les révolutions du Tiers Monde, il est vrai aussi que ces révolutions ne suffisent pas pour l'abattre — elles ne mobilisent même pas contre lui les classes ouvrières des puissances coloniales. Or, pour les révolutions du Tiers Monde, ne pas pouvoir abattre l'impérialisme, c'est retomber à terme dans sa dépendance (mais non pas, bien sûr, sous sa domination) par le biais des échanges économiques inégaux, *sauf* si la condition suivante est remplie : si la puissance économique des pays socialistes est à peu près égale à celle des pays capitalistes, c'est-à-dire si les premiers peuvent offrir au Tiers Monde des sources d'approvisionnement et des débouchés de rechange, et dicter ainsi aux seconds les termes d'échange avec les nations prolétaires.

Ainsi du seul point de vue de la stratégie mondiale, la victoire du socialisme ne paraît possible qu'à trois conditions, qui vont dans le sens de la doctrine khrouchtchevienne :

1. La bataille politique principale est la bataille contre le capitalisme et cette bataille ne peut être gagnée par des victoires périphériques ; le " Tiers Monde " n'est pas le front central ;

---

1. Cf. R. Fossaert, " La Résistance du Capitalisme ", *les Temps modernes*, février 1961 (extrait de *L'Avenir du Capitalisme*, éd. du Seuil).

2. Le capitalisme ne peut être éliminé de l'extérieur et par la force des armes, mais seulement par l'exploitation intérieure et extérieure de ses contradictions, et cette exploitation exige une stratégie souple et décentralisée, possible seulement dans le cadre de la coexistence pacifique ;

3. La bataille des peuples opprimés contre le capitalisme ne peut être gagnée que si le camp socialiste atteint un haut niveau de développement.

Tels sont les faits, pour nous, de ce côté-ci du monde, du moins. Il nous est difficile de concevoir une politique internationale qui diffère fondamentalement de la khrouchtchevienne. Et nous ne voyons pas qu'il y ait contradiction entre les intérêts *à long terme* de l'économie soviétique et ceux du monde sous-développé : la démocratisation, la décentralisation, la détente sont indispensables à l'élévation de la productivité soviétique — et celle-ci doit permettre, en fin de compte, un accroissement de l'aide économique socialiste *en même temps* que de la consommation intérieure soviétique.

Ceci dit, toutefois, les références au long terme peuvent être aussi une manière commode de " transcender " les conflits du présent et d'éluder le débat classique sur " la fin et les moyens ". Nous connaissons la chanson : à ceux qui s'inquiétaient du lien dialectique entre les actions présentes et le but poursuivi ; du hiatus, voire de la contradiction entre les objectifs immédiats et lointains ; de l'absence de fins intermédiaires entre les uns et les autres, on a trop souvent répondu par des pirouettes — par la référence aux lendemains qui chantent et à la tâche principale qui, une fois accomplie, rendrait toutes les questions présentes sans objet — pour que nous n'ayons envie d'être plus exigeants.

Comment, par exemple, faut-il concevoir la victoire pacifique du socialisme sur le capitalisme, par la compétition et la démonstration de sa supériorité ? Comme une évolution insensible, prédite par des technocrates bourgeois, du capitalisme monopoliste d'État vers le socialisme, cependant que le socialisme évoluerait en sens inverse ? Non, bien sûr, nous n'en sommes pas encore là (bien que la différence entre sociaux-démocrates et gaullistes soit devenue bien difficile à distinguer sur ce point). Nous croyons encore à la réalité des luttes de classe : le socialisme commencera avec la

conquête de l'État par la classe ouvrière. Seulement, nous ajoutons aussitôt que cette conquête sera " pacifique ", et démocratique la voie européenne au socialisme. La bourgeoisie abandonnera
donc le pouvoir en douceur ? C'est ce que nous lui prédisons
— tout en faisant grand cas des violences policières contre nos manifestations pacifiques. En fait, nous n'avons pas fini de réfléchir
sur la question : nous commençons à peine. Et nous ne savons
pas encore de façon certaine si nous voulons dire que la
voie démocratique et pacifique *existe*, ou qu'il n'en existe
aucune autre présentement, ce qui n'est pas tout à fait la même
chose.

Quoi qu'il en soit, la voie européenne au socialisme passe en tout
cas par l'élaboration pratique et théorique d'un modèle socialiste
" riche ", s'indiquant à l'horizon d'objectifs immédiats et mobili-
sateurs, comme une tâche urgente : car seul ce modèle riche (au sens
marxiste), opposé au modèle du capitalisme monopolistique et
explicitant les aliénations et les mutilations des hommes qu'il
produit, peut maintenir les luttes ouvrières dans une perspective
socialiste. Ce modèle, avec toutes les promesses qu'il devra comporter, sera-t-il jamais, pour les classes ouvrières d'Europe occidentale, un besoin assez impérieux pour mériter d'être réalisé par une
révolution, avec tous les risques qu'elle comporte ? En fait, nous
n'en savons encore rien. Nous savons seulement qu'il n'y a pas
d'autre voie, qu'il faut pousser dans celle-ci jusqu'au bout, et que
si la révolution ne pouvait se faire pour un modèle riche, elle serait
plus impossible encore pour un modèle pauvre.

Mais comment concilier ce modèle riche (qu'il soit soviétique,
italien ou français) avec l'unité et l'universalité du mouvement
communiste ? Nous arrivons là au problème principal. Quand
nous disons que le choix, en Europe, d'un modèle riche n'est pas
contraire aux intérêts *à long terme* des peuples opprimés, nous émet-
tons sans doute, sur le plan de la stratégie mondiale, une affirmation démontrable. Nous pouvons même la fonder par la référence
aux textes : Marx distinguait le communisme primitif, le communisme utopique du partage égal des richesses (c'est-à-dire de la
pauvreté universelle) et le communisme riche. Il disait du second
qu'il était régressif et ne retenait que le troisième : car selon lui,
ce n'est pas la pauvreté universelle, mais la richesse universelle

qu'il s'agit de produire; et d'ailleurs, le communisme ne surgit comme une possibilité matérielle que sur la base du plein développement des forces productives (et des contradictions intra-capitalistes que celui-ci aiguise).

Mais quand nous aurions fondé le choix du modèle riche par le raisonnement et par les textes, il n'en resterait pas moins que notre démonstration pue : elle ressemble trop aux arguments que, de tous temps, les exploiteurs ont avancé pour justifier leur oppression. Elle ressemble trop à la politique de la gauche française, subordonnant la lutte des peuples colonisés à sa propre lutte, et leur demandant d'attendre le jour où, au pouvoir, elle réglerait pour eux leurs propres affaires. Donner la priorité à la compétition pacifique et au communisme riche, c'est — même s'il n'y a pas d'autre stratégie possible — nous conduire objectivement en technocrates paternalistes : c'est, objectivement, construire notre " société-modèle " sur le dos des Chinois, entre autres, à qui tout ce que nous avons, tout ce que nous aurons, sera enlevé; c'est, objectivement, demander aux deux tiers de la terre de patienter encore, de ne pas mettre le feu à la planète, d'accepter le compromis, l'État de démocratie nationale, le massacre quotidien des militants révolutionnaires en attendant une conjoncture meilleure.

Présentement, aucune politique fondamentalement différente n'est possible. Nous pouvons démontrer cela : nous pouvons démontrer que l'Égypte, sans l'aide soviétique, aurait finalement versé dans le camp américain; que le neutralisme indien, sans l'appui soviétique, serait finalement devenu intenable; que l'insurrection communiste en Irak, si elle avait eu lieu, n'aurait pu demeurer victorieuse qu'au prix d'une aide militaire massive de l'U.R.S.S., aide difficile et pleine de risques en raison de la position géographique de ce pays. Etc. Mais toutes les explications ne justifieront jamais le massacre et la torture des communistes d'Irak et d'Égypte, ni notre relative opulence et la disette des deux tiers du monde. Le front principal est celui des pays capitalistes, mais ils ne représentent plus qu'une minorité privilégiée. Il faut gagner cette bataille pour gagner toutes les autres, mais elle n'est déjà, virtuellement, qu'une enclave de la lutte contre l'oppression impérialiste et la misère physiologique.

Tout est empoisonné pour longtemps. L'Histoire est encore

dominée par cette affaire d'hommes blancs qu'est la liquidation pacifique du capitalisme, mais pas pour très longtemps : à la fin du siècle, et peut-être avant, le soulèvement des peuples contre la faim — et contre ceux qui la perpétuent — sera l'affaire principale. Et nous pouvons prévoir déjà que la contradiction présente entre notre histoire et celles des peuples prolétaires, entre les sociétés de relative abondance et les autres, subsistera alors, même si les premières sont communistes.

Nous sommes tout à la fois en retard et en avance sur l'histoire. En retard, parce que le problème du communisme riche, dont la construction est nécessaire à la victoire sur le capitalisme, est un héritage, déjà virtuellement anachronique, de l'époque où les prolétariats industriels étaient la force révolutionnaire principale et où l'histoire du monde industrialisé apparaissait comme l'histoire mondiale. Cette période tire à sa fin.

En avance, parce que ce problème n'aura d'actualité universelle que quand la victoire sur la rareté sera une perspective actuelle — si elle le devient jamais.

Et d'être en retard et en avance à la fois nous rend deux fois haïssables : rien ne justifiera jamais que nous posions la question du communisme riche et de la course de vitesse à l'abondance à la face de deux milliards d'hommes (qui seront quatre à la fin du siècle) manquant du strict nécessaire.

C'est pourquoi l'argumentation chinoise, si spécieuse et aberrante qu'elle soit parfois, nous rend sensibles notre culpabilité et une contradiction historique réelle. La stratégie khrouchtchevienne repose sur des calculs justes quant au fond, et bien qu'elle soulève au moins autant de problèmes qu'elle en résout, nous lui donnons raison pour l'essentiel et tort aux Chinois. Mais nous avons tort d'avoir raison et les Chinois ont parfois raison d'avoir tort. Nous préférons la vie à la révolution et au socialisme, sans doute parce que nous la trouvons vivable après tout, quand elle n'a peut-être pas tant d'importance pour un peuple auquel la faim, les maladies et les catastrophes naturelles (et les circonstances qui l'empêchent de les vaincre) coûtent chaque année des millions de morts. Nous jugeons que, dans une guerre, nous aurions tout à perdre, quand des peuples plus nombreux ne voient point ce qu'ils pourraient perdre encore, et quand des nations pour lesquelles leur liberté à peine reconquise est tout ce qu'elles ont, jugent que l'impérialisme la leur reprendra sûrement si elle n'est pas défendue au risque d'une guerre thermo-nucléaire.

Nous situons la bataille principale contre le capitalisme sur le terrain de la compétition économique et sociale, et la victoire dans le long terme; mais pouvoir raisonner à long terme, c'est notre privilège de bien-nourris et notre luxe, cependant que la bataille décisive, pour d'autres peuples, a lieu *maintenant* et que le long terme, pour leurs combattants, c'est quand ils seront tous morts.

Notre politique est raisonnée et nos calculs raisonnables, mais les révolutions ne se sont jamais faites sur ces bases-là.

Le fait est que nous parlons beaucoup plus, dans les mouvements marxistes d'Europe, de coexistence pacifique et de démocratie nationale, de lutte pour la paix et contre l'impérialisme, que de révolution socialiste. Nous sommes suspects jusque dans notre manière de nier que la coexistence signifie le *statu quo*. Car n'est-il pas vrai que le souci d'éviter la guerre l'emporte depuis quarante ans sur celui de l'internationalisme révolutionnaire ? Les révolutions yougoslave, chinoise, indochinoise ont instauré contre l'avis ou sans l'aide de Staline des régimes socialistes; et ce sont aujourd'hui les mouvements castristes, non les partis communistes, qui soulèvent des peuples latino-américains avec des revendications révolutionnaires et socialistes. " La coexistence pacifique, dit-on chez nous, est une organisation différente des rapports entre États, fondée sur la compréhension réciproque, sur la confiance, sur une compétition excluant la guerre, sur une pleine garantie de liberté et d'indépendance à tous les peuples et, par conséquent, sur une solution raisonnable des problèmes en suspens [1]. " Mais lorsqu'on est péruvien, vénézuélien ou guatémaltèque, la confiance, la compréhension, les garanties sont les ruses juridiques dont l'oppresseur habille sa violence. " Pour ce qui est des problèmes particuliers, ajoute-t-on chez nous, il faut les résoudre par la négociation, en cherchant des solutions raisonnables et en évitant d'accomplir des actes pouvant aggraver la situation et entraîner des conséquences irréparables. "

1. P. Togliatti, rapport au Xe Congrès du P.C.I.

Après les précédents du Guatemala, du Laos, de Cuba, cela ne veut-il pas dire que les révolutions du Tiers Monde doivent attendre la victoire mondiale et pacifique du socialisme " riche ", ou bien qu'elles doivent s'arrêter à mi-chemin, aux réformes de " démocratie nationale ", comme le préconisent, en effet, certains textes théoriques, mettant en garde les pays sous-développés contre un passage brusqué au socialisme ?

On nous accuse de l'entendre ainsi; et on nous découvre un visage " d'opulents et seigneuriaux philanthropes qui disent aux peuples d'Asie, d'Afrique et d'Amérique latine : " Ne jouez pas aux courageux ! Ne provoquez pas d'étincelles ! Ne soyez pas avides de mourir en beauté ! "... et qui leur demandent d'attendre le jour où les pays socialistes auront totalement battu le capitalisme dans la sphère des moyens de production [1] ".

Tout cela n'est pas entièrement faux. L'État soviétique fait de la politique mondiale, il ne fait pas la révolution mondiale; et c'est précisément parce que l'État chinois, tenu en quarantaine, n'a pas de responsabilités (ni de politique) mondiales, qu'il peut s'identifier à la cause de la révolution mondiale. Du coup, nous, Européens avons moralement et idéologiquement tort; nous avons politiquement raison. Et les Chinois sont, le plus souvent, dans le cas inverse. Nous savons que les révolutions ajournées le sont souvent à jamais; nous savons que le socialisme qui, un jour, succédera sans doute au nassérisme, ne sera jamais *le même* que celui qu'eussent construit, avec l'intelligentsia marxiste, les fellahs et prolétaires égyptiens. Nous savons qu'autant que le résultat, c'est la manière et la voie pour y arriver qui comptent. Et que lorsqu'un peuple, au lieu d'avoir brutalement rompu ses chaînes pour couvrir par lui-même les étapes de la charrue en bois au tracteur, est hissé au niveau du machinisme à coups de milliards étrangers et sous la conduite de technocrates et de militaires, il ne sera jamais au même degré son propre maître. Et pourtant, c'est cette voie mécanique, bureaucratique au socialisme qui reçoit, objectivement, la priorité dans le cadre de la coexistence compétitive. Nous sommes incapables de la défendre, et comme tous les accusés coupables seulement de leur impuissance — de leur réalisme —

1. *Drapeau rouge*, Pékin, 4 mars 1963.

nous ne pouvons que demander aux Chinois : que pouvait-on faire d'autre ?

Si le F.L.N. ou le mouvement du 26 juillet, durant la phase décisive de leur lutte, s'étaient réclamés de l'U.R.S.S. comme d'un État-guide, ils auraient eu aussitôt l'aéronavale américaine sur le dos. Partout où l'équilibre des forces *locales* n'est pas favorable au camp socialiste, nul ne peut demander à l'U.R.S.S. de patronner des révolutions : elle les perdrait. A moins d'aller pour elles jusqu'à l'ultimatum nucléaire (ce qui n'est pas précisément une politique socialiste) et d'accepter ainsi le risque de se perdre pour elles, et nous avec. Dès l'instant où il ne peut plus y avoir d'État-guide ni de Parti-guide; où l'autonomie des mouvements révolutionnaires est devenue une nécessité pratique, la seule chose qu'on peut demander à l'Union soviétique, c'est de laisser aux mouvements nationaux leur autonomie et leur chance. Et c'est lui demander beaucoup : car d'autres moments viendront encore où une révolution victorieuse, assiégée et attaquée par les forces impérialistes, cherchera à forcer la main à l'U.R.S.S. et, en se réclamant d'elle, à l'entraîner à ses côtés dans la lutte. On ne peut attendre des Russes qu'ils l'y encouragent; on peut attendre d'eux seulement qu'ils ne la contrent pas dès ses débuts et ne préfèrent pas aux mouvements révolutionnaires des mouvements patriotiques et pacifiques renvoyant le socialisme aux calendes grecques.

Il y a en fait deux batailles à mener de front : la bataille de la coexistence pacifique et du modèle communiste riche, et la bataille pour l'émancipation et le développement socialistes des peuples prolétaires. Aucune des deux batailles ne peut être subordonnée à l'autre : car s'il est vrai que la seconde ne peut aboutir sans la première, il est vrai aussi que la première se viderait de sa signification historique et de son universalité si elle prétendait ajourner la seconde et la subordonner à sa stratégie particulière.

Ces deux batailles, c'est un fait, sont à la fois contradictoires et solidaires; mais elles ne peuvent rester solidaires que si la contradiction n'est jamais masquée. Leurs protagonistes auraient tout à perdre dans une rupture; mais l'unité monolithique est d'avance exclue.

Pour nous, qui ne sommes ni cubains, ni indonésiens, ni chinois, une seule politique est possible, mais elle ne peut prétendre à la

Vérité. Elle n'a pas à être glorifiée dogmatiquement sous prétexte que les Chinois dogmatisent une vérité qui contredit la nôtre, et qui est sans politique. Assumer la contradiction, l'empêcher de se figer en opposition, contester leurs dogmes, mais aussi nos impuissances, nos ruses, nos silences et nos limites, est une tâche nécessaire : mais c'est l'affaire des intellectuels, non des politiques.

LE TEST VIETNAMIEN *

I

L'insurrection armée au Vietnam du Sud a été décidée en 1959, en pleine autonomie, par les dirigeants de l'opposition populaire à Diem. L'U.R.S.S. et le Vietnam du Nord furent étrangers à cette décision. Une vague d'arrestations arbitraires suivies de tortures venait d'être déclenchée par le régime de Saigon contre tous les opposants réels ou supposés; les habitants des " zones d'insécurité " étaient chassés de leurs villages à coups d'obus et de bombes pour être " regroupés ". Pour l'opposition clandestine, ne pas prendre les armes, c'était accepter l'affaiblissement et, pour une période indéterminée, l'impossibilité de vaincre, sans même livrer bataille. Le mouvement révolutionnaire du Vietnam du Sud passa donc à l'action, en fonction des circonstances locales et non d'une stratégie mondiale. Son arme principale était la réforme agraire : partout où il s'implantait, il chassait les féodaux, leur administration corrompue, et distribuait les terres que le régime de Saigon, imposé de force par les États-Unis, menaçait de reprendre aux paysans s'ils étaient vaincus.

Politiquement et militairement battus par l'insurrection armée, les États-Unis, depuis le 7 février 1965, bombardent systématiquement le Vietnam du Nord pour le contraindre à " retirer du Sud ses troupes régulières ", troupes qu'il n'y a jamais envoyées; son aide au F.N.L. est restée marginale. L'impérialisme américain n'en feint pas moins de considérer cette guerre révolutionnaire

* Éditorial des *Temps modernes* de mai 1965.

comme une invasion, prétend y riposter par la dévastation d'un pays membre du camp socialiste et — à l'exemple de la France, qui récusa le Vietminh, le F.L.N. et d'autres mouvements anti-impérialistes en tant qu'interlocuteurs valables, et tenta même de gagner la guerre d'Algérie en la portant en Égypte — exclure le F.N.L. de toute négociation.

Pour sauver la face ? Nullement. Sur leurs buts de guerre au Vietnam, les États-Unis se sont clairement expliqués depuis 1960. Ils entendent :

1º Démontrer que le camp impérialiste peut venir à bout militairement de l'insurrection armée d'un peuple opprimé ;

2º Imposer leur interprétation de la " coexistence pacifique ", interprétation qui stipule le partage du monde entre les camps impérialiste et socialiste, et qui assimile à une " agression " de celui-ci toute révolution ou guerre de libération éclatant dans la " sphère d'influence " de celui-là ;

3º Contraindre le camp socialiste soit à empêcher, soit à renier et à laisser écraser toute révolution qui remettrait en question le *statu quo* ;

4º A cette fin, menacer d'une extension de la guerre tout ou partie du camp socialiste, afin de le " dissuader " ainsi de venir en aide aux forces révolutionnaires aux prises avec les forces impérialistes de répression.

L'escalade américaine au Vietnam a donc la valeur d'un test : si elle pouvait aboutir à la défaite ou au recul d'une révolution triomphante, sans que d'autres forces du camp socialiste osent braver le chantage américain, l'impossibilité de révolutions anti-impérialistes dans le cadre de la " coexistence pacifique " tendrait à être prouvée provisoirement, et cela dans n'importe quelle partie du monde.

Décidée en fonction des points 3 et 4 ci-dessus, l'agression américaine contre le Vietnam du Nord vise plusieurs buts :

— inciter les patriotes sud-vietnamiens à abandonner la partie, sous peine de destruction totale *des deux moitiés* de leur pays ;

— " dissuader " le Vietnam du Nord d'intervenir, par l'envoi de troupes, contre l'envoi massif de forces de répression américaines ;

— contraindre le Chine et l'U.R.S.S. à assister passivement

à l'attaque contre l'un de leurs alliés, en menaçant la première de " représailles " nucléaires au cas où elle interviendrait — menace qui n'est elle-même concevable que si la Chine ne bénéficie pas de la protection soviétique et si l'U.R.S.S. fait passer la " coexistence " à tout prix avant l'internationalisme révolutionnaire;

— tenter la démonstration que l'U.R.S.S. doit risquer la guerre nucléaire contre les États-Unis pour sauver une révolution ou un allié attaqués par l'impérialisme, et que la supériorité stratégique américaine suffit à dissuader l'U.R.S.S. (et accessoirement la Chine) de prendre ce risque.

Le plan américain serait en bonne voie de réalisation si la guerre du Vietnam pouvait être gagnée par l'Amérique. Mais, en fait, la dévastation totale d'un pays par voie aérienne ne suffit pas (la guerre de Corée l'a montré) à briser son peuple, ni à ruiner durablement son économie. Militairement, les États-Unis ne pourraient gagner au Vietnam que par la conquête et l'occupation permanente de son territoire; politiquement, ils y sont irrémédiablement battus.

Ces évidences peuvent expliquer en partie les hésitations et l'inaction, assorties de prudentes menaces verbales, des gouvernements soviétique et chinois. Leur intervention n'a pas été nécessaire jusqu'ici pour sauver la révolution au Sud; elle n'a pas été sollicitée par le gouvernement de la R.D.V. Ce fait ne peut toutefois en masquer d'autres. Les gouvernements soviétique et chinois ont perdu beaucoup de temps. Face à l'agression impérialiste contre leur allié commun, ils ont d'abord continué à échanger des invectives. Ils ont commencé par vouloir se servir d'une révolution qu'ils n'avaient ni encouragée, ni aidée, pour marquer des points l'un contre l'autre. Leur antagonisme a rendu possible l'agression et son impunité; il a freiné l'action populaire et politique, dans le reste du monde, contre les crimes américains.

Les événements n'ont pu démentir ni les thèses soviétiques, ni les chinoises, pour la bonne raison qu'elles sont également vraies et également partielles.

En faveur des thèses chinoises, ils ont établi que la lutte antiimpérialiste est ou peut être le front principal et qu'à le négliger, même provisoirement, le mouvement communiste international s'expose à une défaite politique grave qui rejaillirait sur l'État soviétique lui-même.

En faveur des thèses soviétiques, les événements ont établi que la lutte des peuples opprimés peut ne pas suffire à faire reculer l'impérialisme et qu'une victoire sur ce front-là — victoire que la Chine aurait les moyens d'imposer si elle en acceptait le prix très lourd — peut dépendre de la protection stratégique dont seule l'U.R.S.S. possède, dans le camp socialiste, les moyens.

Mais contre les thèses soviétiques et chinoises à la fois, les événements ont démontré, comme l'a souligné Fidel Castro, l'unité nécessaire du camp socialiste et la nécessité d'une stratégie mondiale cherchant non pas à se subordonner, mais à favoriser l'aboutissement des mouvements révolutionnaires qui se développent de manière autonome en fonction de circonstances locales.

L'agression américaine est, en tout état de cause, un crime. Il ne servirait à rien de le dénoncer s'il était impossible de mettre l'impérialisme en déroute. Les forces capables de le vaincre existent dans le monde. Le fait qu'elles n'ont rien empêché jusqu'ici les a rendues objectivement complices dans une histoire où une seule partie est sans faute : le F.N.L., organisation politique d'une guerre révolutionnaire qui était nécessaire parce qu'elle était possible et parce qu'elle peut être gagnée.

2 *

Au Vietnam, les États-Unis entendent démontrer qu'ils peuvent impunément écraser sous les bombes une révolution victorieuse sur le terrain et tout État socialiste qui la soutiendrait, fût-il l'autre moitié de la même nation.

Pour empêcher l'aggravation du supplice vietnamien et l'extension de l'agression américaine, la Chine ne peut pas grand-chose. Qu'elle intervienne, elle déclenchera contre ses centres industriels des représailles terribles.

L'U.R.S.S. seule a la puissance stratégique pour empêcher — car c'est d'empêcher qu'il s'agit avant tout, vous en êtes d'accord — les prochaines étapes de l'escalade : le bombardement des digues du fleuve Rouge, l'invasion du Vietnam du Nord, le bombardement de la Chine. Que l'Union soviétique avertisse les États-Unis qu'à leur prochain pas elle rendra coup pour coup — en frappant, par exemple, les bases stratégiques du Pacifique et de l'Asie du Sud-Est [1] — les données de la politique américaine changeront de nature et d'échelle. L'Amérique ne peut passer outre à un avertissement soviétique; elle ne peut exercer contre l'U.R.S.S. de représailles; ou alors elle choisit sciemment la guerre mondiale.

Vous répondez que c'est précisément ce qui vous fait peur. Vous craignez que les États-Unis ne passent outre. Vous croyez à la " *démence américaine* ", quand nous croyons, avec de bonnes raisons, que la politique de l'impérialisme, dans son horreur, est parfaitement rationnelle; et que le peuple américain qui, dites-vous justement, " *n'est ni monolithique ni imperméable à toute influence* ", n'est pas prêt à courir des risques démesurés par rapport à un enjeu que, à la différence de tous ceux qu'il combat ou opprime, il comprend mal.

* Lettre publiée le 17 août 1966 dans le *Nouvel Observateur* qui, dans un précédent numéro, avait jugé sévèrement l'éditorial des *Temps modernes* d'août 1966, intitulé " Capitulation ou contre-escalade ".

1. Cette éventualité est citée ici à titre purement indicatif. Il est évident qu'un avertissement diplomatique de la part de l'U.R.S.S. devrait être aussi ferme dans le ton qu'imprécis quant à la nature de représailles éventuelles.

Bien sûr, vous avez raison de craindre. Mais que faut-il craindre davantage ? Que l'U.R.S.S. lance aux États-Unis cet avertissement formel ? Ou qu'elle tarde jusqu'au moment où l'impérialisme, pour briser le mouvement révolutionnaire en Asie et ailleurs, aura exterminé le peuple vietnamien, mutilé son grand voisin socialiste et laissé à l'Union soviétique le seul choix entre l'humiliation d'un nouveau partage du monde et une riposte qui, venant trop tard, risque de précipiter une guerre générale ?

L'U.R.S.S. ne s'humiliera pas et n'assistera pas passive aux nouveaux crimes de l'impérialisme ? Soit. Mais alors il faut le dire très haut et très vite. Car plus l'U.R.S.S. tarde, plus elle risque d'être devancée par les faits, et plus aussi les représailles dont elle devra brandir la menace comporteront de risques : car plus grande sera déjà l'extension prise par le conflit et par l'engagement des États-Unis.

L'U.R.S.S. est dans une situation où menacer les États-Unis d'une contre-escalade en prenant, maintenant, le *risque* d'une guerre, est le seul moyen d'éviter qu'elle ait, demain, à *faire* la guerre. Votre journal a expliqué lui-même ces dernières semaines que si l'Union soviétique assistait sans réagir à l'invasion de la R.D.V., à l'intervention chinoise, à la " punition " de la Chine par les bombes, elle scellerait la fin de son rôle de puissance mondiale et laisserait anéantir pour longtemps les chances du mouvement révolutionnaire dans le monde.

Dire cela, comme l'ont fait, en même temps que nous, Edgar Snow, Jean Lacouture et d'autres, c'est dire clairement que si l'Amérique va plus loin, l'U.R.S.S. sera contrainte à la guerre ou à une capitulation munichoise dont nous ne lui faisons pas l'injure de la croire capable; et que le seul moyen *d'éviter la guerre, c'est donc d'*empêcher *les États-Unis de faire un pas de plus*. De les empêcher, c'est-à-dire de changer les données de leur politique en les avertissant *à temps* que leur prochain pas déclenchera la contre-escalade soviétique.

A cette analyse, vous faites deux objections. Vous affirmez que c'est la contre-escalade qui mènerait à la guerre totale, en assimilant la contre-escalade à un " aveugle fanatisme ". Nous soutenons, au contraire, que c'est l'agression américaine qui mène à la guerre totale et que seule la menace de représailles soviétiques peut empêcher celle-ci.

Vous objectez d'autre part que " *l'idée révolutionnaire implique que des hommes puissent l'incarner, la vivre, la réaliser* " ; pour ajouter que " *la contre-escalade viendra bien assez tôt pour que nous ne l'appelions pas de nos vœux avec autant d'impatience* ". Mais n'y a-t-il pas contradiction, selon vos propres critères, à craindre davantage la *menace* de représailles soviétiques que l'anéantissement des dix millions d'hommes et de femmes du delta du fleuve Rouge par quelques bombes sur les digues ? Comment ne pas admettre que, pour qu'il reste des Vietnamiens qui vivent l'entreprise révolutionnaire, il faut que la menace d'une contre-escalade empêche *au plus vite* que " *le peuple vietnamien* ", comme vous l'écrivez " *ne disparaisse sous les bombes* " ?

Que signifie donc " *bien assez tôt* ", quand c'est l'impunité dont se croient assurés les États-Unis qui peut les conduire *demain* à anéantir, au Vietnam et en Chine, des millions d'hommes et, chose à ne pas négliger, le fruit de leurs longs, patients et héroïques efforts pour vaincre la disette ?

" *Il y a quelque chose de confortable et de démobilisateur* ", nous répondez-vous encore, " *à rendre les Russes responsables de nos faiblesses* ". Vous ajoutez que " *nous n'avons aucune chance d'influencer l'Union soviétique* ". Vous estimez que " *notre rôle est plutôt de diviser le peuple américain avant que le Vietnam ne disparaisse sous les bombes* ".

Nous ne sommes pas de cet avis. Au train où vont les choses, et selon les analyses, publiées dans votre journal, de Jean Lacouture, vous n'influencerez pas la politique américaine avant qu'il soit trop tard. En revanche, nous pensons que l'U.R.S.S. n'est pas seulement une grande nation; c'est la première puissance socialiste. Sa politique, dans la mesure où elle est déterminante pour la stratégie internationale du mouvement ouvrier et anti-impérialiste — stratégie internationale sans laquelle il ne peut plus y avoir de victoires révolutionnaires locales — est l'affaire de tous les révolutionnaires et de tous les socialistes. Vous semblez sous-estimer l'internationalisme et l'unité doctrinale du mouvement marxiste qui, sans équivalent dans le camp impérialiste, font que n'importe quelle délégation communiste a plus d'influence à Moscou —

où ni les dirigeants ni le peuple ne sont un bloc monolithique — que tous les Wilson réunis à Washington.

Pourquoi alors notre rôle — le vôtre et le nôtre — ne serait-il pas aussi *d'assurer le camp socialiste que sa menace d'une contre-escalade sera saluée avec approbation, avec soulagement, avec ferveur et espoir par nos peuples, parce que des journaux comme le vôtre les auront préparés à tenir une réaction soviétique pour légitime et nécessaire* ? N'est-ce pas une action à notre mesure que de montrer inlassablement, *avant* tout avertissement soviétique, que Kossyguine a plus de droits d'affirmer : " *Je suis un citoyen d'Hanoi* " que Kennedy n'en eut jamais de proclamer : " *Ich bin ein Berliner* ? "

Ne croyez-vous pas qu'une opinion préparée, acquise à la nécessité de la contre-escalade, est un facteur qui peut peser à Moscou et faciliter les décisions politiques qui, nous l'espérons, s'y préparent ?

TROISIÈME PARTIE

VIII

SARTRE OU
DE LA CONSCIENCE A LA PRAXIS *

Ce que Husserl disait des sciences vaut des sciences de l'homme aussi bien : elles sont devenues incapables de rendre compte d'elles-mêmes. Elles utilisent des concepts opératoires souvent efficaces, mais sont incapables d'en fonder la vérité et la signification. La démarche vivante qui a institué ces concepts s'est souvent perdue de vue; les instruments qu'elle s'est forgés, en vue de fins historiquement déterminées, lui survivent, utiles, mais opaques, pétrifiés.

La phénoménologie moderne est née à partir de cette crise de la pensée scientifique, devenue incapable de se comprendre elle-même. Elle est née en réaction contre l'objectivisme et le dogmatisme d'une pensée qui, en sciences, fait comme si elle n'intervenait pas dans la réalité par l'activité de connaître, et comme si, d'autre part, la réalité humaine pouvait être, au même titre que celle des choses, un objet pour la science.

Pour rétablir la pensée dans sa vérité et la remettre à l'endroit, la phénoménologie a entrepris d'en retrouver la source; de retrouver l'homme en tant qu'*il produit* la science avant d'en être l'objet; de retrouver cette production en tant qu'elle se donne nécessairement à elle-même ses propres lumières, fins et critères de validité; de retrouver le jaillissement originaire de la conscience dans sa transparence à elle-même : " Le retour à la naïveté du vécu est la seule voie possible pour surmonter la naïveté philosophique que

* Article écrit en septembre 1964 pour un numéro de *Livres de France*, nº 1, 1966, consacré à Sartre.

contient la prétention scientifique de la philosophie objectiviste traditionnelle [1]. "

Au lieu de mettre la conscience, l'expérience vécue entre parenthèses, il s'agit pour la phénoménologie de l'assumer, puisqu'elle est " le sol de toutes nos évidences, la source de toutes nos élaborations, celles de l'expérience scientifique y compris [2] ".

Ce que Husserl entendait faire pour les sciences de la nature et la logique, Sartre s'est proposé de le faire pour les sciences de l'homme : il s'agit de *les fonder*, et de fonder, pour commencer, la psychologie. C'est là le propos de la première partie de l'œuvre philosophique de Sartre, qui va de *l'Esquisse d'une théorie des Émotions* à *l'Être et le Néant*, en passant par *la Transcendance de l'Ego* et *l'Imaginaire*.

Sartre commence par expulser de la conscience les objets que les psychologues y ont placés dans leurs tentatives d' " expliquer " la " vie psychique " : par expulser les images, sensations, sentiments, émotions que les psychologues font ruisseler à travers la conscience, postulée passive, comme des objets venus on ne sait d'où; par expulser les motifs, mobiles, complexes inconscients qui sont censés gouverner à distance les conduites, les expliquer, sans être eux-mêmes explicables.

A propos de chacun de ces prétendus irréductibles, Sartre cherche à retrouver *l'acte* intentionnel qui les constitue, *l'opération* par laquelle l'individu détermine ses conduites, ses rapports au monde, aux autres, à soi. Sartre montrera, par exemple, que l'émotion est la conduite d'une conscience qui s'affecte d'inertie afin d'écarter *magiquement* un monde qu'elle ne peut ou ne veut affronter dans sa complexité réelle. Dans la colère, par exemple, elle se fait captive de sa vérité, de ses droits ou de ses fins pour ne pas admettre l'existence d'une vérité ou de fins qui s'affirment contre elle. A propos des objets psychiques, Sartre montrera que ceux-ci ne sont pas des choses qui habitent la conscience, mais des appréhensions de niveaux déterminés de l'être, appréhensions qui ne deviennent objets que lorsqu'elles sont considérées du dehors, du point de vue d'un autre, comme des faits. Quant à l'inconscient,

1. Edmund Husserl, *Die Krisis der europäischen Wissenschaften...*
2. *Idem.*

Sartre montrera qu'il n'est pas une zone d'inconscience au sein de la conscience, mais cette conscience elle-même en tant qu'elle est un choix structuré, qui *se comprend* parfaitement mais ne *se connaît* point — ce qui seul permet de rendre compte de la psychanalyse : si le " sujet " se *reconnaît* dans la description de l'analyste et s'il peut remanier son comportement, c'est que l'inconscient était une modalité du conscient, non son contraire.

La démarche philosophique de Sartre est celle du " *cogito* " réflexif ; elle ne repose sur aucun postulat. Elle part de la certitude vécue que l'homme est cet être privilégié qui est le propre auteur de ses conduites et actions ; qu'en étant l'auteur, il les *comprend* parfaitement (ce qui ne veut évidemment pas dire qu'il ait nécessairement les moyens d'en rendre compte par le discours) ; elles ne sont " explicables " par rien d'autre que par les fins qu'elles poursuivent, librement, à partir d'une situation donnée. Ce sont des " choix " libres qui fondent à la fois leur possibilité, leur pourquoi et leur comment.

Sartre dira que la conscience [1] est " activité de part en part ", qu'elle est " transparente à elle-même ", qu'il n'y a rien *en* elle, qu'elle " n'est rien qu'elle n'ait choisi ". Elle est responsable de toutes ses attitudes et conduites, nécessairement. S'il n'en était pas ainsi, si l'homme était gouverné du dehors ou de derrière par quelque volonté étrangère ou par quelque déterminisme, la morale serait impossible ; l'homme ne s'appartiendrait pas et il n'y aurait pas de sens à lui demander de rendre compte de ses actes, du monde, et d'humaniser celui-ci.

Toutefois, comment rendre compte du fait qu'un être qui est choix, responsabilité et compréhension de soi puisse se conduire comme s'il n'en était rien ? Si l'être de la réalité humaine est la liberté, comment peut-elle nier ou haïr sa liberté et celle des autres ? C'est à ces questions, entre autres, que *l'Être et le Néant* répond sur le plan formel. Pour une bonne partie, cet " Essai d'ontologie

---

1. Au terme " conscience ", qu'il emploie toujours au sens de l'allemand " Bewusstsein " et qui reste suspect d'idéalisme, Sartre préfère dans *l'Être et le Néant* le terme d'*être-pour-soi* qui a l'avantage d'affirmer une position moniste. Il y définit la conscience comme un néant d'être se produisant à l'être et impliquant nécessairement l'existence de l'être qu'il " néantise ". C'est seulement pour la commodité de la lecture que nous employons " conscience " au lieu de " pour-soi ".

phénoménologique " est consacré à la possibilité qu'a la liberté de ne pas se choisir elle-même, de se masquer à elle-même, de poursuivre un statut ontologique incompatible avec sa propre existence qui se consume alors stérilement dans cette poursuite vaine.

Cette possibilité qu'a la liberté de ne pas se choisir elle-même, et donc de manquer son existence tout en réalisant son être, Sartre la décrit comme " mauvaise foi "; celle-ci est nostalgie de l'Être, fuite de la liberté (ou responsabilité), tentative pour s'affecter d'être, par exemple en jouant à être ce qu'on est (le " sérieux ") ou en prétendant, dans la foi fanatique, être le dépositaire ou l'instrument sacré d'une cause absolue justifiant tout ce qui est fait en son nom.

Décrivant les attitudes inauthentiques comme des choix malheureux, manqués, voués à l'échec, Sartre montre également que la mauvaise foi est une attitude plus facile et spontanée que l'authenticité, qui doit toujours être conquise par la réflexion purifiante. Riche en descriptions fulgurantes par leur vérité, *l'Être et le Néant* se termine sur l'exposé des principes de la " psychanalyse existentielle " qui, rejetant les explications mécanistes de la psychanalyse classique, fonde le sens ultime et irréductible de tous les projets particuliers dans un " projet fondamental "; le projet d'être fondement de soi, c'est-à-dire d'être Dieu [1].

La faiblesse de *l'Être et le Néant* est cependant celle de ses explications au sujet de l'inauthenticité : pourquoi est-elle infiniment plus répandue que le choix d'exister libre ? Pourquoi est-elle une " tentation " tellement plus forte que son contraire ? Les motivations ontologiques qu'en donne *l'Être et le Néant* sont-elles suffisantes et dernières ? Sartre lui-même est bien convaincu qu'elles ne le sont pas : il s'est seulement préoccupé de fonder *la possibilité formelle de l'existence aliénée*. Autrement dit, il a répondu à la question suivante : si l'homme, qui est liberté, s'accommode d'une condition dans laquelle sa liberté lui est masquée, n'est-ce pas que le sens originel de son existence (la fuite vers l'Être) fait qu'il est non seulement possible, mais encore plus facile de se renier que de s'assumer ?

1. Le pour-soi, dit Sartre, est hanté par l'idéal d'être en-soi-pour-soi, c'est-à-dire d'être un être qui aurait la transparence à soi du pour-soi en même temps que la permanence intemporelle et la plénitude d'être de l'en-soi.

Montrer qu'il est ontologiquement possible que la liberté s'aliène; qu'elle se conduise comme si elle était une statue, un outil d'autrui ou Dieu, ce n'est encore rien dire, toutefois, des circonstances historiques par suite desquelles la liberté n'a d'autre choix que d'exister aliénée. Ces circonstances relevaient dans *l'Être et le Néant* de la pure contingence.

La morale qu'impliquait à cette époque la philosophie de Sartre était donc une éthique purement individuelle de l'authentification (" une morale d'écrivain ", comme il le dit par la suite). Elle montrait la liberté à la source de toute conduite, et la possibilité permanente que la liberté se prenne sur soi, renonce au projet d'être et se choisisse elle-même pour fin suprême, dans le *faire*. C'est à cette *conversion existentielle* que l'œuvre de Sartre invitait à l'époque. Cette conversion était-elle réellement possible pour chacun et à chaque instant ? Et à supposer qu'il en fût ainsi, quel contenu donner à une liberté enfin maîtresse d'elle-même ? Peu après la dernière guerre, Sartre eut ce mot terrible : " Si un manœuvre accède à la réflexion purifiante, il quittera son emploi, sa famille et changera de vie. " C'était bien évident : on ne peut se faire libre tout en demeurant manœuvre. Et les manœuvres ne peuvent cesser d'être tels que si le monde change radicalement. Mais si la réflexion liquide l'acceptation de l'aliénation, elle ne liquide pas l'aliénation elle-même; si elle révèle la liberté à elle-même comme exigence de supprimer l'aliénation, elle ne permet pas encore de supprimer un monde qui voue les individus à une existence aliénée [1].

A quoi tient donc l'existence de situations d'aliénation ? Peut-elle être rendue intelligible et dépassable ? Comment faut-il comprendre le fait que les individus qui, selon l'expression de Marx,

---

1. Telle est l'une des significations de *Saint-Genet*, ouvrage-charnière qui marque la transition entre *l'Être et le Néant* et la *Critique de la Raison dialectique*. En vue de la compréhension totale du poète Jean Genet, Sartre emploie tour à tour la psychanalyse existentielle et le matérialisme dialectique, mettant à l'épreuve le champ d'application et les limites de l'une et de l'autre méthode, que Sartre a toujours jugées complémentaires quoique non homogènes. L'une des conclusions de l'ouvrage, c'est que le travail de libération le plus radical et le plus acharné peut ne trouver à s'effectuer que dans l'imaginaire, faute de pouvoir supprimer la condition originelle de totale aliénation.

font l'histoire en poursuivant leurs propres fins, sont en même temps faits par elle, niés et mutilés par elle dans leurs projets ?

Telles sont quelques-unes des questions que l'on peut placer à l'origine de la *Critique de la Raison dialectique*. Après avoir rendu compte de la *possibilité formelle* de l'aliénation, il s'agit de rendre compte des raisons de son *existence réelle*. Par cette recherche, Sartre se place explicitement à l'intérieur du marxisme, dont il présente l'existentialisme comme une enclave (peut-être provisoire). Mais son projet reste le même, quoique sur un plan nouveau :

Dans *l'Être et le Néant*, il s'agissait de fonder la psychanalyse, en la désembourbant des explications mécanistes et en fournissant ses principes à une méthode qui, pratiquement, implique la possibilité pour l'individu de se remanier et de se rendre maître de son choix existentiel.

Dans la *Critique de la Raison dialectique*, il s'agit de fonder le matérialisme. De même que la psychanalyse, le marxisme contredit le plus souvent des fins et une pratique libératrices par des méthodes de pensée mécanistes qui finissent par compromettre son potentiel libérateur [1]. Il invoque des " lois " dialectiques et historiques tout aussi inintelligibles que les lois de la nature. Entre ces lois d'une part, la *praxis* et la lutte des individus d'autre part, il y a rupture de continuité. La prétendue dialectique de la Nature embrouille encore les choses : elle postule, de manière toute spéculative, que les mêmes lois gouvernent les processus naturels (auxquels rien ne permet d'attribuer une finalité) et les processus historiques qui, dans le meilleur des cas, sont l'œuvre d'individus poursuivant leur fin commune. Bref, il reste à fonder le matérialisme dialectique, à retrouver le domaine dans lequel il correspond avec évidence au mouvement même de l'expérience pratique.

La méthode de Sartre reste donc réflexive : il part de l'*expérience* de la totalisation (c'est-à-dire de la *praxis* individuelle qui se donne ses propres lumières en réorganisant le champ pratique selon ses besoins et ses fins) pour reconstruire à partir des *praxis* individuelles les " faits sociaux " et les processus qui se produiront à la fois comme leur résultante, leur négation et leur aliénation.

---

1. Voir à ce sujet *Matérialisme et Révolution* (1946).

Le tissu de la *Critique* reste donc phénoménologique (on y trouve notamment des descriptions inoubliables des réalités collectives non structurées, comme les rassemblements, les files d'attente, les embouteillages ; ou des circonstances et modes de reconquête d'une *praxis commune*, ou groupe, sur la dispersion et l'impuissance de la masse). Mais le *cogito* est ici élargi et " incarné " comme il ne l'a jamais été : il ne porte plus sur les rapports d'intériorité formels d'une conscience (d'un pour-soi) à soi et à l'être ; il porte sur une *praxis*, c'est-à-dire sur une liberté qui traîne *dehors*, comme travail, dans la matérialité du champ pratique sur lequel d'autres *praxis* s'exercent dans le même temps. La multiplicité des actions dispersées — par exemple le déboisement des flancs des montagnes par des paysans cherchant, chacun de son côté, à reconstituer une superficie cultivable — est bue par la matière, unifiée par elle selon les lois inhumaines de l'inerte et retournée contre les hommes comme la négation de leurs fins : comme érosion.

Le premier volume de la *Critique* (le seul qui ait paru) est consacré en grande partie au retournement antidialectique de la matière ouvrée sur la *praxis*, au règne sur les hommes des choses ayant bu des activités humaines. Sartre appelle pratico-inerte cette puissance passive, ennemie de l'homme, en quoi la matière synthétise faussement des *praxis* dispersées. C'est par la médiation de ces fausses synthèses inertes que la socialité se produit originellement[1] " dans les hommes par les choses, comme un lien de matérialité qui dépasse et altère les simples relations humaines ".

Dans le milieu de la rareté qui est le seul concevable pour nous (et que Sartre définit comme un univers où " il n'y en a pas assez pour tous " et où la vie est fragile et " improbable "), l'être social est nécessairement un être autre : il ne naît pas de *l'entreprise commune* d'un groupe, mais d'une multiplicité d'actions *dispersées*, voire du refus actif par chacun de la " condition commune ".

Tant que la dispersion subsiste, cette " condition commune " est le plus souvent imposée par " tous " à " chacun ", " tous " étant toujours pour chacun l'unité des " Autres " et chacun étant son propre ennemi en tant qu'Autre parmi d'Autres (dans la spé-

---

1. Originellement non pas du point de vue historique, mais du point de vue de son intelligibilité.

culation, par exemple, ou les embouteillages, les rassemblements de curieux, les conduites de fuite collective, etc.). Sartre appelle *sérielles* ces conduites où " chacun se détermine et détermine l'Autre en tant qu'il est Autre et que l'Autre est Autre que lui-même " ; et il appelle *collectif* l'unité extérieure de l'activité de tous en tant qu'Autres (par exemple le Marché, la Classe, la Finance), c'est-à-dire l'unité pratico-inerte du multiple, que chacun produit, maintient et subit tout à la fois, dans l'impuissance, comme une sentence scellée dans la matière par les *praxis* sérielles. " Le fondement de toutes les machineries inhumaines est la *praxis* humaine. "

La faiblesse de *l'Être et le Néant*, que nous mentionnions plus haut, est ici corrigée. Le primat de " l'inauthenticité " s'éclaire à partir du statut inerte qu'a d'emblée la *praxis* dans le règne de la pratico-inertie, par l'aliénation comme nécessité.

Dans des circonstances historiques bien déterminées seulement, d'extrême urgence, le *groupe* surgit, comme option que l'homme est possible, comme refus de ce qui l'écrase, comme reconquête de tous, en tant qu'ils sont *les mêmes*, sur l'aliénation et l'impuissance sérielles. La liquidation de celle-ci par la *praxis* commune et souveraine du groupe en fusion apparaît comme *l'instant* privilégié (celui de l'Insurrection ou de la Révolution, par exemple) où le sort de tous, où l'histoire sont réellement en suspens dans la liberté des individus fraternels, et où *la possibilité du règne de l'humain* (de la *praxis* active et sans limites) se manifeste comme sens possible de l'histoire. La *Critique* décrit les avatars du groupe, depuis sa fusion dans le serment (chacun devenant le chemin de tous vers tous, et tous le chemin de chacun vers lui-même), la " réciprocité médiée ", la liberté se réfléchissant dans l'entreprise commune, jusqu'à son organisation, son institutionalisation, sa rechute dans le pratico-inerte.

La boucle est bouclée. La *Critique* a fait la " théorie des ensembles pratiques ", elle a élaboré les instruments et les schémas d'intelligibilité formels de la dialectique matérielle. Dans un second volume, armé de ces matériaux, Sartre tentera la théorie de la totalisation historique, de l'Histoire. Mais de même que la transition de la psychanalyse existentielle à la *Critique* fut la mise à l'épreuve, dans une biographie (*Saint Genet*), des instruments en cours d'élaboration, de même la transition de la première à la seconde partie de la *Critique* passe par l'essai de compréhension totalisante — le plus poussé que Sartre ait entrepris à ce jour — de la dialectique qui a uni une vie et une œuvre à une époque : un ouvrage monumental, en cours de rédaction, sur Flaubert.

IX

SARTRE ET LE MARXISME

Ce texte a été écrit pour Critica Marxista *(n⁰ 1, 1966), revue théorique du Parti communiste italien, à l'occasion d'un débat ouvert sur le livre de Pietro Chiodi,* Sartre e il marxismo [1].

Les objections doctrinales, politiques et méthodologiques que Chiodi adresse à Sartre, de même que les interprétations souvent erronées qu'il donne de la philosophie sartrienne, sont assez largement répandues en Europe occidentale et en Amérique du Nord.

C'est pourquoi j'ai cru bon de conserver ici des références à l'ouvrage de Chiodi que le public français n'aura guère à connaître.

Pour un marxiste, l'évolution de la pensée de Sartre peut être étudiée de diverses manières :

1⁰ L'on pourrait écrire un essai historico-critique sur les rapports dialectiques complexes entre cet écrivain et le mouvement marxiste.

2⁰ L'on pourrait écrire un essai d'histoire de la philosophie, en situant la pensée sartrienne dans le mouvement de la pensée contemporaine; en explicitant la logique interne qui a conduit un philosophe parti du " cogito " husserlien à dépasser celui-ci vers le matérialisme dialectique; et en examinant ce que sa démarche a d'original et en quoi elle est compatible (ou incompatible) avec la démarche de Marx [2].

---

1. Feltrinelli, Milan, 1965.
2. Malgré son but limité, l'article de Nicos Poulantzas, " La Critique de la Raison dialectique et le Droit ", *Archives de Philosophie du Droit*, t. X, Sirey, Paris, 1965, est une tentative intéressante dans ce sens.

3º Enfin, et de préférence, on pourrait faire les deux choses à la fois en employant la méthode régressive-progressive préconisée par Sartre lui-même : c'est-à-dire partir de l'entreprise singulière d'un individu pour la resituer dans son contexte historique; pour la montrer aux prises avec les problèmes de son époque en général et du mouvement marxiste en particulier; pour reconstruire de manière critique la façon personnelle dont il dépasse ses problèmes et est dépassé par eux.

Chiodi n'a rien tenté de tout cela. Sa démarche, purement conceptuelle, n'apporte rien à la clarification des concepts qu'il utilise et ne comporte aucune critique de sa propre méthode, de sa propre philosophie, de ce au nom de quoi il juge.

Sur la base de quoi, par exemple, accuse-t-il Sartre de " thématiser la subjectivité " et de " privilégier métaphysiquement le sujet sur l'objet ", quand Sartre rejette explicitement le dualisme sujet-objet ? Où a-t-il vu Sartre employer la notion de projet comme " relation entre sujet et objet ", quand Sartre insiste sur l'objectivité de la praxis-projet et la décrit comme une transformation, déterminée par le besoin, d'un champ matériel donné [1] ? Où a-t-il pris que la relation sujet-objet exprime chez Sartre un état d'aliénation, et comment peut-il dire que Sartre identifie facticité et aliénation quand, loin de faire de l'aliénation une notion centrale ou un état dont l'antithèse serait la désaliénation, Sartre montre que cette notion a besoin d'être fondée, est un statut non pas du " sujet ", mais de la praxis et pose l'anti-thèse praxis organique pratico-inertie [2] ? Comment peut-on prendre le terme d'intériori-

1. " La praxis, en effet, est un passage de l'objectif à l'objectif par l'intériorisation; le projet comme dépassement subjectif de l'objectivité tendu entre les conditions objectives du milieu et les structures objectives du champ des possibles, représente en lui-même l'unité mouvante de la subjectivité et de l'objectivité... Le subjectif apparaît alors comme un moment nécessaire du processus objectif. " *Critique de la Raison dialectique*, p. 66.

2. " Si l'Histoire m'échappe, cela ne vient pas de ce que je ne la fais pas : cela vient de ce que l'autre la fait aussi... L'Histoire qui est l'œuvre propre de *toute* l'activité de *tous* les hommes, leur apparaît comme une force étrangère dans la mesure exacte où ils ne reconnaissent pas le sens de leur entreprise (même localement réussie) dans le résultat total et objectif... Ainsi l'aliénation peut modifier les *résultats* de l'action mais non sa réalité profonde. Nous refusons de confondre l'homme aliéné avec une chose et l'aliénation avec les lois physiques qui régissent les conditionnements d'extériorité. " (*Critique de la Raison dialectique*, p. 61-63.) Et plus loin :

sation, employé par Sartre, pour une " digestion de l'objet dans le sujet ", pour une " exigence idéaliste et intimiste ", quand " intérioriser " a chez Sartre tout bonnement le sens *d'inclure dans* le champ de la totalisation pratique — cependant que " extériorité " désigne les déterminations que la matérialité du champ pratique — et donc la praxis elle-même qui s'y est objectivée — reçoit soit d'une anti-praxis (la Nature inorganique), soit d'une praxis étrangère contre laquelle nous sommes sans recours et sans prise parce que, par exemple, nous ignorons tout de son déroulement ?

Comment peut-on faire dire à Sartre que " l'objet est nécessité, le sujet est liberté ", quand Sartre introduit l'expérience de la nécessité en écrivant : " L'individu découvre la dialectique comme transparence rationnelle en tant qu'il la fait et comme nécessité absolue en tant qu'elle lui échappe, c'est-à-dire tout simplement en tant que les autres la font [1]. "

Puisqu'il y a incompréhension radicale du but, de la méthode et de la terminologie de Sartre, c'est ce but et cette méthode qu'il convient de préciser d'abord, pour situer ensuite l'entreprise de Sartre par rapport au marxisme. De cet examen, il résultera que la réflexion sartrienne est intra-marxiste dans la mesure où elle vise à *fonder* la méthode matérialiste dialectique et à délimiter le secteur de l'être auquel elle est applicable (c'est là le sens de " critiquer "), à lui donner des lumières sur elle-même et sur sa possibilité.

1. DIALECTIQUE ET NATURE.

Cette entreprise pour *fonder* la dialectique matérialiste s'apparente incontestablement, par bien des côtés, à l'entreprise du dernier

" Chaque fois que l'entreprise d'un homme ou d'un groupe d'hommes devient objet pour d'autres hommes qui la dépassent vers leurs fins et pour la société, cette entreprise garde sa finalité comme son unité réelle et elle devient pour ceux mêmes qui la font un objet extérieur qui tend à les dominer et à leur survivre. Ainsi se constituent des systèmes, des appareils, des instruments qui sont en même temps des objets réels possédant des bases matérielles d'existence et des *processus* qui poursuivent — dans la société et souvent contre elle — des fins qui ne sont plus celles de personne mais qui, comme objectivations aliénantes de fins réellement poursuivies, deviennent l'unité objective et totalisante des objets *collectifs*. " *Critique de la Raison dialectique*, p. 101-102.

1. *Critique de la Raison dialectique*, p. 133. Voir également p. 282-285.

Husserl. Ce que celui-ci dit de la science, vaut *a fortiori* pour les sciences humaines et pour le matérialisme dialectique : *elle est devenue incapable de rendre compte d'elle-même.* Autrement dit, la praxis scientifique, à force d'avoir prétendu mettre l'expérience vécue entre parenthèses, à force d'avoir négligé de s'interroger sur ses propres démarches, est devenue opaque pour celui qui l'effectue. L'homme qui produit la science ne se reconnaît plus en elle et elle ne lui donne aucune lumière sur lui-même. Et les sciences de l'homme, à force de prendre l'homme pour objet, sans tenir compte du fait que cet objet est celui-là même qui (fût-il homme de science) s'interroge sur lui, s'interdisent de jamais rendre compte de leur propre possibilité. Ainsi, en fin de compte, *l'homme de science devient proprement inexplicable du point de vue des sciences de l'homme, de même que le marxisme est incapable de rendre compte des marxistes.* Ce qui signifie que, puisqu'il y a des marxistes, ceux-ci sont incapables de rendre compte d'eux-mêmes.

On pensera ici à Husserl, écrivant dans la *Crise des Sciences européennes* (§ 9 h et 9 k) : " Il manque toujours la véritable évidence dans laquelle le sujet connaissant peut se rendre compte non seulement de ce qu'il fait de neuf et opère, mais aussi de toutes les implications de sens opaques et sédimentées, donc de toutes les constantes présuppositions de ses instruments, notions, thèses, théories.

" La science et sa méthode ne ressemblent-elles pas à une machine sûre et qui, manifestement, rend des services très utiles, que chacun peut apprendre à manier correctement, sans comprendre le moins du monde la possibilité et la nécessité internes de ce genre d'opération ?

" C'est ainsi que la méthode telle qu'elle s'est formée, l'effectuation progressive de la tâche, est une *techné* qui se transmet, mais qui ne transmet pas pour autant nécessairement son sens véritable. Et c'est pourquoi une tâche et une réalisation théorique (...) qui ne peut dominer l'infinité de sa thématique que par les infinités de sa méthode, et ces infinités-ci que par une pensée et une action techniques vidées de sens, ne peut rester véritablement et originairement chargée de sens que *si* l'homme de science a développé en lui-même la capacité de remonter au *sens originaire* de toutes ses notions et méthodes : au sens *historique fondateur...* "

Pour fonder la possibilité d'une connaissance vraie, Husserl cherchait à déblayer la pensée scientifique de l'objectivisme — et du psychologisme, de l'épiphénoménisme, du dogmatisme et du scepticisme qui en résultaient — en restituant l'expérience originaire du monde tel qu'il est vécu. La démarche de Sartre pour fonder la raison dialectique est voisine au premier abord : la dialectique ne sera fondée que si elle peut faire l'expérience d'elle-même " comme double mouvement dans la connaissance et dans l'être [1] ".

Tant qu'elle ne se sera pas attestée irrécusablement, dans l'unité de l'expérience, comme venant des individus, comme la " logique de l'action ", l'existence d'un secteur d'intelligibilité dialectique restera soit un objet de spéculation (et donc de contestation), soit l'objet d'une affirmation dogmatique. Or, le dogmatisme qui pose *a priori* l'existence d'une Dialectique de la Nature et ne veut voir dans l'histoire humaine qu'une spécification de l'Histoire naturelle, ramène inévitablement au scepticisme : en effet, si l'histoire humaine n'est qu'un secteur d'une totalisation plus vaste et qui l'enveloppe; si l'histoire humaine est gouvernée par la finalité supposée du devenir naturel, elle a sa vérité hors d'elle-même et la connaissance vraie est impossible.

Comme le remarquait A. Kojève (dans son *Introduction à la lecture de Hegel* [2]) : " Si la Nature est créatrice au même titre que l'homme, la vérité ou la science proprement dites ne sont possibles qu'à la fin des temps. " Les partisans de la Dialectique de la Nature croient se tirer de cette difficulté en *supposant* à l'homme la faculté privilégiée de connaître le sens total du devenir naturel tout en lui demeurant immanent. Mais ce postulat métaphysique — que l'on retrouve dans les religions qui supposent à l'homme la faculté de connaître Dieu et Ses Fins (au besoin à titre de dessins insondables) — fait dépendre la connaissance vraie d'une *supposition* et de la *foi* qu'on lui accorde. C'est pourquoi le matérialisme transcendantal ne peut échapper au scepticisme qu'en refusant, par le dogmatisme, de s'interroger sur ses propres démarches. Faisant dépendre le sens de l'histoire humaine du sens de l'Histoire Naturelle, il suspend la première à une dialectique en

1. *Critique de la Raison dialectique*, p. 10.
2. Gallimard, p. 484.

extériorité que Marx semblait vouloir rejeter quand il écrivait (dans les manuscrits de 1844) que " l'homme est sa propre origine " [1].

" Si nous ne voulons pas que la dialectique redevienne une loi divine, une fatalité métaphysique, il faut qu'elle vienne *des individus* et non de je ne sais quels ensembles supra-individuels [2] ", écrit Sartre. Autrement dit, la dialectique ne sera fondée que si l'individu — conçu non pas, bien sûr, comme une monade, mais pris dans la totalité de ses conditionnements et de ses rapports, comme totalisation en cours de retotalisation — peut en faire l'expérience en partant de lui-même, de sa propre praxis.

Mais pourquoi ce " privilège " donné à l'individu (" au sujet sur l'objet ", dirait Chiodi) ? La réponse est bien simple et elle va nous ramener à Marx : c'est qu'il n'y a de certitude, de sens, de compréhension, etc., que pour quelqu'un. Pour établir, par exemple, si l'Histoire a une intelligibilité dialectique (ou, tout simplement, est intelligible), il n'y a d'autre manière que de chercher à la comprendre, et comme comprendre, pour chacun, veut dire que " je comprends ", de voir si elle peut être reconstruite en partant d'une multiplicité de praxis individuelles qui, en tant que totalisations partielles et conscientes, se comprennent parfaitement elles-mêmes. L'Histoire sera intelligible pour la connaissance dialectique si elle peut être " comprise " comme totalisation des totalisations. Mais

---

1. *Critique de la Raison dialectique*, p. 124-125, 128 : " Ce matérialisme de l'extérieur impose la dialectique comme extériorité : la Nature de l'homme réside hors de lui dans une règle *a priori*, dans la nature extra-humaine, dans une histoire qui commence aux nébuleuses. Pour cette dialectique, les totalisations partielles n'ont même pas de valeur provisoire : elles n'existent pas; tout renvoie toujours à la totalité de *l'Histoire naturelle*... Ainsi toute pensée réelle, telle qu'elle se forme *présentement* dans le mouvement concret de l'Histoire est tenue pour une déformation de son objet... Mais au moment où tout s'achève dans cet objectivisme sceptique, nous découvrons tout à coup qu'on nous l'impose avec une attitude dogmatique, en d'autres termes qu'il est la Vérité de l'Être telle qu'elle apparaît à la conscience universelle. L'esprit *voit* la dialectique comme loi du monde. Le résultat est que nous retombons en plein idéalisme dogmatique (...) Par quelque bout qu'on le prenne, le matérialisme transcendantal aboutit à l'irrationnel : *ou bien* en supprimant la pensée de l'homme empirique, *ou bien* en créant une conscience nouménale qui impose sa loi comme un caprice, *ou bien* en retrouvant dans la " Nature sans addition étrangère " les lois de la Raison dialectique sous forme de faits contingents. "

2. *Critique de la Raison dialectique*, p. 131.

le critère de l'intelligibilité, de toute évidence, ne saurait être que Dieu, ou la Nature, ou mon père, ou le Chef assurent avoir compris : c'est que *je comprends* (et donc que tout le monde peut comprendre). Le critère de l'intelligibilité, c'est l'évidence.

Est-ce là un privilège donné au sujet ? Certainement, puisque l'exigence de comprendre — et particulièrement l'exigence de comprendre l'Histoire qui est " faite par les individus poursuivant leurs propres fins " et qui *fait les* individus et retourne sur eux comme nécessité en tant que *les autres* la font — est l'exigence du " sujet " et non pas celle de " l'objet ". Si je pose d'avance qu'il y a une intelligibilité ou une dialectique ou une Histoire, mais que nous ne pouvons pas la comprendre, je me trouve avec elle dans le même type de rapport — la foi — que le croyant avec Dieu et, chose plus grave, je nie à l'avance la possibilité du communisme : c'est-à-dire la possibilité pour les " individus unis " de " soumettre à leur puissance " et de " rendre impossible tout ce qui existe indépendamment d'eux " (cf. *L'Idéologie allemande*); la possibilité pour eux de devenir les " sujets de l'Histoire " et de se reconnaître en elle comme dans le produit de leur collaboration volontaire et consciente.

Ce qui est inquiétant, chez Chiodi, et qui peut faire soupçonner un ontologisme mystique (de type heideggerien, par exemple) c'est qu'il parle de " privilège métaphysique " donné au sujet. En effet, tout discours sur l'Être qui prétend faire abstraction du discoureur et saisir l'Être en dehors de la démarche (c'est-à-dire du rapport pratique) de celui qui en parle, est un discours implicitement métaphysique : il prétend se prononcer sur ce que l'Être est en l'absence des hommes. Toute certitude qui n'a pas pour critère d'être certaine pour moi (d'être évidence) sur la base de l'expérience vécue, est un acte de foi qui débouche tôt ou tard sur le dogmatisme. Inversement, la seule manière d'éliminer la métaphysique, c'est de toujours référer l'affirmation ou l'investigation à la praxis — située, historiquement conditionnée, orientée vers des fins déterminées, méthodologiquement définie — de l'investigateur. Bref, toute recherche ou affirmation doit avoir sa contre-partie critique, c'est-à-dire doit s'assumer comme entreprise en cours, se donnant ses fins, ses outils et ses lumières, sous peine de privilégier (métaphysiquement) l'inhumain.

Si la dialectique, pour y revenir, doit se donner avec une évidence plénière; si elle ne doit pas être un fait de nature ou une loi empirique et inintelligible comme la loi de la chute des corps; si elle doit être elle-même intelligible, elle doit ne faire qu'un avec la connaissance qu'elle prend d'elle-même : autrement dit, la connaissance totalisante doit être homogène à la totalisation qu'elle connaît, et la totalisation connue doit comprendre en elle-même la connaissance de soi (ou la possibilité permanente de cette connaissance) comme sa propre structure [1]. Elle doit être pour celui qui la connaît la logique vivante de sa propre praxis en tant que tout à la fois elle opère la totalisation du divers et est totalisée par la praxis des autres. Bref, jusqu'à preuve du contraire, la raison dialectique ne vaut avec évidence et certitude que pour ce secteur de l'être qui est la totalisation pratique (par les hommes) de la matière inorganique et la totalisation des praxis par la matière ouvrée : pour l'Histoire humaine. Elle vaut pour ce secteur à condition qu'il soit possible de reconstruire à partir de la praxis individuelle, dans leur intelligibilité plénière, les réalités collectives, les " ensembles pratiques ".

2. L'INTELLIGIBILITÉ DE LA DIALECTIQUE MATÉRIELLE.

L'enjeu théorique et pratique de cette tentative de reconstruction est évidemment immense pour des marxistes. Il n'est pas question, comme le croient beaucoup de ceux-ci (et même N. Poulantzas, dans l'article cité) de partir de l'individu *solitaire*. Dans la " *critique de l'expérience critique* ", Sartre note au contraire que " seul un homme qui vit à l'intérieur d'un secteur de totalisation peut saisir les liens d'intériorité qui l'unissent au mouvement totalisant ". " Le point de départ épistémologique doit toujours être la *conscience* comme certitude apodictique (de) soi et comme conscience *de* tel ou tel objet. Mais il ne s'agit pas ici de questionner la conscience sur elle-même : l'objet qu'elle doit se donner est précisément *la vie*, c'est-à-dire l'être objectif du chercheur, dans le monde

1. *Critique de la Raison dialectique*, p. 137-139.

des Autres, en tant que cet être se totalise depuis la naissance et se totalisera jusqu'à la mort. A partir de là, l'individu disparaît des catégories historiques : l'aliénation, le pratico-inerte, les séries, les groupes, les classes, les composantes de l'Histoire, le travail, la praxis individuelle et commune, il a vécu, il vit tout cela en intériorité : si le mouvement de la Raison dialectique existe, ce mouvement produit cette vie, cette appartenance à telle classe, à tels milieux, à tels groupes, c'est la totalisation même qui a provoqué ses réussites et ses échecs, à travers les vicissitudes de sa communauté, ses bonheurs, ses malheurs particuliers; ce sont les liens dialectiques qui se manifestent à travers ses liaisons amoureuses ou familiales, à travers ses camaraderies et les " relations de production " qui ont marqué sa vie. A partir de là, *sa compréhension de sa propre vie doit aller jusqu'à nier la détermination singulière de celle-ci pour en chercher l'intelligibilité dialectique dans l'aventure humaine tout entière* [1]. "

L'entreprise qui consiste à retrouver, à partir de la praxis individuelle, l'intelligibilité dialectique des médiations matérielles par lesquelles, à divers niveaux, les praxis se renversent en l'unité passive et anti-dialectique de processus économiques et sociaux matériellement structurés et ayant leurs lois de fonctionnement, n'exclut évidemment pas, au contraire, que ces processus puissent faire l'objet d'une étude scientifique spécifique, du point de vue de la raison analytique. Celle-ci peut s'appliquer à la circulation monétaire, par exemple, ou au procès du capital dans la mesure justement où il s'agit de praxis passivisées dans l'extériorité de l'inerte, revenant contre les agents et les gouvernant du dehors selon des lois inflexibles. Toutefois, la raison analytique est par essence incapable de retrouver au fondement de ces processus, considérés en eux-mêmes, la multiplicité des praxis qui les soutient et qui précisément rend ces processus indépassables pour chaque agent. Autrement dit, la raison analytique, bien qu'elle s'applique légitimement à un certain niveau de l'investigation, est incapable de rendre intelligibles des lois qu'elle fait apparaître comme quasinaturelles.

L'enjeu de l'entreprise sartrienne, c'est donc seulement d'établir

---

1. *Critique de la Raison dialectique*, p. 142. C'est moi qui souligne.

l'intelligibilité dialectique des processus historiques (et non l'étude de ces processus eux-mêmes) et de fonder ainsi inversement la réciprocité de perspective qui permet de comprendre l'individu à partir de l'histoire comme son agent aliéné. Pour mieux faire saisir l'importance de cet enjeu, je remarquerai ce qui suit :

1° Si, comme le soutiennent certains sociologues (marxistes ou non), l'individu doit être expliqué à partir des ensembles sociaux matériellement structurés *sans que ceux-ci puissent être rendus intelligibles* à partir des individus, alors la société ne peut être connue que comme objet extérieur et d'un point de vue extérieur (non-dialectique), et l'individu sera, de même, connu du dehors comme pur produit passif. *Mais connu par qui ?* Par le sociologue. Celui-ci n'est-il donc pas un individu ? Bien sûr que si ; mais il réclame pour soi seul, en tant que " support neutre " de la " science ", la faculté privilégiée d'expliquer les individus par l'extérieur, tout en niant que lui-même et sa propre démarche doivent ou puissent être expliqués de même (sans quoi il tomberait dans le scepticisme). Ainsi, la subjectivité que l'on entendait éliminer ressaisit le sociologue par derrière en tant qu'il pose dogmatiquement pour lui seul la possibilité d'une connaissance absolue, parce qu'extérieure, des autres [1] : c'est lui, sociologue, qui se pose comme seul sujet, témoin absolu et étranger dans sa prétention de connaître les individus comme purs objets, à partir d'une société que lui seul saisit comme leur vérité, mais qui ne serait pas sa vérité (et celle de sa sociologie). Bref, tout le monde serait " dans " la société et explicable par elle, sauf le sociologue qui explique.

2° Si l'individu est explicable à partir de la société, sans que la société soit intelligible à partir des individus — c'est-à-dire si les " forces " qui agissent dans l'histoire sont imperméables et radicalement hétérogènes à la praxis organique — alors le socialisme, en tant que socialisation de l'homme, ne peut jamais coïncider avec le socialisme en tant qu'humanisation du social. Il ne peut venir *des* individus comme réappropriation par eux, dans la praxis commune, de la résultante de leurs praxis individuelles ; il peut venir seulement *aux* individus par l'évolution de la société selon

---

1. Cette position est affirmée avec une netteté particulière par Alain Touraine dans sa *Sociologie de l'Action*, Éd. du Seuil, 1965.

sa logique interne. Si donc, conformément à l'hypothèse positi-
viste (ou matérialiste transcendantale), le processus historique est
imperméable à l'intelligibilité dialectique, alors le socialisme, engendré par une logique en extériorité, restera extérieur, lui aussi,
aux individus et sera non pas une soumission de la société et de
l'Histoire aux individus, selon leurs exigences propres, mais une
soumission des individus à la société, selon ses exigences à elle;
non pas le " plein développement ", mais la négation des individus;
non pas la transparence du social pour la praxis individuelle, mais
l'opacité de l'individu pour lui-même en tant que son être et sa
vérité lui sont devenus totalement extérieurs. Alors, l'individu
social n'est pas l'individu se reconnaissant lui-même et s'accom-
plissant dans la communauté, mais l'individu se niant radicalement
— dans ses besoins, ses intérêts, ses certitudes — au profit de la
société ressentie comme Autre absolu, au point de se donner tort
de la ressentir comme Autre [1]. Cette conception du socialisme a
prévalu pendant une assez longue période; elle a profondément
marqué la pensée — plus exactement : l'idéologie — marxiste. Il
convient donc de la liquider sur le plan idéologique également.

Sartre indique clairement que tel était l'un de ses buts et que,
d'autre part, son entreprise, qu'il inscrit à l'intérieur du marxisme,
a l'objet très limité d'éprouver la possibilité d'une intellection
dialectique.

La reconstruction qu'a tentée Sartre ne pouvait, en effet, porter
déjà sur l'Histoire elle-même : son entreprise était de fonder au
préalable l'intelligibilité dialectique des *structures pratiques* élémentaires et formelles, dont l'Histoire est la " totalisation sans totalisateur [2] " : il s'agissait pour lui de forger, par l'expérience régressive,
les instruments de l'intellection dialectique de l'Histoire, de " découvrir l'intelligibilité des structures pratiques et le rapport dialectique

---

1. Une très belle description de cette conception, dans sa dimension subjective, a
été faite par Kazimierz Brandys dans *Défense de Grenade*. Elle a été résumée de façon
lapidaire, par l'humeur populaire tchécoslovaque, dans " l'histoire " suivante : Le
directeur du Plan d'État confie à un militant de base réputé pour sa perspicacité, que
l'économie nationale se trouve dans un état lamentable, et lui demande ses conseils.
Le militant lui conseille l'application rigoureuse de la ligne officielle, exposant celle-ci
avec éloquence. " Tout cela, je le sais, dit le directeur du Plan. C'est ton avis personnel
que je veux. Tu en as bien un ? " " Oui, répond le militant, mais je suis contre. "
2. *Critique de la Raison dialectique*, p. 754-755.

qui lie entre elles les différentes formes de multiplicité active [1] ".

Je crois indispensable de montrer maintenant, à l'aide de citations un peu longues, que la circularité de certains développements sartriens a fait l'objet, dans la *Critique de la Raison dialectique*, d'une mise en garde expresse de Sartre lui-même et que les conclusions que Chiodi et d'autres prétendent tirer de cette circularité quant à la philosophie de l'Histoire de Sartre, relèvent d'une lecture incomplète, malveillante ou hâtive de son ouvrage. Celui-ci contient des développements très précis au sujet des limites et du but de l'entreprise qu'il constitue, notamment aux endroits suivants : " L'expérience de la dialectique est elle-même dialectique : cela veut dire qu'elle se poursuit et s'organise sur tous les plans. En même temps, c'est l'expérience de vivre, puisque vivre c'est agir et subir et puisque la dialectique est la rationalité de la praxis; elle [cette expérience] sera régressive puisqu'elle partira du vécu pour retrouver peu à peu toutes les structures de la praxis. Cependant, il faut prévenir que l'expérience tentée ici, bien qu'historique par elle-même, comme toute entreprise, ne vise pas à retrouver le mouvement de l'Histoire, l'évolution du travail, des rapports de production, les conflits de classe. Son but est simplement de découvrir et de fonder la rationalité dialectique, c'est-à-dire les jeux complexes de la praxis et de la totalisation. Lorsque nous aurons abouti aux conditionnements les plus généraux, c'est-à-dire à la matérialité, il sera temps de reconstruire à partir de notre expérience le schème d'intelligibilité propre à la totalisation (...). Ainsi, notre tâche ne peut être *en aucune manière* de restituer l'Histoire réelle dans son développement, pas plus qu'elle ne consiste en une étude concrète des formes de production ou des groupes qu'étudient le sociologue ou l'ethnographe. Notre problème est *critique*. Et sans doute ce problème est-il lui-même suscité par l'Histoire. Mais justement, il s'agit d'éprouver, de critiquer et de fonder, *dans l'Histoire* et en ce moment du développement des sociétés humaines, les instruments de pensée par lesquels l'Histoire se pense, en tant qu'ils sont aussi les instruments pratiques par lesquels elle se fait (...). Notre but réel est théorique; on peut le formuler comme suit : à quelles conditions la connaissance *d'une*

---

1. *Critique de la Raison dialectique*, p. 754.

histoire est-elle possible ? Dans quelles limites les liaisons mises au jour peuvent-elles être *nécessaires* [1] ? ”

Du fait que Sartre montre comment le groupe peut surgir de la série et comment la série peut renaître à partir du groupe, Chiodi conclut que Sartre pose — consciemment ou non — l'impossibilité *a priori* de la désaliénation et se retire désespérément dans le solipsisme. Or, au sujet de la circularité de ses descriptions, Sartre écrit : “ Il ne suffira en aucun cas de montrer la génération des ensembles par les individus, ni de montrer inversement comment les individus sont produits par les ensembles qu'ils composent. En chaque cas, il faudra montrer l'intelligibilité dialectique de ces transformations. Il s'agit naturellement d'une intelligibilité *formelle*. Par là, nous entendons qu'il faut comprendre les liens de la praxis — comme consciente de soi — avec toutes les multiplicités complexes qui s'organisent par elle et où elle se perd comme praxis pour devenir *praxis-processus*. Mais nous n'entendons aucunement — et nous aurons l'occasion de le répéter plus clairement encore — déterminer l'histoire concrète de ces avatars de la praxis. En particulier, nous verrons plus loin que l'individu pratique entre dans des ensembles fort différents, par exemple dans ce que j'appelle des *séries* et des *groupes*. Il n'entre aucunement dans notre projet de déterminer si les séries ont précédé les groupes ou réciproquement, que ce soit originellement ou dans tel moment de l'Histoire. Tout au contraire : nous verrons que les groupes naissent des séries et qu'ils finissent souvent par se sérialiser à leur tour. Il nous importera donc *uniquement* de montrer le passage des séries aux groupes et des groupes aux séries comme avatars constants de notre multiplicité pratique et d'éprouver l'intelligibilité dialectique de ces processus réversibles (...). Toutefois, bien que chaque moment de la régression apparaisse comme plus complexe et plus général que le moment isolé et superficiel de notre praxis individuelle, il reste d'un autre point de vue parfaitement abstrait, c'est-à-dire qu'il n'est encore qu'une *possibilité*. De fait, nous atteindrons par ce procédé formel à une *circularité* dialectique : soit que nous considérions formellement les rapports du groupe et de la série en tant que chacun des deux ensembles peut produire l'autre, soit

---

1. *Critique de la Raison dialectique*, p. 134-135.

que nous saisissions dans l'expérience l'individu comme fondement pratique d'un ensemble et l'ensemble envisagé comme produisant l'individu dans sa réalité d'agent historique. Cette circularité existe : elle est même (aussi bien pour Engels que pour Hegel) une caractéristique de l'ordre dialectique et de son intelligibilité. Il n'en demeure pas moins que la réversibilité circulaire est en contradiction avec l'irréversibilité de l'Histoire, telle qu'elle se donne à l'expérience. S'il est vrai abstraitement que groupes et séries peuvent indifféremment se produire les uns les autres, il est vrai aussi que c'est tel groupe historiquement qui, par sa sérialisation, a produit tel ensemble sériel (ou l'inverse) et que, si l'ensemble sériel a été à l'origine d'un nouveau groupe, celui-ci quel qu'il soit, est irréductible au premier [1]. "

3. L'ALIÉNATION.

Avant d'aller plus loin et de poser la question de la fécondité éventuelle de la *Critique de la Raison dialectique* pour la recherche marxiste, je voudrais suggérer quelques réflexions sur les rapports de cet ouvrage avec *l'Être et le Néant*, sur les avatars du *cogito* chez Sartre et sur la question de l'aliénation.

L'un des buts de *l'Être et le Néant* était de fonder la psychologie et, plus particulièrement, la psychanalyse en désembourbant celle-ci des explications mécanistes et en fournissant ses principes à une méthode qui, pratiquement, implique la possibilité pour l'individu de se remanier et de se rendre maître de son choix existentiel. Sartre commence par expulser de la conscience les objets que les psychologues y ont placés dans leur tentative d' " expliquer " la " vie psychique " : par expulser les images, sensations, sentiments, émotions que les psychologues font ruisseler à travers la conscience, conçue comme un milieu passif; par expulser les motifs mobiles, pulsions, instincts qui sont sensés gouverner les conduites conscientes par derrière et expliquer celles-ci, sans être elles-mêmes

1. *Critique de la Raison dialectique*, p. 153 et 155

intelligibles. Sartre entendait donc restituer la conscience à elle-même en tant qu'elle est translucidité, activité de part en part, compréhension totalitaire et indifférenciée de ses conduites, fondement d'elle-même et liberté. C'est seulement si cette restitution est possible que la morale a un sens ; si elle n'est pas possible, si l'individu est gouverné du dehors ou par derrière par des déterminismes extérieurs et inconscients, il ne s'appartient pas et il n'y a pas de sens à lui demander de rendre compte de ses actes, de répondre du monde dans la mesure où il le fait et de l'humaniser.

La réflexion purifiante qu'était le *cogito* de *l'Être et le Néant* demeurait toutefois parfaitement abstraite. Replaçant la liberté au fondement de toutes les conduites — y compris de la fuite et du reniement de la liberté, c'est-à-dire de la mauvaise foi — Sartre montrait, en somme, la possibilité principielle d'une reconquête sur l'aliénation dans sa dimension subjective, tout en fondant la possiblité *formelle* de l'aliénation. Il ne rendait pas intelligible, en revanche, son existence *réelle* : les raisons pour lesquelles la mauvaise foi est infiniment plus répandue que l'authenticité relevaient, dans *l'Être et le Néant*, de la pure contingence ; cet ouvrage indiquait seulement les raisons ontologiques par lesquelles la réalité humaine peut — ou est portée à — se méprendre sur elle-même. Si l'on préfère, *l'Être et le Néant* permet de comprendre comment *il est possible* qu'un être qui est libre praxis se prenne pour une statue, une machine ou une chose, comment il est possible qu'il ne prenne pas de son être-praxis une conscience explicite et thématique. Dans la *Critique de la Raison dialectique*, Sartre se préoccupe, au contraire, de rendre compte de la réalité de l'aliénation comme nécessité (nécessité *pratique* dans *ce* monde, et non pas, comme le veut Chiodi, nécessité ontologique) [1] qui ne peut être dépassée par une simple conversion subjective, et qui ne peut être rendue intelligible que si l'on déborde le cadre du *cogito* réflexif, non pour l'abandonner définitivement, il est vrai, mais pour y revenir toujours.

Le *cogito*, dans la *Critique de la Raison dialectique*, ne porte plus, en effet, sur les structures d'intériorité formelles (ontologiques)

---

1. *Critique de la Raison dialectique*, p. 285-286, en note.

du rapport du pour-soi à l'en-soi et à Autrui, mais il est constamment débordé par la tentative de saisir les médiations matérielles par lesquelles ce rapport, dans sa réalité pratique objective, est dévié, altéré, aliéné dans le milieu de l'inertie inorganique, scellée — c'est-à-dire rendue pratiquement indépassable — par d'autres praxis. Le *cogito* de la *Critique de la Raison dialectique* ne porte donc plus sur le pour-soi dans son rapport à l'en-soi, mais sur le pour-soi en tant que — comme remaniement du champ matériel en vue d'une fin, c'est-à-dire comme praxis et comme travail — il traîne hors de soi, dans la matérialité et le temps des choses où son action totalisante (c'est-à-dire l'action de réorganiser la diversité du donné vers une fin) *est agie* par la quasi-totalisation en extériorité, dans le milieu de l'inerte, de sa praxis en tant qu'elle est une praxis parmi d'autres s'exerçant au même moment.

Cet être-agi, cette chute de la praxis dans l'inertie scellée de la matière qui me restitue mon acte comme celui d'un Autre, gouverné à distance vers des fins autres (qui peuvent n'être celles de personne) et se retournant contre les miennes, est l'une des formes de l'aliénation, et se donne immédiatement à l'expérience. La nécessité de l'aliénation n'a toutefois plus ce caractère d'évidence immédiate. Contrairement à ce qu'affirme Chiodi, la nécessité de l'aliénation ne fait pas un, pour Sartre, avec celle de l'objectivation, mais avec celle de l'objectivation *dans le milieu de la rareté et de la socialité comme série et comme être passif* [1]. Sartre écrit notamment : " A partir du moment où l'impuissance devient le sens de la puissance pratique et la contre-finalité le sens profond de la fin poursuivie, quand la praxis découvre *sa* liberté comme le moyen choisi ailleurs pour la réduire en esclavage, l'individu se retrouve brusquement dans un monde où l'action libre est sa mystification fondamentale. Il ne la connaît plus que (...) comme propagande des dominants contre les dominés. Mais il faut comprendre que cette expérience n'est plus celle de l'acte, mais celle du résultat matérialisé; ce n'est plus le moment positif où l'on *fait*, mais le moment négatif où l'on est produit dans la passivité par ce que l'ensemble pratico-inerte a fait de ce qu'on vient de faire [2]. "

1. *Critique de la Raison dialectique*, p. 358-377.
2. *Idem*, p. 373.

La nécessité " est le moment où, par la liberté même qui la produit, la Chose, transformée par d'autres libertés à l'œuvre, présente *à travers ses caractères propres,* l'objectivation de l'agent comme altération rigoureusement prévisible et parfaitement imprévue des fins poursuivies. (...) La nécessité ne se manifeste ni dans l'action de l'organisme isolé ni dans la succession des faits physico-chimiques : le règne de la nécessité c'est ce domaine — réel, mais encore abstrait de l'Histoire — où la matérialité inorganique se referme sur la multiplicité humaine et transforme les producteurs en son produit. La nécessité, comme limite de la liberté (...) c'est l'ensemble tournant de la matérialité malheureuse en tant qu'elle est affirmée et dérobée à la fois, pour tous et dans tous les actes libres, par tous les actes libres comme Autres, c'est-à-dire comme forgeant nos chaînes [1] ".

Alors que, dans *l'Être et le Néant,* il y avait le couple formel pour-soi – en-soi, liberté-contingence, transcendance-facticité, on trouve dans la *Critique de la Raison dialectique* le couple praxis – pratico-inertie, dialectique – anti-dialectique (c'est-à-dire, totalisation passive d'une multiplicité de praxis par l'inerte) dialectique constituante - dialectique constituée. Sartre exclut expressément l'aliénation comme objectivation de la praxis solitaire dans une matière passive que cette praxis aurait produite ou transformée conformément à ses fins originelles, et cela même si elle échoue à atteindre ces fins. Il montre au contraire que l'échec [2] ne peut en aucune façon être assimilé à une aliénation (ou à une expérience de la nécessité comme aliénation) : l'échec d'un acte solitaire s'exerçant dans un champ où il agit seul, est dû à l'opacité de la matière, est un imprévisible-prévu : imprévisible parce que la matière est opaque, mais prévu parce que son opacité nous donne la certitude que l'imprévu peut arriver. Vous fendez du bois avec une hache, la hache dévie et vous vous fendez le tibia : ce genre d'accident était prévu. Loin de se donner comme une contre-finalité ou une nécessité, il vous apparaît comme la conséquence préparée par vous-même de votre étourderie, de votre maladresse (" c'était à prévoir, je m'y pris comme un imbécile "), bref comme

1. *Critique de la Raison dialectique,* p. 375-376.
2. *Idem,* p. 282-283 et 749-750.

votre propre acte. L'expérience de l'aliénation, en revanche, est, entre autres, l'expérience d'un maléfice de la matière qui retourne mes actes (ou leur résultat) contre moi au profit des fins d'un autre ou qui me met dans l'impossibilité de ne pas réaliser librement l'être préfabriqué qui vient à ma rencontre comme une sentence contre moi scellée dans les choses. Or, les choses ne dominent l'homme et ne sont pour lui *indépassables* que dans la mesure où elles ont bu d'autres activités venant d'ailleurs, dans la mesure où elles ne sont pas purement passives, mais sont — comme action passive, comme pratique matérialisée, comme pratico-inertie — soutenues et scellées par d'autres praxis.

4. LA SUPPRESSIBILITÉ DE L'ALIÉNATION.

En prenant soin de montrer que l'aliénation ne peut venir à l'homme qu'en tant qu'il est praxis, et qu'elle ne peut lui venir que de la praxis des autres (" seule la liberté peut limiter la liberté ", affirmait déjà *l'Être et le Néant*), Sartre écarte — contrairement à ce que prétend Chiodi — toute conception métaphysique ou religieuse qui ferait de l'aliénation un statut du sujet dans son rapport à l'Être ou à la nature. L'aliénation n'est ni une fatalité naturelle (bien qu'il soit pratiquement impossible de la liquider en dehors de circonstances exceptionnelles), ni une caractéristique de la nature humaine (la notion d'aliénation serait dénuée de sens dans ce cas), mais un destin négatif qui vient à la praxis par la praxis des autres, sur la base de circonstances matérielles déterminées et par la médiation de la matière ouvrée.

Montrer cela, c'est montrer du même coup que l'aliénation comme nécessité a un caractère *historique* et non pas ontologique ou métaphysique, et donc qu'elle doit en principe pouvoir être liquidée. Le destin négatif qui vient aux hommes par les hommes est un destin *humain* qui, en principe, doit pouvoir être reconquis par les hommes et soumis à leur contrôle commun. Mais cette liquidation du destin négatif qui vient à chacun de tous (en tant qu'ils sont eux-mêmes aliénés) ne peut avoir lieu n'importe quand ni dans n'importe quelles circonstances. Pour qu'elle soit durable, il faut que les circonstances matérielles sur la base desquelles la praxis de tous était pour chacun une force ennemie (et inversement) soient elles-mêmes supprimées par l'unification pratique de tous.

Cette tâche — qui est le sens profond de l'Histoire — serait purement facultative et pourrait être réalisée durablement si les circonstances matérielles sur la base desquelles les individus sont en rapport les uns avec les autres étaient les créations de leurs propres praxis et n'avaient pas une *racine naturelle* ; si, en d'autres termes, la négation de l'homme par l'homme était une négation *inconditionnée* et donc, en principe, évitable. Or, tel n'est pas le cas. Il existe une négation de fait, originelle, de l'homme comme être organique et comme praxis. Cette négation originelle, qui a à être niée en retour sous peine de mort, c'est, dit Sartre, la *rareté*. Et par là il désigne le fait que le milieu naturel est hostile à la vie organique, que " la vie sur terre est improbable ", qu' " il n'y en a pas assez pour tous ". C'est dans le milieu de la rareté que chacun est inévitablement cet Autre qui désigne les autres (et est désigné par eux) comme le " surnuméraire ", le " contre-homme " possible.

La rareté — le fait qu'il ne puisse y en avoir assez que pour tel nombre et à condition de priver les restants du nécessaire — fonde *en dernière analyse* la nécessité du conflit et de la violence : négation en extériorité de l'homme par la Nature, la rareté est reprise (intériorisée) inévitablement comme négation pratique de l'homme par l'homme. Toutefois, l'obligation dans laquelle se trouve l'homme de nier pratiquement la Nature qui le nie fait aussi qu'il ne peut reposer dans la Nature et relever de " l'histoire naturelle " : il a à transformer le milieu naturel, à se faire praxis et " anti-physis " pour que la vie soit possible. De ce point de vue, la rareté " fonde la possibilité de l'Histoire ", elle en est le " moteur passif ". L'Histoire surgit quand l'impossibilité de l'homme devient pour lui l'impossibilité de cette impossibilité. On entrevoit à partir de là que la condition fondamentale d'une liquidation durable de l'aliénation (ou, comme l'affirmait Marx, du communisme) est la victoire sur la rareté.

Suggérer, comme fait Chiodi, que " le fondement que donne

Sartre à l'économie s'applique aux problèmes du socialisme en pays sous-développé bien plus qu'aux pays industrialisés " est un fait assez surprenant de la part d'un marxiste. En effet, aussi bien la théorie que *le fait* de la paupérisation (relative) dans les sociétés capitalistes, ne sont intelligibles que par le fait de la rareté. J'aurais attendu d'un marxiste qu'il montre au contraire, à partir des analyses de la *Critique*, que le développement industriel reproduit la rareté à d'autres niveaux — rareté de temps, d'hommes, de matières premières, d'énergie, etc. — et que toutes les raretés nouvelles — y compris celles qui sont apparues dans les pays socialistes — renvoient précisément à la Rareté fondamentale.

J'aurais attendu également d'un marxiste qu'il refuse d'isoler les pays industriellement développés des autres, pour les replacer dans le contexte mondial dans lequel toute victoire *locale* et partielle sur la rareté entraîne encore le *déplacement* de la rareté vers d'autres régions, ce qui permet de comprendre l'aggravation des conflits impérialistes, inter-impérialistes ou même, depuis peu, intérieurs au camp socialiste. Par là, il ne faut évidemment pas entendre que la lutte contre la rareté soit sans espoir; mais seulement que, dans un monde où les trois quarts des hommes sont encore sous-alimentés, où les deux tiers sont proprement affamés; où les productions vivrières augmentent beaucoup moins rapidement que la croissance prévisible de la population globale (et même, localement, que la croissance présente de la population), la vie humaine demeure précaire : les zones industrialisées sont des enclaves dans un monde qui manque du minimum nécessaire à la survie; la famine et le refus de la famine demeurent la *vérité* de ce siècle et probablement du siècle à venir. La victoire sur la rareté, l'abondance, reste *pour nous* encore inconcevable.

Sartre s'oppose donc bien à ceux des marxistes — de moins en moins nombreux, il est vrai — qui considéraient la rareté comme une circonstance inhérente à — voire produite par — la phase *capitaliste* du développement. Et comme la *violence* est, chez Sartre, la *rareté intériorisée* — c'est-à-dire la négation en extériorité de l'homme en tant qu'elle devient négation de l'Autre par chaque Autre dans le milieu de la rareté — on comprendra que, pour Sartre, le socialisme ne peut encore supprimer la violence dans les rapports humains, ni l'aliénation en tant que négation scellée dans l'inorganique de la praxis humaine : qu'il ne peut encore supprimer le " règne de la nécessité ".

Pourtant, la *suppressibilité* du règne de la nécessité est clairement montrée par Sartre quand il décrit le passage de la série au groupe, du règne de la nécessité au règne de la liberté. La série, de même que le collectif et, d'une façon générale, les " ensembles pratico-inertes [1] " — unités passives d'une multiplicité de praxis séparées — sont des formes de socialité caractérisées par leur cohésion *externe* : l'unité vient aux individus moléculaires par la matière qui unifie contre chacun la praxis récurrente de tous (par exemple : la cohue dans le métro; l'avalanche humaine de la foule en panique; la " spéculation contre le franc "), " tous " étant l'unité des Autres comme négation de chacun. La classe, unité sérielle des séries, est un collectif parmi d'autres; l'être-de-classe est l'avenir préfabriqué et indépassable qui attend l'individu à la naissance et qu'il ne peut pas ne pas réaliser puisqu'il est — comme prolétaire, par exemple — dépassé par d'autres vers leurs fins au niveau des outils dont il aura à se servir et par lesquels il réalisera *leurs* fins en poursuivant (ou en croyant poursuivre) les siennes.

Les groupes, en revanche, sont caractérisés par une praxis commune, par une cohésion *interne* fondée sur la réciprocité des membres qui entreprennent de transformer en commun la situation qui leur est faite. L'unité ne vient pas au groupe du dehors, comme un sceau apposé par la matière inorganique sur une multiplicité de praxis séparées; mais elle est *produite* comme condition nécessaire à la réalisation d'une fin commune dont dépend le salut de chacun (" on ne s'en sortira que tous ensemble "). Les groupes sont les moments dialectiques constituants (et non constitués) du social; ils sont spécifiquement organisés en vue de l'action sociale et historique; ils sont la reprise de la nécessité en liberté.

Si l'on se souvient que la nécessité s'est découverte à l'intelligibilité dialectique comme " l'altération rigoureusement prévisible et parfaitement imprévue " qui vient à la praxis objectivée de chacun par la praxis, passivement unifiée dans la matière, de tous *en tant qu'Autres*, on peut prévoir que la nécessité pourra se retourner en liberté : il doit être possible *dans des circonstances déterminées*

1. *Critique de la Raison dialectique*, p. 165-377.

que l'activité de tous ne soit plus le destin *négatif* de chacun : que l'unité du multiple, au lieu d'être extérieure et *subie*, soit intériorisée et *produite* en tous par chacun et en chacun par tous à travers la production d'un objet commun, d'une action commune, bref de la nécessité comme liberté.

Sartre prend grand soin de définir les circonstances du surgissement d'un *groupe en fusion*. Il insiste notamment sur le caractère d'urgence vitale (danger de mort, par exemple), de rassemblement dans un même lieu, d'unification objective préalable (par l'ennemi commun, par exemple) de la multiplicité en un " collectif " qui sera la " matrice " du groupe. Quand la menace qui pèse sur chacun en tant qu'Autre parmi d'Autres ne peut être écartée que par l'action commune de tous, *et que les circonstances physiques et historiques sont propices*, chacun totalise tous vers la fin commune *de la même façon* qu'il est totalisé par eux en vue d'elle. L'intériorisation du nombre et la communisation concomitante de l'objet de la praxis, n'ont rien d'un tour de passe-passe subjectiviste. Elles renvoient simplement à l'expérience quasi-quotidienne du " nous " : l'être 5 000 ou 10 000, pour chaque ouvrier de telle entreprise, signifiait son impuissance à tenir tête à la direction tant que, séparé des autres, dans la dispersion sérielle, par la terreur patronale, il devait se dire : à quoi bon résister si les autres ne résistent pas ? La conduite sérielle de chacun en tant qu'Autre dans l'unité passive du collectif, était, par exemple, le sauve-qui-peut. Mais quand, *dans des circonstances déterminées*, la répression qui s'abat sur un ou plusieurs Autres est saisie comme menace externe contre *chacun* dans son intérêt vital, ce même être 5 000 ou 10 000 est repris par chacun comme son être *propre*, dans l'exigence que, partout, chaque ouvrier " intériorise " le nombre, c'est-à-dire l'assume comme force commune de l'être commun dans l'action commune. Chacun, liquidant en lui-même et autour de lui la sérialité comme altérité d'impuissance, se conduira comme il veut que tout un chacun se conduise. Chacun devient le chemin de tous vers tous et tous le chemin de chacun vers lui-même. La *nécessité de la liberté*, c'est alors la praxis de l'individu commun qui se réfléchit et se reconnaît dans la praxis commune et dans l'objet commun, et qui opère la totalisation en cours et, dans le même temps, se sent *requis par cette totalisation* effectuée tout autour de lui. " Le groupe est à la fois le *moyen* le plus efficace de gouverner la matérialité environnante dans le cadre de la rareté et *la fin absolue* comme pure liberté libérant les hommes de l'altérité [1]. "

Il y aurait beaucoup à dire sur le groupe comme *souveraineté* et comme source originelle du *pouvoir juridique* [2], dans le moment du *serment* qui est affirmation du pouvoir de chaque individu commun sur tous en tant même que chacun s'y fait garant de l'unité du groupe et exige de tous qu'ils interdisent à chacun la rechute dans l'altérité sérielle. Ce droit de chacun sur tous et de tous sur chacun tendra à remplacer la peur de l'ennemi ou du danger commun — quand elle a provisoirement disparu — par la peur comme libre produit du groupe lui-même : par la Fraternité-Terreur [3]. Il est assez étonnant de voir des marxistes contester la Terreur, la violence contre l'Autre et contre les mêmes, comme des structures du groupe révolutionnaire, et les imputer au " romantisme esthétisant " de Sartre. Le romantisme (bourgeois) est plutôt chez ces doux rêveurs qui croient que les groupes se constituent non pas comme révolte contre la nécessité du pratico-inerte, comme refus violent de subir la violence, mais par quelque contrat social ou convergence d'intérêts individuels. Le reproche du volontarisme, d'autre part, ne s'applique pas à Sartre — qui insiste que les groupes et l'action commune ne peuvent se produire qu'*à chaud,* contre la menace commune et la violence subie — mais à ceux qui rêvent d'une transformation non-violente de la société qui s'opérerait par décret, selon des règles établies et acceptées d'avance par un " consensus " populaire.

Espoir, Terreur, Violence, Liberté souveraine sont peut-être des structures honteuses du groupement à chaud du point de vue de leur opportunité tactique dans une conjoncture déterminée. Mais pour se convaincre que ce sont bien les " structures essentielles [4] " du groupe en fusion, puis du groupe assermenté (ou statutaire) — c'est-à-dire de l'action commune à chaud — il suffit d'avoir connu une seule grève, même locale, ou une seule démonstration de masse. La grève est toujours menée contre l'ennemi de classe *et*

1. *Critique de la Raison dialectique,* p. 639.
2. Voir N. Poulantzas, article cité.
3. *Critique de la Raison dialectique,* p. 428 et s.
4. *Idem,* p. 429.

contre la peur, génératrice de trahison, de l'Autre sérialisé, du
" *jaune* ". Que la violence contre les " *jaunes* " ne soit pas physique
n'empêche cette violence d'être le climat même de la grève de
masse. Ce n'est pas parce que la révolution comme insurrection
armée ne correspond plus à nos possibilités locales que la révolution non-violente (ou même seulement la grève non-violente) est
une possibilité. De quelque façon que le passage au socialisme
s'effectue, il sera — comme n'importe quelle action de masse —
refus violent de la violence, actuelle ou menaçante, de l'ennemi
de classe, " union sacrée " et " Terreur " (au sens défini plus haut),
cette terreur pouvant d'ailleurs parfaitement s'exercer également,
au sein des groupes révolutionnaires, contre les partisans de la
violence armée : tout militant sait que la violence " morale " contre
les partisans de la violence physique est une violence parmi d'autres possibles.

5. LES AVATARS DU GROUPE.

Les deux tiers du second livre de la *Critique* [1] sont un effort pour
dégager les lois formelles de la dialectique permettant de comprendre les avatars du groupe : la dégradation progressive du groupe
en fusion en groupe statutaire, puis en groupe institutionalisé qui,
détenant le monopole du groupement, manipule de l'extérieur des
ensembles sériels et retombe dans la sérialité à son tour. On revient
alors au point de départ; la boucle est bouclée, " l'expérience fondamentale est achevée ". Ce qui ne veut absolument pas dire que
Sartre entend démontrer la *circularité de l'Histoire* et le retour éternel
des mêmes structures; mais seulement qu'il s'est restitué, dans leur
intelligibilité dialectique, " l'ensemble des cadres, courbures,
structures et conditionnements formels qui constituent le *milieu
formel* dans lequel le concret historique doit nécessairement se
produire [2] ". Autrement dit, l'expérience dialectique s'est rendu

1. *Critique de la Raison dialectique*, p. 381-639.
2. *Idem*, p. 637.

intelligible l'engendrement (à partir des praxis individuelles) de tous les ensembles pratiques et de chaque ensemble à partir des autres, étant entendu qu'il n'y a pas de priorité *historique* de l'un sur l'autre : série, collectif, groupe en fusion, groupe statutaire et groupe institutionalisé ne sont pas des *étapes* d'une évolution historique, mais coexistent, s'opposent et se composent comme les structures élémentaires formelles (les totalités ou totalisations partielles) dont l'Histoire est la totalisation.

La description des avatars du groupe n'en revêt pas moins un intérêt tout particulier dans la mesure où elle schématise l'expérience historique moderne qui a mené des révolutions à chaud à la formation d'États et de bureaucraties. Les références implicites (et parfois explicites) de Sartre sont les révolutions française, russe, algérienne et cubaine. Et il est certain que, pour Sartre, les " lois formelles de la dialectique " ont inévitablement conduit jusqu'ici le groupe en fusion — communauté de part en part active et souveraine des *mêmes* — à la diversification, à l'opacification, à la sérialisation face à son unité aliénée. Ce n'est pas parce que le mouvement marxiste a encore à liquider en lui-même l'héritage du stalinisme qu'il faut voir en celui-ci une déviation plus ou moins accidentelle, refuser de rendre intelligible le processus qui a conduit toutes les révolutions passées à des formes sociales bureaucratiques plus ou moins pétrifiées (même quand, à la manière de la société yougoslave, elles *tentent* de lutter contre cette pétrification) et accuser de stalinisme ceux qui cherchent à comprendre les lois d' lectiques de ce genre de processus.

Il est donc vrai que pour Sartre le groupe en fusion est la liquidation de l'aliénation sérielle, mais que cette liquidation n'est pas durable dans le monde de la rareté et de la lutte. Le group : en fusion, instant de l'apocalypse révolutionnaire, de la liberté plénière; dans lequel la totalisation se fait par tous et partout telle qu'elle se fait en chacun; dans lequel chacun est *souverain ;* dans lequel il n'y a ni chefs, ni hiérarchie, ni fonctions, parce que toute initiative, tout mot d'ordre sont aussitôt reconnus et repris par tous les individus communs comme l'initiative et le mot d'ordre communs à la lumière de la fin commune; le groupe en fusion, où tous les individus sont frères, est produit comme unité en train de se faire par la multiplicité des synthèses individuelles qui, poursuivant un même objet commun, exigent cette unité et la soutiennent. " L'unité du groupe est immanente à la multiplicité des synthèses ", elle " n'est jamais celle d'une totalité faite, mais celle d'une totalisation " en cours. " L'intelligibilité du groupe comme praxis se fonde sur l'intelligibilité de la praxis individuelle [1]. "

Or, pour réaliser son objet, le groupe sera nécessairement amené à se doter d'inertie. Il doit se défendre contre sa propre dissolution par le *serment*, c'est-à-dire par le pouvoir juridique de tous sur chacun. Il doit se *différencier* pour faire face à la diversité de ses tâches, et donc se remanier lui-même en créant des *fonctions*, des *sous-groupes spécialisés*, des organes dotés d'inertie, une discipline et une hiérarchie. De la raison (ou dialectique) *constituante* — celle de la praxis organique vivante, individuelle — nous passons ainsi à la raison (ou dialectique) *constituée*, à la *praxis-processus*, celle de l'organisation : l'unité de la praxis de groupe est assurée non plus par la synthèse en chacun de l'action de tous, mais par l'inertie de l'organisation et de ses appareils, c'est-à-dire par un mécanisme monté. " Le groupe est *construit* sur le modèle de la libre action individuelle ", " il produit une action organique sans être organisme lui-même ", " il est une machine à produire des réactions non-machinales " et " l'inertie — comme pour tout produit humain — constitue son être et sa raison d'être [2] ". Les sous-groupes spécialisés, capables de faire face à des tâches d'une complexité et d'une ampleur croissantes, se trouvent par rapport à l'action des autres sous-groupes en danger permanent de déphasage temporel, de séparation, de sérialisation; d'où la nécessité de coordonner leur activité, de l'intégrer, d'incarner l'unité du groupe dans un organisme à souveraineté spécifiée, le *souverain* (par exemple l'État ou le chef) détenant le monopole du groupement, assurant et réfléchissant au groupe en voie de sérialisation et de pétrification son unité pratique. Et nous passons ainsi au groupe institutionnel qui naît quand, " sous la pression des circonstances extérieures, l'individu commun veut devenir une chose retenue contre d'autres choses par l'unité d'un sceau; le modèle du groupe institutionnel sera *l'outil forgé* [3] ", c'est-à-dire la réification de la praxis.

1. *Critique de la Raison dialectique*, p. 432.
2. *Idem*, p. 544.
3. *Idem*, p. 585.

Il faudrait une étude spéciale pour éprouver la fécondité possible de cette partie de la *Critique de la Raison dialectique* pour une théorie marxiste du droit et de l'État [1]. Je me bornerai ici à trois remarques :

1. Sartre rejette explicitement la " notion optimiste et forgée trop hâtivement " de dictature du prolétariat, dont " l'idée même est absurde, comme compromis bâtard entre le groupe actif et souverain et la sérialité passive [2] ". Il rejette comme une mystification " l'idée d'une souveraineté populaire diffuse qui s'incarnerait dans le souverain " : la souveraineté ne peut appartenir qu'à la praxis organique (individuelle ou de groupe). " L'État ne peut en aucun cas passer pour le produit ou l'expression de la totalité des individus sociaux ou même de leur majorité [3]. " Il apparaît au contraire comme un groupe spécifique que la classe dirigeante produit pour qu'il défende son intérêt général contre les antagonismes d'intérêts particuliers au sein de la classe dirigeante elle-même, et rende cet intérêt général acceptable pour les autres classes. Autrement dit, l'État est le groupe-souverain par lequel la classe dirigeante sérialisée est garantie dans son unité, *mais maintenue dans sa dispersion sérielle*, manipulée et contrecarrée dans ses tentatives de regroupement.

2. La dégradation inévitable du groupe, à mesure qu'il se différencie; sa sérialisation — due notamment à l'ignorance dans laquelle se trouve chaque sous-groupe spécialisé des actions des autres sous-groupes, et aux conflits menaçants de leurs intérêts — font naître l'exigence de faire retotaliser par un " souverain " l'unité des praxis partielles. Mais du coup, avec le souverain, l'unité du groupe tombe dans l'extériorité radicale, sa souveraineté s'incarne dans un Tiers (qui est le seul tiers indépassable, le seul totalisateur du groupe), ses membres n'ont plus que des rapports sériels entre eux : chacun est pour les autres un Autre, ils ne sont les *mêmes* que par la médiation du Tiers-souverain. Cette dégradation, qui évoquera peut-être la société stalinienne — ou la société chinoise aujourd'hui, dont l'unité et la vérité résident pour chacun

---

1. *Critique de la Raison dialectique*, p. 581-637.
2. *Idem*, p. 630.
3. *Idem*, p. 609.

dans la pensée politique de Mao, source de tous droits et devoirs — porte évidemment à s'interroger sur la thèse suivante, défendue par certains marxistes : la racine de l'aliénation serait la division *naturelle* du travail, elle sera supprimée par la division du travail (ou coopération) *volontaire*. Mais toute la question est de savoir à quelles conditions il peut réellement y avoir " coopération volontaire " et ce qu'il faut entendre par là. A l'échelle d'un grand pays, dans les conditions matérielles présentes, l'unité rationnelle de la praxis sociale ne peut être forgée que par la coopération volontaire organisée, par la formation de sous-groupes dont la tâche commune est reliée à celle des autres sous-groupes par des sous-groupes organisateurs eux-mêmes reliés entre eux par le groupe centralisateur ou souverain. Il est alors évident que nous avons affaire à une société dont la *praxis-processus* est organisée avec une rationalité rigoureuse sur le modèle de la praxis individuelle pétrifiée, sans pouvoir être totalisée par aucun des individus groupés. Le " volontariat " — dans le modèle chinois, par exemple — est le produit des contraintes intériorisées que les individus s'imposent et imposent (avec toute la douceur persuasive que peut revêtir la Fraternité-Terreur) au nom du souverain. La thèse selon laquelle cette organisation rationnelle généralisée — avec les erreurs et les ratés qu'entraîne inévitablement la crainte des bureaucrates devant l'autorité centrale et leur méfiance à l'égard de leurs pairs — est le communisme, c'est-à-dire la fin de l'aliénation, a été en honneur en Chine vers 1957, à l'époque héroïque des communes.

A la lecture de la *Critique de la Raison dialectique*, au contraire, on est porté à penser que le seul modèle de " coopération volontaire " est celui des groupes en fusion. Que le groupe en fusion ne puisse être un statut durable tient à plusieurs faits : 1º à la rareté et à la multiplicité des processus antagonistes en cours dans le monde ; 2º à la nature des outils (ou moyens de production), c'est-à-dire à la résistance, à l'inertie et à la complexité du champ pratique tel qu'il est structuré par les techniques disponibles, inertie et complexité qui obligent le groupe à se faire inerte et complexe pour être efficace et qui déterminent en son sein tout à la fois des spécialisations et des raretés de forces productives. On se souviendra alors que pour Marx le communisme se distingue par la fin de la rareté, par le polytechnisme (le contraire de la spécialisation) en tant qu'il permet la permutation indéfinie des tâches entre les individus, et par l'abolition du travail comme " obligation imposée par la misère et les buts extérieurs ". La réalisation de ces trois conditions demeure encore difficilement imaginable pour nous, plus difficilement peut-être qu'il y a cent ans.

3. Ce n'est donc pas à des marxistes à s'étonner si la *Critique* suggère que, dans le monde de la rareté et de la lutte des classes, tout groupe qui s'arrache à l'aliénation au pratico-inerte finit par y retomber. Peut-on être marxiste et croire, ne serait-ce qu'un seul instant, que dans ce monde affamé, travaillé par les guerres impérialistes, les antagonismes inter-impérialistes, les conflits entre peuples opprimés eux-mêmes, un groupe révolutionnaire — à supposer même qu'il embrasse la totalité de la classe ou du peuple groupé pour sa libération — peut venir à bout localement de l'aliénation ? Que celle-ci puisse être vaincue en U.R.S.S., ou à Cuba, ou en Italie tout en subsistant dans le reste du monde ? Le croire relève proprement de l'esprit d'utopie optimiste que l'on rencontre chez des communautés comme les Quakers et dont on trouve, dans " *le Diable et le Bon Dieu* ", la critique féroce.

Sans doute, le mouvement révolutionnaire marxiste peut et même doit travailler à limiter les ravages que cause la tendance objective à la pétrification et à la sérialisation de la société et même des partis, à la centralisation et à la sclérose des appareils. Mais ce travail correctif n'est justement nécessaire que parce que cette tendance objective est une " loi formelle de la dialectique ", et il n'est possible que si l'on reconnaît au préalable l'existence de cette tendance et l'impossibilité de la supprimer une fois pour toutes dans les circonstances actuelles.

Le travail du philosophe est de soulever les problèmes, de montrer leur existence, non de prétendre présomptueusement les résoudre. Lui retourner les questions qu'il pose et, sous prétexte qu'il ne connaît pas la réponse, l'accuser de nihilisme ou de solipsisme désespéré, c'est se débarrasser à trop bon compte des problèmes et, du même coup, mettre la philosophie hors la loi.

Or, la plupart des critiques que les marxistes ont adressées jusqu'ici à Sartre partent de pétitions de principe qui ne sont pas vérifiées par l'expérience historique : on lui reproche de ne pas démontrer que l'aliénation, la rareté, la violence, la bureaucratie, l'État, etc., peuvent être abolis. Sous couvert de " science " marxiste on tourne ainsi le dos à la science et, pour commencer, on renonce à comprendre l'Histoire.

L'entreprise de Sartre au contraire est de se donner (et de nous donner) les instruments de l'intellection dialectique, et les moyens de poser la question de la suppressibilité de l'inhumain dans l'Histoire humaine. Anticiper sur la réponse à cette question, en se la donnant d'avance sous couvert de " science " marxiste, ou la refuser en décrétant qu'elle relève de la spéculation idéaliste, révèle un singulier manque de confiance dans le marxisme : la crainte que les découvertes que l'on pourrait faire n'ébranlent nos convictions et la force de notre engagement.

TABLE

III

IMP. BUSSIÈRE, A SAINT-AMAND (CHER). D. L. 2ᵉ TR. 1967. Nᵒ 1991 (1).

COLLECTION " L'HISTOIRE IMMÉDIATE "